余嘉錫著作集

目録學發微　古書通例

中華書局

圖書在版編目(CIP)數據

目録學發微;古書通例/余嘉錫著.—北京:中華書局,2007.10(2023.11 重印)
(余嘉錫著作集)
ISBN 978-7-101-05646-4

Ⅰ.①目…②古…　Ⅱ.余…　Ⅲ.①古籍-目録學-研究-中國②古籍整理-研究-中國　Ⅳ.G257　G256.1

中國版本圖書館 CIP 數據核字(2007)第 055097 號

責任編輯:舒　琴
責任印製:陳麗娜

余嘉錫著作集
目録學發微　古書通例
余嘉錫 著
*
中華書局出版發行
(北京市豐臺區太平橋西里 38 號　100073)
http://www.zhbc.com.cn
E-mail:zhbc@zhbc.com.cn
三河市中晟雅豪印務有限公司印刷
*
850×1168 毫米 1/32 · 9⅜印張 · 3 插頁 · 177 千字
2007 年 10 月第 1 版　2009 年 6 月第 2 版
2023 年 11 月第 10 次印刷
印數:19001-21000 册　定價:38.00 元

ISBN 978-7-101-05646-4

出版説明

余嘉錫（一八八四——一九五五），字季豫，後號狷庵，或稱狷翁，湖南常德人，著名的古文獻學家、目録學家和史學家。十八歲時中鄉試舉人，後曾任吏部文選司主事，科舉廢除後回常德師範學校任教。一九二八年到北京，在輔仁大學、北京大學等多所大學講授目録學、經學通論、駢體文等課程。一九三一年任輔仁大學教授兼國文系主任。一九四二年兼輔仁大學文學院院長，一九四七年以四庫提要辨證一書當選爲中央研究院院士。解放後被聘爲中國科學院語言研究所專門委員。

余嘉錫先生學貫古今，著作主要有四庫提要辨證、目録學發微、古書通例、余嘉錫論學雜著和世説新語箋疏等，影響甚廣。爲紀念余嘉錫先生的學術成就，我們將上述著作彙編爲余嘉錫著作集，分册出版，以嘉惠學林。

四庫提要辨證一書，系統地考辨清代四庫全書總目提要的乖錯違失，並對所論述的許多種古籍，從内容、版本，到作者生平，都作了翔實的考證。余嘉錫先生寫作此書，前後經歷約五十年的時間，參閲了大量文獻資料。據著者自敍，這部二十四卷共八十萬字的著作，是余先生「一生精力所萃」，此書對於研究中國古代的歷史、文學、哲學及版本目録學等，都極具參考價值。余先生曾於一九三七年七月排印了史部和子部未完稿十二卷。一九四九年以後，又繼續寫作，並最後修訂全稿，成二十四卷，於一九五八年十月由科學出版社出版。一九八〇年中華書局據一九五八年的本子，改正若干錯字，加以標點重排出版。此次編入余嘉錫著作集時，我們在書末增加了書名音序和筆劃兩種索引，以便讀者使用。

目録學發微是近代目録學書籍中創作較早而又極有系統、頗有創見的一本書。對目録書籍發展的源流、各書體制的得失利弊都有詳細的論述。一九六三年由中華書局初版發行，一九九一年巴蜀書社再版。古書通例於一九八五年由上海古籍出版社初版發行。

余嘉錫論學雜著，一九六三年及一九七七年曾印刷兩次，收論文、書序、題跋等三十篇文章及讀書隨筆三十條。此次出版，在書末增收了讀已見書齋隨筆（續）二十三條、庚戌都門客感詩七律四首、亡室陳恭人墓表和余嘉錫先生傳略。

世説新語箋疏，一九八三年由中華書局初版發行，一九九三年轉由上海古籍出版社出版修訂本。此次根據一九九三年本重排。

特此説明。

中華書局編輯部

二〇〇七年四月

目録學發微

目録

前言

中國的古書浩如烟海，歷代各門各類的著作極其豐富。要知道這些豐富的遺産的内容、歷代學術的源流、書籍存亡的情況，除檢閲歷代史書中的藝文志或經籍志以外，還可以尋檢其他歷代的私人所著或公家所修的目録書。這些目録書可以豐富我們關於書籍的知識，我們可以根據目録找書來讀，也可以從中初步了解書籍的時代、著者、性質、内容等等。由此可知目録書對我們很有用。

不過，歷代的目録書很多，各書的編排、分類和内容性質不盡相同，要利用這類書，不能不先理解這類書的性質、體制、作用和源流。這就是傳統的目録學所要闡述的主要内容。换言之，要利用目録書，應當先通曉目録學。

以前專門講述目録學的書籍不多。余嘉錫先生這本目録學發微是創作較早而又比較有系統的著作。其中對目録書的體制、目録學的源流、歷代目録書類例的沿革闡述甚詳。著者於一九三二年至一九四八年間在北京各大學講授目録學時，即以此印爲講義，但始終没有正式出版。後來學者輾轉援用，甚且付印，足見大家對這部書很重視。現在根據著者晚年增訂本校正標點，特爲印出，以供研究目録學和目録學史者參考。

周祖謨

一九六二年七月

一　目録學之意義及其功用

目録之學，由來尚矣！詩、書之序，即其萌芽。及漢世劉向、劉歆奉詔校書，撰爲七略、别録，而其體裁遂以完備。自是以來，作者代不乏人，其著述各有相當之價值。治學之士，無不先窺目録以爲津逮，較其他學術，尤爲重要。今欲講明此學，則其意義若何，功用安在，不可不首先敍明者也。

隋志言：「劉向等校書，每一書就，向輒别爲一録，論其指歸，辨其訛謬，敍而奏之。」章學誠所謂「劉向父子，部次條别，將以辨章學術，考鏡源流」也。校讎通義敍。其後作者，或不能盡符斯義，輒爲通人所詆訶。雖自通志藝文略目録一家已分四類，總目、家藏總目、文章目、經史目四類。繼此枝分歧出，派别斯繁，不能盡限以一例，而要以能敍學術源流者爲正宗，昔人論之甚詳。此即從來目録學之意義也。吾國學術，素乏系統，且不注意於工具之述作，各家類然，而以目録爲尤甚。故自來有目録之學，有目録之書，而無治目録學之書。蓋昔之學者皆熟讀深思，久而心知其意，於是本其經驗之所得以著書。至其所以然之故，大抵默喻諸己，未嘗舉以示人。今既列爲學科，相與講求，則於此學之源流派别，及其體制若何，方法若何，胥宜條分縷析，舉前人之成例加以説明，使治此學者有研究之資，省搜討之力，即他日從事著作，亦庶幾有成軌可循。今之所講，其意蓋在於此。

目録之書有三類：一曰部類之後有小序，書名之下有解題者；書名下論説，名稱屢變，詳見後目録書之體制三。以普通均呼之爲解題，姑用以立説。二曰有小序而無解題者；三曰小序解題並無，祇著書名者。昔人論目録之學，於此三類，各有主張，而於編目之宗旨，必求足以考見學術之源流，則無異議。今取諸家之説，分類撮舉之於下。

屬於第一類者，即有小序解題之書目。現存者如晁、陳書目，通考經籍考，四庫提要之類是。隋書經籍志簿録類論云：「古者史官既司典籍，蓋有目録以爲綱紀。體制湮滅，不可復知。孔子删書，别爲之序，各陳作者所由。韓、毛二詩，亦皆相類。其實齊、魯詩亦皆有序，清儒馬國翰、陳壽祺諸家所輯遺説可考，此因齊詩魏代已亡，魯詩亡於西晉，故但舉毛、韓二詩耳。漢時劉向别録、劉歆七略，剖析條流，各有其部，推尋事跡，疑則古之制也。自是以後，不能辨其流别，但記書名而已。博覽之士疾其渾漫，故王儉作七志，阮孝緒作七録，並皆别行。大體雖準向、歆，而遠不逮矣。」

觀隋志之持論，掊擊諸家，推尊向、歆，蓋以向之别録，每書皆有敍録，歆之七略，羣篇並舉指要，於書之指歸訛謬，皆有論辨，見前。剖析條流，至爲詳盡，有益學術，故極推崇。荀勗中經簿，上承七略，下開四部，至爲重要，而隋志謂其「但録題及言，盛以縹囊，書用緗素，至於作者之意，無所論辨」。見篇首總論，下同。其於勗之不滿，溢於言表。此後自東晉義熙，以及宋、齊、梁、陳、隋，並有官撰目録，而爲書皆袛數卷，並不著解題，所謂「不能辨其流别，但記書名而已」。至王儉依據七略，玉海卷五十二引儉序云：「今依七略更撰七志。」阮孝緒斟酌王、劉，廣弘明集卷三七録序云：「今所撰七録斟酌王、劉。」是皆取法前修，宜可免於譏議。然於七志，則謂其「不述作者之意，但於書名之下，每立一傳。……文義淺近，未爲典則」。於七録，則謂其「分部題目，頗有次序，割析辭義，淺薄不經」。由是言之，則凡目録不著解題但記書名者，固薄其渾漫，視爲無足重輕；即有解題者，若其識解不深，則爲美猶有憾。蓋王儉之志，惟詳於撰人事蹟，於指歸訛謬，少所發明，阮氏七録，或亦同之。故雖號博覽之士，卒難辭淺薄之誚。觀其一則曰「於作者之意，無所論辨」，再則曰「不述作者之意，未爲典則」，則知凡目録之書，實兼學術之史，賬簿式之書目，蓋所不取也。唐時目録家，如毋煚、釋智昇之徒，其所主張，率同斯旨。

〔毋煚古今書録序〕見舊唐書經籍志 夫經籍者，開物成務，垂教作程，聖哲之能事，帝王之達典。去聖已久，開鑿遂多，苟不剖判條源，甄明科部，則先賢遺事，有卒代而不聞，大國經書，遂終年而空泯。使學者孤舟泳海，弱羽憑天，銜石填溟，倚杖追日，莫聞名目，豈詳家代，不亦勞乎！不亦弊乎！將使書千帙於掌眸，披萬函於年祀，覽録而知旨，觀目而悉詞，經墳之精術盡探，賢哲之睿思咸識，不見古人之面，而見古人之心，以傳後來，不愈其已。

〔釋智昇開元釋教録序〕　夫目録之興也，蓋所以別真僞，明是非，記人代之古今，標卷帙之多少，摭拾遺漏，删夷駢贅，提綱舉要，歷然可觀也。

宋王堯臣等作崇文總目，每類有序，每書有釋，蓋祖向、歆之成規。鄭樵作通志校讎略，乃極不滿之，謂其文繁無用。清初朱彝尊得總目鈔本於天一閣，已無序釋，因爲之跋，歸獄於樵。修四庫全書時，即用其本著録。提要信朱氏之説，所以罪樵者尤至。雖其考證不免謬誤，然可見編録書目，均當有解題，乃爲盡善也。

〔朱彝尊曝書亭全集崇文總目跋〕見卷四十四　崇文總目，當時撰定諸儒，皆有論説，凡一書大義，爲舉其綱，法至善也。其後若郡齋讀書志、書録解題等編，咸取法於此。故雖書有亡失，而後之學者覽其目録，猶可想見全書之本末焉。范氏天一閣有藏本，展卷讀之，祇有其目，當日之敍釋，無一存焉。樂平馬氏經籍考，述鄭漁仲之言以排叱諸儒，每書之下必出新意著説，嫌其文繁無用。然則是書因漁仲之言，紹興中從而去其序釋也。案經義考卷二百九十四著録類朱氏案語與此略同。

〔四庫全書總目提要卷八十四崇文總目提要〕　原本於每條之下具有論説。逮南宋時，鄭樵作通志，始謂其文繁無用，紹興中遂從而去其序釋。考漢書藝文志本劉歆七略而作，班固已有自註。案欲駁鄭樵之説，當詳考七略、别録之體例。今只舉班志爲説，不知樵説正是根據藝文志，是仍不足以服樵也。隋書經籍志參考七録，互註存佚，亦沿其例。案隋志佳處在每類之序論。若只每書下注存佚，則其文亦已略矣。唐書於作者姓名不見紀傳者，尚間有註文以資考核。後來得略見古書之崖略，實緣於此，不可謂之繁文。鄭樵作通志二十略，務欲凌跨前人，而藝文一略，非目睹其書，則不能詳究原委，自揣海濱寒畯，不能窺中祕之全，無以駕乎其上，遂惡其害己而去之。此宋人忌刻之故智，非出公心。厥後托克托等作宋史藝文志，紕漏顛倒，瑕隙百出，於諸史志中最爲叢脞，是即高宗誤用樵言，删除序釋之流弊也。案宋志之叢脞，與鄭樵絶不相干。宋人官私書目存於今者四家，晁氏、陳氏二目，諸家藉爲考證之資，而尤袤遂初堂書目及此書，則若存若亡，幾希湮滅。是亦有説無説之明證矣。崇文總目之無序釋，與鄭樵初無關係。杭世駿道古堂集卷二十五已駁朱氏之説，錢大昕養新録卷十四考之尤詳。

〔又直齋書録解題提要〕　其例以歷代典籍分爲五十三類，各詳其卷帙多少，撰人名氏，而品題其得失，故曰解題。古書之不傳於今者，得藉是以求其崖略；其傳於今者，得藉是以辨其真僞，核其異同。亦考證之所必資。

〔王鳴盛十七史商榷卷一〕　目録之學，學中第一緊要事，必從此問塗，方能得其門而入。然此事非苦學精究，質之良師，未易明也。自宋之晁公武，下迄明之焦弱侯一輩人，皆學識未高，未足剖斷古書之真僞是非，辨其本之佳惡，校其譌謬也。

〔孫詒讓温州經籍志敍例〕籀高述林卷九中壘校書，是有別録，釋名辨類，厥體綦詳。後世公私書録，率有解題。自汳宋之崇文，逮熙朝之四庫，目誦所及，殆數十家，大都繁簡攸殊，而軌轍不異。而於篇題之下，稽迻敍跋，目録之外，採證羣書，通考經籍一門，實刱兹例。朱氏經義考祖述馬書，益恢郛郭。觀其擇擅羣藝，研覈臧否，信校讎之總匯，考鏡之淵棷也。

〔王先謙郡齋讀書志敍〕見王刻本卷首史志僅列諸目，不若簿録家闡明指要，並其人之姓字里居，生平事蹟，展卷粲列，資學者博識尤多。自宋晁子止創爲此學，按此學之從來遠矣，非晁氏所創。即就有宋一朝言之，亦先有董逌之廣川藏書志，並不始於晁氏也。陳氏振孫繼之，並爲後儒所宗仰，而晁氏尤冠絶。

以上所舉諸説，其意大要有六：一、述作者之意，論其指歸，辨其訛謬。隋志。二、覽録而知旨，觀目而悉詞。不見古人之面，而見古人之心。毋煚。三、一書大義，爲舉其綱，書有亡失，覽其目録，猶可想見本末。朱彝尊。四、品題得失，藉以求古書之崖略。辨今書之真僞，並核其異同。提要。五、擇擅羣藝，研覈臧否，爲校讎之總匯，考鏡之淵棷。孫詒讓。六、闡明指要，資學者博識。王先謙。凡此諸説，所以明目録學之功用詳矣。然皆指有解題者言之也。

屬于第二類者，即有小序無解題之書目，如漢書藝文志、隋書經籍志是也。然漢志本之七略，七略原有解題，班固删去之，而但存其輯略之文，散入各家之後以爲之序，此特欲删繁就簡，非以解題爲無用也。隋志因之。至于小序之作法，則章學誠「辨章學術，考鏡源流」二語盡之矣。

〔章學誠校讎通義序〕校讎之義，蓋自劉向父子，部次條別，將以辨章學術，考鏡源流，非深明於道術精微、羣言得失之故者，不足與此。後世部次甲乙，紀録經史者，代有其人，而求能推闡大義，條別學術異同，使人由委溯源，以想見於墳籍之初者，千百之中不十一焉。

〔又原道篇〕一之二　劉歆七略，班固删其輯略而存其六。顔師古曰：「輯略，謂諸書之總要。」蓋劉氏討論羣書之旨也。此最爲明道之要，惜乎其文不傳。今可見者，惟總計部目之後，條辨流別數語耳。案班固條辨流別數語，即是劉歆輯略。章氏以爲別有討論羣書之語，誤甚。即此數語窺之，劉歆蓋深明乎古人官師合一之道，而有以知乎私門初無著述之故也。

〔又互著篇〕三之一　古人著録，不徒爲甲乙部次計。如徒爲甲乙部次計，則一掌故令史足矣，何用父子世業，閱年二紀，僅乃卒業乎？案此語亦誤甚。漢志云：「劉向校書，每一書已，向輒條其篇目，撮其指意，録而奏之。」蓋每書皆先校而後著録，故今所傳向諸書敍録，皆言「所校某書若干篇，除重復定著若干篇，已殺青，書可繕寫」。是校讎已定，書可繕寫之時，乃作一録，故其事不得不緩。今乃言古人著録，「父子世業，閱年二紀。」若向、歆兩世相繼，僅成一書目者，亦可笑矣！蓋部次流别，申明大道，敍列九流百氏之學，使之繩貫珠聯，無少缺逸，欲人即類求書，因書究學。古人最重家學，敍列一家之書，凡有涉此一家之學者，無不窮源至委，竟其流别，所謂著作之標準，羣言之折衷也。

〔又補校漢書藝文志篇〕十之二　漢志最重學術源流，似有得於太史敍傳，及莊周天下篇、荀卿非十子之意。此敍述著録，所以有關於明道之要，而非後世僅計部目者之所及也。

〔朱一新無邪堂答問卷二〕　劉中壘父子成七略一書，爲後世校讎之祖。班志撮其精要，以著於篇後。謂小序。惟鄭漁仲、章實齋能窺斯旨，商榷學術，洞徹源流，不惟九流諸子各有精義，即詞賦方技亦復小道可觀。目録校讎之學所以可貴，非專以審訂文字異同爲校讎也。……世徒以審訂文字爲校讎，而校讎之途隘；以甲乙簿爲目録，而目録之學轉爲無用。多識書名，辨别板本，一書估優爲之，何待學者乎？

案據風俗通引劉向别録，釋校讎之義，言校其上下得謬誤爲校，詳見後目録學之體制四。則校讎正是審訂文字，漁仲、實齋著書論目録之學，而目爲校讎，命名已誤，朱氏之説非也。特目録不專是校讎板本耳。

章氏著校讎通義，蓋將以發明向、歆父子校讎之義例。然於向、歆之遺説實未嘗一考，僅就漢書藝文志參互鈎稽而爲之説。故其言曰：「劉歆七略亡矣，其義例之可見者，班固藝文志注而已。」互著篇三之二。夫七略别録雖亡，其逸文尚散見於諸書。章氏時，馬國翰、洪頤煊、姚振宗輯本皆未出。章氏不長於考證，故未能搜討。況劉向校書敍録，今尚存數篇，即别録也。説見後。章氏僅知其校讎中祕，有所謂中書、外書、太常書、太史書、臣向書、臣某書，校讎條理篇七之二。而於録中立言，所以論其指歸辨其訛謬者，不置一言，故其書雖號宗劉，章氏書第二篇名宗劉。其實只能論班。其所最推重者，漢志總計部目之後條辨流别之語也。其所謂辨章學術，考鏡源流者，亦即指此類之序言之，其意初不在解題之有無。不知劉向之别録，其於學術源流功用爲更大也。然章氏書雖多謬誤，而其人好爲深湛之思，往往發爲創論，暗與古合。即此「辨章學術，考鏡源流」二語，亦非好學深思心知其意者不能道。以隋志及毋煚之説考之，然後知此非章氏一人之私言，蓋天下之公言也。目録家所當奉爲蓍蔡者矣。

屬於第三類者，即無小序解題之書目。現存者如唐、宋、明藝文志，通志藝文略，書目答問及各家藏書目録皆是。此類各書，不辨流别，但記書名，已深爲隋志所譏，然苟出自通人之手，則其分門别類，秩然不紊，亦足考鏡源流，示初學以讀書之門徑，鄭樵所謂「類例既分，學術自明」，不可忽也。

〔鄭樵通志卷七十一校讎略編次必謹類例論〕　學之不專者，爲書之不明也。書之不明者，爲類例之不分也。有專門之書，則有專門之學；有專門之學，則有世守之能。人守其學，學守其書，書守其類。人有存殁而學不息，世有變故而書不亡。以今之書校古之書，百無一存。其故何哉？士卒之亡者，由部伍之法不明也，書籍之亡者，由類例之法不分也。類例分，則百家九流各有條理，雖亡而不能亡也。又曰：類例既分，學術自明，以其先後本末具在。觀圖譜者可以知圖譜之所始，觀名數者可以知名數之相承。讖緯之學，盛於東都。音韻之學，傳於江左。傳注起於漢、魏，義疏盛於隋、唐。覩其書，可以知其學之源流。或舊無其書而有其學者，是爲新出之學，非古道也。

〔又編次必記亡書論〕　古人編書，必究本末，上有源流，下有沿襲。故學者亦易學，求者亦易求。謂如隋人於歷一家，最爲詳明。凡作歷者幾人，或先或後，有因有革，存則俱存，亡則俱亡。唐人不能記亡書，然猶記其當代作者之先後，必使具在而後已。及崇文四庫，有則書，無則否。不惟古書難求，雖今代憲章亦不備。

〔又編次失書論〕　書之易亡，亦由校讎之人失職故也。蓋編次之時，失其名帙。名帙既失，書安得不亡也。

〔又泛釋無義論〕　古之編書，但標類而已，未嘗注解，其著注者人之姓名耳。案劉向校書，其敍録存者數篇，其所以爲説者至詳，安得謂只注人之姓名。蓋經入經類，何必更言經？史入史類，何必更言史？但隨其凡目，則其書自顯。惟隋志於疑晦者則釋之，無疑晦者則以類舉。今崇文總目出新意，每書之下必著説焉。案此乃向、歆、王儉、阮孝緒之成法，安得謂崇文總目始出新意。樵最推重隋志，又嘗引用七録，不知何以於二書所敍源流略不一考。據標類自見，何用更爲之説？且爲之説也，已自繁矣，何用一一説焉？至於無説者，或後書與前書不殊者，則强爲之説，使人意怠。

〔章學誠校讎通義敍〕鄭樵生千載而後，慨然有會於向、歆討論之旨，因取歷朝著録，略其魚魯豕亥之細，而特以部次條别，疏通倫類，考其得失之故，而爲之校讎。蓋自石渠、天禄以還，學者所未嘗窺見者也。案此是論樵之校讎略，非指其藝文略也。

鄭樵著通志，既作藝文略，又自論其敍次之意，爲校讎一略以發明之。必知此，乃能讀其校讎略。樵既主張編書必究本末，使上有源流，下有沿襲，以存專門之學；則劉向每校一書，必撰一録，足以考見學術之源流，實千古編目之良法。而樵獨注意於類例，謂「類例既分，學術自明」，遂譏崇文總目之序説爲泛釋無義，宜爲朱彝尊及四庫提要之所譏。然考之樵之藝文略，雖不免牴牾訛謬，而其每類之中，所分子目，剖析流别，至爲纖悉，實秩然有條理。蓋真能適用類例以存專門之學者也。如易一類，凡分古易、石經、章句、傳、注、集注、義疏、論説、類例、譜、考正、數、圖、音、讖緯、擬易十六門，此鄭氏自創之新意。新、舊唐志雖間分子目，不若是之詳也。蓋樵所謂類例者，不獨經部分六藝，子部分九流十家而已。則其自謂「類例既分，學術自明」者，亦非過譽。然此必於古今之書不問存亡，概行載入，使其先後本末具在，乃可以知學術之源流。故又作編次必記亡書論，則樵之意可以見矣。後人譏樵但編次歷代史志，不必真見其書，以爲無裨考證，不知樵之意在此不在彼也。但樵既已爲之於前，後人若復效之，則是疊牀架屋，徒取憎厭。故樵之作未有能效之者。乃緣此但記書名之目録，爭自附於樵，非樵之所樂聞也。書目諸無序釋而能有益於學術者，自樵之外，惟張之洞所作，庶幾近之。自唐書以下史志，皆無序釋，千頃堂書目亦然，而同爲目録學中重要之書，則以其包舉一代，爲考證所不可少，故又當別論。

〔張之洞書目答問略例〕

讀書不知要領，勞而無功。知某書宜讀而不得精校精注本，事倍功半。今爲分別條流，慎擇約舉，視其性之所近，各就其部求之。又于其中詳分子目，以便類求。一類之中，復以義例相近者使相比附，再敍時代，令其門徑秩然，緩急易見。凡所著録，並是要典雅記，各適其用。總期令初學者易買易讀，不致迷罔眩惑而已。自注：弇陋者當思廣其見聞，汎濫者當知學有流別。

張氏略例自言「詳分子目，以便類求」，「義例相近，使相比附」，則張氏蓋能適用鄭氏「類例既分，學術自明」之法者也。而其有功於學者，尤在「視其性之所近，使各就其部求之」，不愧爲指導門徑之書。蓋鄭氏之類例，在備録存亡之書，以見專門學之先後本末，爲古人之意多。張氏之類例，在慎擇約舉，以使初學分別書之緩急，爲今人之意多也。編撰書目，不附解題，而欲使其功用有益於學術，其事乃視有解題者爲更難。

綜以上諸家之説觀之，則其要義可得而言。屬於第一類者，在論其指歸，辨其訛謬。屬於第二類者，在窮源至委，竟其流別，以辨章學術，考鏡源流。屬於第三類者，在類例分明，使百家九流，各有條理，並究其本末，以見學術之源流沿襲。若欲便於讀者，則當令其門徑秩然，緩急易見。以此三者互相比較，立論之宗旨，無不脗合，體制雖異，功用則同。蓋吾國從來之目録學，其意義皆在「辨章學術，考鏡源流」，所由與藏書之簿籍、自名賞鑑、圖書舘之編目僅便檢查者異也。

目録之書，既重在學術之源流，後人遂利用之考辨學術。此其功用固發生於目録學之本身，而利被遂及於學者。然亦視其利用之方法如何，因以判別其收效之厚薄。今舉古人利用目録學之最早者數事，以明其例：

一曰，以目録著録之有無，斷書之真僞。

〔班固漢書東方朔傳〕朔之文辭，此二篇最善。按此二篇者，答客難及非有先生論也。其餘有封泰山、責和氏璧及皇太子生禖、屏風、殿上柏柱、平樂觀賦獵、八言七言上下、從公孫弘借車，凡劉向所録朔書具是矣。師古曰：「劉向別録所載。」世所傳他事皆非也。師古曰：「謂如東方朔別傳及俗用五行時日之書，皆非實事也。」

〔後漢書張衡傳〕　初，光武善讖，及顯宗、肅宗因祖述焉。自中興以後，儒者爭學圖緯，兼復附以妖言。衡以圖緯虚妄，非聖人之法。乃上疏曰：「劉向父子領校祕書，閲定九流，亦無讖録。按録謂別録，即校書之序目也。言未爲讖作序目。成哀以後，乃始聞之。」

二曰，用目録書考古書篇目之分合。

〔鄭玄目録〕　曲禮者，以其篇記五禮之事。祭祀之説，吉禮也。此於別録屬制度。禮記正義卷一引，以後每篇引鄭目録，皆有此於別録屬某篇語，不備引。

〔又〕　名曰樂記者，以其記樂之義，此於別録屬樂記。蓋十一篇合爲一篇，謂有樂本，有樂論，有樂施，有樂言，有樂禮，有樂情，有樂化，有樂象，有賓牟賈，有師乙，有魏文侯，今雖合此，略有分焉。禮記正義卷三十七引。

〔又〕　冠禮於五禮屬嘉禮，大、小戴及別録此皆第一。儀禮正義卷一引，以後每篇引鄭目録，具詳大戴與小戴及別録次序之異同，今不備引。

三曰，以目録書著録之部次，定古書之性質。

〔南史陸澄傳〕　又與王儉書：「鄭玄所注衆書，亦無孝經，且爲小學之類，不宜列在帝典。」儉答曰：「……僕以此書明百行之首，實人倫所先。七略、藝文並陳之六藝，不與蒼頡、凡將之流也。」

四曰，因目録訪求闕佚。

〔隋書牛弘傳〕　弘以典籍遺逸，上表請開獻書之路。曰：「今御出單本合一萬五千餘卷，部帙之間仍有殘缺，比梁之舊目，止有其半。至於陰陽河洛之篇，醫方圖譜之説，彌復爲少。若猥發明詔，兼開購賞，則異典必至，觀閣斯積。……」

五曰，以目録考亡佚之書。

〔隋書牛弘傳〕　案劉向别録及馬宫、蔡邕等所見，當時有古文明堂禮、王居明堂禮、明堂圖、明堂大圖、明堂陰陽、太山通義、魏文侯孝經傳等，並説古明堂之事，其書皆亡，莫得而正。此弘所上明堂議中語。

六曰，以目録書所載姓名卷數，考古書之真僞。

〔唐會要卷七十七〕　開元七年，詔子夏易傳近無習者，令儒官詳定。劉子元議曰：「漢書藝文志，易有十三家，而無子夏作傳者。至梁阮氏七録，始有子夏易六卷，或云韓嬰作，或云丁寬作。然據漢書藝文志韓易有二篇，丁易八篇，求其符合，則事殊隳刺者矣。……必欲行用，深以爲疑」。……司馬貞議曰：「……案劉向七略有子夏易傳，但此書不行已久，今所存者多非真本。荀勗中經簿云『子夏傳四卷，或云丁寬所作』，是先達疑非子夏矣。又隋書經籍志云『子夏傳殘闕，梁時六卷，今三卷』，是知其書錯謬多矣。」

〔又〕　王儉七志引劉向七略云：「易傳子夏、韓氏嬰也，今題不稱韓氏，而載薛虞記，其質粗略，旨趣非遠，無益後學」。

別録成書未久，班固著書即加引用。以張衡之博洽，其考學術之源流亦據以爲斷。目録學之功用，依此可知。後人應用此學者，方法雖多，大抵不出此數類，至用此種方法，於考證是否精密，乃另一問題。而古人皆已開其先聲，知此學之發達最早。至二六兩條所得功用，又非有解題不可。且目録之功用，非僅如此而已。其尤重要者，在能用解題中之論斷，以辨章古人之學術。如班固引劉向語以論賈誼、東方朔，引向、歆語以論董仲舒，蓋皆七略、別録之説，尤非但記書名之目録所能辨也。具載後目録書之體制二，此不復詳。

雖然，以上所言數事，皆是用之以考古，則或疑爲考證家專門學問，非普通學人之所需。然目録之學爲讀書引導之資，凡承學之士，皆不可不涉其藩籬，其義以張之洞言之最詳。

〔張之洞輶軒語語學論讀書宜有門徑〕　汎濫無歸，終身無得。得門而入，事半功倍。或經，或史，或詞章，或經濟，或天算地輿。經治何經，史治何史，經濟是何條，因類以求，各有專注。至於經注，孰爲師授之古學，孰爲無本之俗學；史傳孰爲有法，孰爲失體，孰爲詳密，孰爲疏舛；詞章孰爲正宗，孰爲旁門；尤宜抉擇分析，方不至誤用聰明。此事宜有師承。然師豈易得？書即師也。今爲諸君指一良師，將四庫全書總目提要讀一過，即略知學術門徑矣。

〔書目答問譜録書目之屬自注〕 此類各書，爲讀一切經史子集之塗徑。

張氏之語雖若淺近，然實深知甘苦之言。必明此義，而後知目録之書爲用最廣，爲學至切。但欲求讀其書而知學問之門徑，亦惟四庫提要及張氏之答問差足以當之。若答問中所舉之古今僞書考、多武斷。文選注引書目、三國志注引書目二書多誤謬。尚不足以語此，無論藏書家書目也。

二　目録釋名

目録之名，起於劉向、劉歆校書之時。漢書敍傳云：「劉向司籍，九流以別，爰著目録，略序洪烈。」敍藝文志。文選注引別録列子目録，王康琚反招隱詩注。七略言「尚書有青絲編目録」，文選任彦昇爲范始興求立太宰碑表注引。是其事也。

考漢志兵書略序云：「武帝時，軍政楊僕招摭遺逸，紀奏兵録」，則校讎著録，其來久矣，特不知其時有目録之名與否耳。其後鄭玄注禮，遂用別録之體，作爲三禮目録。隋志禮類三禮目録一卷，鄭玄撰，梁有陶宏景注，亡。玄又作孔子弟子目録一卷，見隋志論語類。以人名爲目，與書之目録不同。然其命名，亦是沿於劉向也。四庫提要乃謂目録之名昉於鄭玄，卷八十五目録類小序云：「鄭玄有三禮目録，此名所昉也。」失考甚矣。目録之書，隋志謂之簿録，舊唐志乃名目録，自是以來，相沿不改。

案隋志自晉義熙以來新集目録以下，命爲目録者凡十六部，則目録之名，爲晉以後之所通用。但用作部類之名，則始於舊唐志耳。

何謂目録？目謂篇目，録則合篇目及敍言之也。漢志言「劉向校書，每一書已，輒條其篇目，撮其旨意，録而奏之」。旨意即謂敍中所言一書之大意，故必有目有敍乃得謂之録。録既兼包敍目，則舉録可以該目。故向所奏上之篇目旨意，載在本書者謂之録，編集别行者謂之別録也。其所以又有目録之名者，因向之著録起於奉詔校書。當時古書多篇卷單行，各本多寡不一。向乃合中外之書，除其重復，定著爲若干篇，遂著其篇目以防散佚，且以見定本之與舊不同。篇目之後，又作敍一篇，發明其意，隨書奏上。因編校之始，本以篇目爲主，故舉目言之，謂之目録也。諸書所載向、歆之奏，亦或謂之敍録。晏子、説苑、山海經。蓋二名皆舉偏以該全，劉師培古書疑義舉例補有此例。相互以見意耳。實則録當兼包敍目，班固言之甚明。其後相襲用，以録之名專屬於目，於是有篇目而無敍者亦謂之目録。又久之而但記書名不載篇目者，并冒目録之名矣。

案向、歆奏上之敍，今散見各書者，或題目録，或題敍録，或不題名目，其例不一。然考戰國策敍云「護左都水使者光禄大夫臣向言，舉此一句明例，以後銜名均略去。所校中戰國策書」，末云「臣向所校戰國策書録」；荀卿新書敍云「所校讎中孫卿書」，末云「所校讎中孫卿書録」；列子敍云「所校中書列子五篇」，中書列子猶云中列子書。末云「臣向所校列子書録」。以前後文義推之，則所校某書録句，書字當屬上讀，猶言某書之録也。知向但自名爲録，實兼包篇目指意二者言之。楊僕所奏之兵録，其體亦當如此。及各從其所重言之，有目録、敍録之名。

錄（目録）目……條其篇目
（敍録）敍……撮其指意

於是或認録爲目，或認録爲敍。認録爲目者，如論衡案書篇云「六略之録萬三千篇」，此以篇目爲録也。據七録序六略之書實只六百三家，則劉向之録亦當只六百三篇。今云萬三千篇者，以其書卷有一萬三千耳，卷即篇也。文選任彦昇王文憲集序云「集録如左」，亦謂序後之篇目也。隋志集部之書多有録一卷，或云并録，并目録，此其間必有無序而只載篇目者矣。集部又有注并序録并例録者，蓋亦以録爲篇目也。認録爲敍者，如世説言語篇注引邱深之文章録，而文學篇又引作邱深之文章敍，是以敍與録爲一事也。新唐志有殷淳四部書目序録，别序録於書目之外，其以録之名專屬於序，尤爲明白。毋煚古今書録序云「覽録而知旨，觀目而悉詞」，用意亦與淳同。自録之一字有此兩種解釋，於是目録書又有序録、録目二名。序録者，劉向書目，目在敍前，後來體制變更，序在目前，既認録爲目，故名序録。此與劉向敍録用意不同。經則有沈文阿經典玄儒大義序録，見隋志論語類，陸德明經典釋文序録，書今存。史則有三國志敍録，見隋志。南齊書序録，見史通序例篇。今南齊書無序録。皆即序目之意。録目者，亦因目在序後，既認録爲序，則以目録之名爲未安，故易爲録目。隋費長房開皇三寶録總目序云「齊、周、陳並皆翻譯，弗刊録目」。唐釋道宣大唐内典録有「録目始終序」一篇。釋智昇開元釋教録有「歷代所出衆經録目」一篇，亦即序目之意也。一目録之名，以字義互爲予奪，遂致紛紜糾錯如此。非細考之，不易得其端緒也。

何以謂目即篇目也？目録之體，起於詩、書之序，所以條其篇目。說本隋志簿録類小序，已見前篇。

〔趙岐孟子題辭〕　其篇目各自有名。焦循正義曰：「如梁惠王、公孫丑、滕文公、離婁、萬章、告子、盡心。」

案尚書百篇、詩三百一十一篇、逸周書七十篇皆有序。古者序爲一篇，後人始引之各冠篇首。詩關雎序自「風風也」以下總論詩之綱領，舊說謂之大序。而尚書周書序皆只分釋各篇，並無大序。是古之書序，皆所以條其篇目也。

其後司馬遷、揚雄皆有自序，具載著述篇目甚詳。

案司馬遷、揚雄自序，班固録入漢書以爲列傳。遷自序於所作太史公書七十篇，皆有小序。雄自序於平生著作甚詳，亦載法言小序，是皆仿詩、書之例。小序言作某篇第幾，譔某篇第幾，即篇目也。司馬遷在劉向之前，揚雄與劉向同時，故向撰敍録亦用其例。其後班固作漢書敍傳，體制一仿史公。許慎作說文解字敍，至「於所不知蓋闕如也」之後，具録十四篇之目，自「一」部一至「亥」部五百四十，而無小序，所謂條其篇目也。

及劉向奉詔校書，爲之著録。考其戰國策録自稱「敍曰」，隋志亦云「每一書就，向輒撰爲一録，敍而奏之」，知録即諸書之敍。又説苑録曰「今以類相從，一一條别篇目」，知書録當載篇目也。諸書所引七略、别録逸文，往往有篇目可考。儀禮、禮記、樂記三書全書篇目具存，皆言某篇第幾，與史記、法言自序同。至於詩賦，亦載篇目。今舉例於後，以證明之：

〔儀禮士冠禮疏〕　鄭玄云「大、小戴及别録，此皆第一」者，大戴、戴聖與劉向爲别録十七篇，次第皆冠禮爲第一，昏禮第二，士相見爲第三，自兹以下篇次則異，故鄭云，「大、小戴、别録此皆第一」也。其劉向别録即此十七篇之次也。

〔經典釋文序録〕　劉向别録有四十九篇，其篇次與今禮記同。

案儀禮、禮記疏引鄭目録，載别録篇目次第甚詳。禮記各篇，又分屬制度、通論、明堂陰陽、喪服、世子法、祭祀、子法、樂記、吉禮、吉事十類，文繁不録。

〔禮記樂記疏〕　案鄭目録云：「此於别録屬樂記，蓋十一篇合爲一篇，謂有樂本，有樂論，有樂施，有樂言，有樂禮，有樂情，有樂化，有樂象，有賓牟賈，有師乙，有魏文侯。（中略）劉向校書，得樂記二十三篇著於别録。今樂記所斷取十一篇，餘有十二篇，其名猶在三十四卷，記無所録也。其十二篇之名，案别録十一篇，餘次奏樂第十二，樂器第十三，樂作第十四，意始第十五，樂穆第十六，説律第十七。季札第十八，樂道第十九，樂義第二十，昭本第二十一，昭頌第二十二，竇公第二十三是也。案别録禮記四十九篇，樂記第十九，則樂記十一篇入禮記也在劉向前矣。至劉向爲別録時，更載所入樂記十一篇，又載餘十二篇，總爲二十三篇也。」

〔史記封禪書〕使博士諸生，刺六經中作王制。索隱引劉向七録云：「文帝所造書，有本制、兵制、服制篇。」

案諸書如文選注、北堂書鈔、藝文類聚、太平御覽之類所引別録可以考見篇目者甚多。至於淮南王、劉向、馮商等賦皆有篇目尚存，文繁不備引。

諸書所引別録多零章斷句，不足考見全篇體例。今荀子書卷末正文之後，有書録一篇，首題荀卿新書三十二篇，次即詳著篇目，自勸學篇第一至賦篇三十二，每條自爲一行，繼以護左都水使者光禄大夫臣向所校讎中孫卿書云云。前列篇目，後論旨意，合於班固之説，此真當時奏上之舊式也。案今所傳劉向校定之書，如管子、韓非子等，其書録多爲後人所亂，或妄分卷數，或削去篇目。然戰國策、晏子春秋亦尚存舊式。此獨舉荀子者，以楊倞序言改孫卿新書爲荀卿子，其篇第亦頗有移易。今録中尚題荀卿新書，（「荀」字是後人妄改，敍仍作「孫」字）篇第亦與楊氏移易者不同，可信其爲劉向之舊，故舉以爲例。別録全書，皆當似此。三禮目録所言某篇別録第幾，諸類書所言別録有某篇，蓋皆就篇目中引用之耳。劉歆與揚雄從取方言書云「屬聞子雲獨採集先代絶言，異國殊語，以爲十五卷，其所解略多矣，而不知其目」。又云「今謹使密人奉手書，願頗與其最目，得使入録」。書附方言後。入録者，欲入之七略也。是不必見其全書，但得其篇目，即可入録也。由斯以談，目録之爲篇目而非書名，信有徵矣。

〔姚振宗七略别録佚文敍〕　晏子、孫卿子、列子三書，敍奏之前，具載篇目，藝文志所謂條其篇目，撮其指意，其原書體製蓋如此。姚氏所輯，在師石山房叢書內。

自班固取七略作藝文志，删去其録，於是佚書之篇目遂不可復考。

〔漢書藝文志〕　歆於是總羣書而奏其七略，今删其要，以備篇籍。注：「師古曰，删去浮冗，取其指要也。」案諸書所引七略多論作者旨意，文選揚雄諸賦且有奏賦年月，是七略亦兼有目録也。

〔廣弘明集卷三阮孝緒七録序〕　固乃因七略之辭，爲漢書藝文志。

〔胡應麟經籍會通卷二〕　七略原書二十卷，班氏藝文僅一卷者，固但存其目耳。案隋志七略劉歆撰，其二十卷者，劉向之七略别録耳。「但存其目」當作但存書名。

七志、七録、古今書録之屬，今皆亡佚。其録中有篇目與否無以知之。若兩晉、南北朝書目只記書名，失目録命名之旨矣。自宋以後，如崇文總目、郡齋讀書志、直齋書録解題、四庫全書總目之流，每書之下皆爲之説，即録中之敍也。然未有一書能具篇目者。經義考、小學考專録一門，宜可詳悉，乃寧録無謂之序跋，不知出此。其諸書篇目，但載本書之中。本書亡則篇目與之俱亡，所存者但書名耳。而猶猥曰目録之書可以考亡佚，此不察之説也。篇目之重要別具後目録書之體制一，此不復詳。

何以謂録兼篇目及旨意也？武帝時，楊僕始奏兵録。向、歆校書，將以進御，故用僕舊例，一書校竟，輒撰一録，隨書奏上，謂之書録。今存者九篇，即別録也。

〔七略別録佚文晏子敍録〕　其六篇可常置旁御觀。

案漢書劉向傳言「上方精於詩、書，觀古文，詔向領校中五經祕書」，故向所作敍録，多因事納忠。如戰國策録云「亦可喜，皆可觀」，孫卿新書録云「其書比於記傳，可以爲法」，説苑録亦云「皆可觀」。其意皆欲成帝觀之以爲法戒，即其作列女傳以戒天子之意。

〔經籍會通卷二〕　向、歆每校一書，則撮其指意，録而奏之。近世所傳列禦寇、戰國策，皆有劉向題辭，餘可概見。因以論奏之言，附載各書之下，若馬氏通考之類。以故篇帙頗繁。

〔洪頤煊經典集林總目〕　今戰國策、山海經、説苑、管子、晏子、列子、鄧析子、荀卿子，俱有劉向奏，疑亦在別録。以附專書，不復録入卷中。

〔王國維觀堂別集後篇漢書藝文志舉例後序〕　今世所傳戰國策、晏子、荀子、列子、管子，皆有劉向所撰録一篇，即別録也。　自注：世所傳關尹子、子華子、於陵子，皆有劉向所撰録，鄧析子有劉歆所撰録，均僞。

案今鄧析子書首有録一篇，題爲劉向，四庫提要卷一百謂據書録解題改正爲劉歆，然書録解題實無此語。考荀子不苟篇楊倞注云：「劉向曰：鄧析好刑名，操兩可之説，設無窮之辭，數難子產爲政，子產執而戮之。」意林卷一引劉向曰：「非子產殺鄧析，推春秋驗之」，皆與今本合。故嚴可均鐵橋漫稾卷五鄧析子敍仍定爲劉向，考證甚確。此録既見引於楊倞、馬總，是唐人所見，皆題劉向，必不至誤。然則非僞作也。惟關尹子、子華子、於陵子出宋明人僞撰，誠如王氏所説耳。洪氏所舉八篇内，山海經一篇爲劉歆作。又宋本韓非子有序一篇，嚴可均疑爲劉向作，收入全漢文卷三十七劉向集中。考意林卷一引劉向云：「秦始皇重韓非書，曰：寡人得與此人游，死不恨矣。李斯、姚賈害之，與藥令自殺，始皇悔，遣救之，已不及。」與今韓非子序大同小異，嚴氏之説是也。故向、歆敍録實存九篇。或題目録，或題敍録，其實一也。敍録即別録，明見於七録序。見後。因此序在廣弘明集中，宋明講考證學者多忽不觀，惟胡氏嘗讀二氏書，故能知之。馬國翰及洪氏輯別録佚文不收敍録。嚴氏取洪本附向集後，又別輯敍録入集中，既不載其篇目，而佚文内所采諸書引別録論管子、列子、鄧析子語皆在今録中，全録具存，亦不取以對照，皆爲失考。近人章炳麟別有七略輯本，作徵七略一篇，載入檢論卷二，亦謂「諸書敍録具在者，雖佗書徵引，皆不收録」，未詳其意。實則凡輯佚書，隻字片言，苟有存者，皆當收入。況完篇乎？惟姚振宗所輯別録，將此諸篇並已收入，其識高出前人遠矣。

別録者，取衆書之録集爲一篇，於本書之外別行，如四庫全書先有提要，後乃編爲總目也。

〔阮孝緒七録序〕 昔劉向校書，輒爲一録，論其指歸，辨其訛謬，隨竟奏上，皆載在本書。時又別集衆録，謂之別録，即今之別録是也。

〔孫德謙劉向校讎學纂微〕 七録序言「輒爲一録」者，謂向所校書，悉撰有序録也。以其載在本書，已行奏上，而學者不復得見，思欲別存一本，故將衆本序録，別而集之。因稱之爲別録。

案劉向每一書校竟，即撰敍録奏進，故云「隨竟奏上」，後乃編集成書別行，以便學者。考四庫全書卷首上諭，初只令承辦各員，將書中要旨檃括總敍崖略，粘開卷副頁右，用便觀覽。又云：「其書足以啓牖後學，廣益多聞者，即將書名摘出，撮取著書大旨，敍列目録進呈。」於是四庫全書處進呈總目，於經史子集俱撰有提要。後乃令將全書總目及各書提要編刊頒行，其辦法正暗與古合。以此例彼，情事瞭如矣。

書録本兼篇目指意二事，篇目已具詳如上，篇目之後，即校上之奏，其前略言校讎之事，至「已殺青書可繕寫」，餘皆論書中旨意語也。七録序云：「劉向校書，輒爲一録，論其指歸，辨其訛謬。」指歸即旨意，謂如戰國策敍「周室自文武始興」以下，論本書得失之語也。訛謬者，校讎之事，謂「本書字多脱誤爲半字，以趙爲肖，以齊爲立」也。其於向之書敍體例，列舉尤詳。然易漢志「條其篇目」句爲「辨其訛謬」，是只詳於敍而略於目。蓋阮孝緒已不知録中當有篇目，故其意側重於敍矣。

目録本只稱爲録。班固謂劉向著目録，而向書只名别録，不名目録者，以録中本兼有目，猶之司馬遷、揚雄敍，只名自敍，不名敍目也。蓋全舉之則名録，兼包篇目旨意，偏舉之則爲目録，以敍在目後，校書編次本重在目也。意有輕重，詞有繁簡耳。

文選注引列子目録曰「至於力命篇，一推分命」，其語今在列子敍中。故知目録當兼敍言之，不得獨呼篇目爲目録也。然如晉以後只記書名之目録，不僅以篇目之目爲書名，並録亦移作書名矣。阮孝緒之七録、元行冲之羣書四録、毋煚之古今書録，是皆師向之意，舉録以該目。至於宋之崇文總目，每書皆有論説，此録也，而只謂之總目。陳振孫之直齋書録命名頗與古合，而以爲未足，又益之曰解題。四庫全書之總目名之曰目録可矣，又别呼其敍爲提要。此皆誤以目與録爲一事，於其書之敍録，無以名之，而爲此紛紛也。

自來治目録學者，代不數人，而著書者或亦未能深考。隋志于晉以後官撰書目皆致不滿，故不獨體裁不能盡合，即名稱亦愈變而離其宗。記書名而謂之目録，亦已久矣。後人相沿襲用，既有所本，未足深怪。固知積重難返，自不必是古非今。特既相與講此，不能不考其名之所由起與其命名之義耳。

三　目録書之體制一　篇目

班固曰：「劉向司籍，辨章舊聞。」又曰：「爰著目録，略序洪烈。」後之論目録者大抵推本此意。章學誠又括之以二語曰：「辨章學術，考鏡源流。」由此言之，則目録者學術之史也。綜其體制，大要有三：一曰篇目，所以考一書之源流；二曰敍録，所以考一人之源流；三曰小序，所以考一家之源流。三者亦相爲出入，要之皆辨章學術也。三者不備，則其功用不全。今分别説之于後。

篇目之體，條别全書，著其某篇第幾，前篇敍之已詳。古之經典，書于簡策，而編之以韋若絲，名之爲篇。簡策厚重，不能過多，一書既分爲若干篇，則各爲之名，題之篇首，以爲識别。其用特以便檢察，如今本之題書根耳。其有古人手著之書，爲記一事或明一義自爲起訖者，則以事與義題篇，如書之堯典、舜典，春秋之十二公，爾雅之釋詁、釋言等是也。其有雜記言行，積章爲篇，出於後人編次，首尾初無一定者，則摘其首簡之數字以題篇，論語之學而、爲政，孟子之梁惠王、公孫丑是也。

〔島田翰古文舊書考卷一書册裝潢考〕周時史策之外，官廷文書，類用木板，蓋便於更換，不復編綴。而學士所習，則多用竹。故周禮每言方版，而六經則皆稱簡策。其編策也，用韋與絲。史記云：「孔子晚喜易，韋編三絶。」北堂書鈔引劉向别録云：「孫子書以殺青，簡編以縹絲繩。」南史王僧虔傳云「楚王冢書青絲編」，大抵上品用韋，下品用絲也。其編連之法，上下各一孔，用韋及絲以貫其孔。古文册作𠕋，釋名云：「編之如櫛齒相比也。」觀其字形，可以知其制也。島田氏此條，多本之汪繼培之周代書册制度考，但稍詳耳。而文中無一言及於汪氏，未免意存掠美。

凡以事與義分篇者，文之長短自著書時既已固定，雖僅數簡，亦可自爲一篇。其他則編次之時，大抵量其字之多寡，度絲韋之所能勝，斷而爲篇。及縑帛盛行，易篇爲卷，一幅所容，與簡篇約略相當。故多以一篇爲一卷。然古人手著之文，其始不能規定字數，故有篇幅甚短者，則合數篇而爲卷。蓋過短則不能自爲一軸，過長則不便卷舒，故亦有分一篇爲數卷者，但大抵起於漢以後耳。

〔古文舊書考卷一〕　大抵春秋以前，書籍皆用竹策。至六國以後始有用竹帛者。墨子曰：「書於竹帛，鏤於金石」，漢書藝文志曰：「詩遭秦而全者，以其諷誦不專用竹帛故也。」此用帛之證。何謂卷子？可舒可卷，故云卷。卷子之興，始於用帛也。古者以一篇爲一編策一卷軸。漢志云：「春秋古經十二篇」，是左氏經文依十二公爲十二篇。又以數篇爲一編策一卷軸。漢志云:「經十一卷」,班注云:「公羊穀梁二家」,説者曰:「公穀經以閔公繫於莊公下。」又云:「爾雅三卷,二十篇。」乃知篇卷過少者,則以數篇爲一編策一卷軸矣。

〔嚴可均鐵橋漫稾卷五桓子新論敍〕 隋志儒家桓子新論十七卷,後漢六安丞桓譚撰,舊唐志同。章懷注言:「新論一曰本造,二王霸,三求輔,四言體,五見徵,六譴非,七啓寤,八祛蔽,九正經,十識通,十一離事,十二道賦,十三辨惑,十四述策,十五閔友,十六琴道。本造、閔友、琴道各一篇,餘並有上下。」注又引東觀記「光武讀之,敕言卷大,令皆別爲上下,凡二十九篇」。……案二十九篇而十七卷者,上下篇仍合卷,疑復有録一卷,故十七卷。

案光武言卷大者,以其太長不便卷舒也。新論本十六篇,以卷大分爲二十九篇,篇即卷也。逮隋志所見本,仍以上下篇合爲一卷。此可見古書分合之不常矣。又案古人注書,與經別行,故經傳卷數各家不同。如春秋古經十二卷,而左傳乃三十卷是也。自杜預以傳附經,而其文字非十二卷所能容,遂不得不依傳之卷數矣。後人就本書作注者往往似此,如漢書百篇本一百卷,而應劭注本作一百一十五卷,顏師古注本作一百二十卷是也。

夫篇卷不相聯屬,則易於凌雜,故流傳之本多非完書。又古書以一事爲一篇者,往往每篇別行。及劉向校書,合中外之本,删除重復,乃定著爲若干篇。故每書必著篇目於前者,所以防散失免錯亂也。

〔七略别録佚文戰國策書録〕　所校中戰國策書，中書餘卷，錯亂相糅莒。又有國别者八篇，少不足。臣向因國别者，略以時次之，分别不以序者，以相補。除復重，得三十三篇。

〔又管子書録〕　所校讎中管子書三百八十九篇，大中大夫卜圭書二十七篇，臣富參書四十一篇，射聲校尉立書十一篇，太史書九十六篇，凡中外書五百六十四篇，以校除復重四百八十四篇，定著八十六篇。向所撰録他篇多似此，舉此二篇爲例。

〔王國維觀堂集林卷十一太史公行年考〕　漢世百三十篇往往有寫以别行者，後漢書竇融傳「光武賜融以太史公五宗、外戚世家、魏其侯列傳」，又循吏傳「明帝賜王景河渠書」是也。

案後漢書清河孝王慶傳云：「帝將誅竇氏，欲得外戚傳，懼左右不敢使，乃令慶私從千乘王求，夜獨内之。」注云：「前書外戚傳也。」是漢書亦有單行之篇也。

兩漢竹帛并行，故篇與卷尚不甚分。其有篇卷不同者，漢志必兼著若干卷、若干篇。自簡策既廢，以卷代篇，七録序後所附古今書最及隋書經籍志皆只計卷數，無稱篇者。傳寫之時，多所省併，而古書之篇數淆。自刻版既行，書册裝而爲本，一本所容，當古數卷。刻書注書者，以册之厚薄，意爲分合，而古書之卷數亦淆。於是有本是完書而以卷數之少疑其亡者，本是真書而以卷數之多疑其依託者。使别録篇目具存，或後人著録能載篇目，則按圖索驥，不至聚訟紛紜矣。此篇目之善一也。

〔御覽卷六百六〕 風俗通曰：劉向別録殺青者，直治竹作簡書之耳。新竹有汁，善折蠹，凡作簡者皆於火上炙乾之，陳、楚間謂之汗，汗者，去其汁也。吴、越曰殺，亦治也。劉向爲孝成皇帝典校書籍二十餘年，皆先書竹，改易刊定，可繕寫者以上素也。

案此則向之校書，皆先書之竹簡，取其易於改治。逮校讎既竟，已無訛字，乃登之油素。是可見其時尚竹帛並用也。後漢書賈逵傳云：「令逵自選公羊、嚴、顔諸生高才者二十人，教以左氏，與簡紙經傳各一通。」是後漢時雖已用紙，而簡策尚與之並行矣。其他漢時用簡策之事尚多，不備引。

〔古文舊書考卷一〕 其不用簡與帛而專用紙者，蓋昉于晉。故大唐書儀載李虔續通俗文，太平御覽引桓玄僞事，並云桓玄令曰：「古者無紙故用簡，今諸用簡者，宜以黄紙代之」，是其證也。

古書名篇，有有意義者，書、春秋、爾雅之類是也；有無意義者，論、孟之類是也。詩三百篇則兼用之。蓋其始本以爲簡篇之題識，其後遂利用之以表示本篇之意旨。若莊子之逍遥遊、齊物論，則由簡質而趨於華藻矣。自是以後，摘字名篇者乃漸少。故就其篇目，可以窺見文中之大意，古書雖亡而篇目存，猶可以考其崖略。如樂記已亡之十二篇中，有季札第二十八、竇公第二十三，則知左傳季札觀樂之事及周禮之大司樂章皆在樂記之中矣。是此二篇雖亡，而其内容尚可知也。此篇目之善二也。

〔漢書藝文志六藝略〕　六國之君，魏文侯最爲好古。孝文時得其樂人竇公，獻其書，乃周官大宗伯之大司樂章也。顔師古注：「桓譚新論云，竇公年百八十歲，兩目皆盲。文帝奇之，問曰，何因至此？對曰，臣年十三失明，父母哀其不及衆技，教鼓琴，臣導引無所服餌。」

案唐釋道宣集古今佛道論衡卷一曹子建辨道論引桓君山云：「余前爲王莽典樂大夫，樂記言文帝得魏文侯樂人竇公」云云，與顔注所引新論只數字不同，知樂記竇公篇乃記其獻書之事也。殿本漢書考證載齊召南云：「案竇公事見正史，必得其實」，不知班志與新論皆本之樂記也。王先謙補注亦不知引辨道論。又按詩三百篇，國風皆摘字名篇，大小雅及周頌乃有别爲篇目者，如雨無正、常武、酌、桓、賚、般之類是也。顧炎武日知録卷二十一詩題一條，論此甚詳。

古書既多亡佚，後人不能盡見，好學之士每引以爲恨。至宋人乃有輯佚書之法以濟其窮，至清而大盛，章宗源、馬國翰、嚴可均之流其尤著也。諸家所輯之書，凡有篇目可考者，望文而知其義，則各歸之本篇。嚴可均桓子新論敍「諸引僅琴道有篇名，餘則望文歸斷，取便檢尋」。其無可考者，則以所出之書爲次序。亦或意爲先後，文義凌亂，無復條理。使目録皆著篇目，則無此患矣。

此篇目之善三也。

至如用篇目以考古書之真僞，則其功用尤爲顯而易見者矣。釋氏目録之書，如唐釋道宣之大唐内典録，釋智昇之開元釋教録，於諸經論間著篇目，蓋用晉人釋道安之成法。至宋王古之大藏聖教法寶標目，明釋智旭之閱藏知津，大經皆分篇分品，加以解釋，則更詳矣。

〔世説新語雅量篇注〕

安和上傳曰：釋道安以佛法東流，經籍錯謬，更爲條章，標序篇目，爲之注解。

〔直齋書録解題卷八〕

法寶標目十卷，户部尚書三槐王右敏仲撰。以釋藏諸函隨其次第爲之目録，而釋其因緣。凡佛會之先後，華譯之異同，皆具著之。右，旦之曾孫，入元祐黨籍。

案王古宋史附見江公望傳。書録解題傳寫誤作右。古爲宋人甚明。閱藏知津卷四十四，及今佛藏本均題作元清源居士王古，非是。

宋志有羣書備檢，其書已亡。文淵閣書目卷十一有羣書備檢一部，三册，殘闕。是此書在明初猶存殘本。據晁、陳書目所言，似是羣書之篇目。但既無敍録，又所輯皆常見之書，僅便檢查，不足辨章學術，然其意固自可師也。或謂典籍浩如煙海，若著録必標篇目，則卷帙滋多，坐長繁蕪，勢所不能。不知今日印刷便利，刻書極易，患不爲耳，豈厭其多？且如晁、陳書目，皆只録其藏書，其餘諸家，自四庫提要外，均有去取，擷其精華，擇要編目，亦尚有限。况可各就所長，只録一門，如經義考、史籍考之類。分之愈細，其書愈密。分工合作，自易爲功。雖曰兹事體大，要不妨姑存此説。蓋本篇研究學理，言其當然耳，初不敢强人以必從也。

〔宋史藝文志目録類〕　石延慶、馮至游校勘羣書備檢三卷。

〔晁公武郡齋讀書志卷九〕　羣書備檢十卷，右未詳撰人，輯易、書、詩、左氏、公羊、穀梁、三禮、論語、孟子、荀子、楊子、文中子、史記、兩漢、三國志、晉、宋、齊、梁、陳、後周、北齊、隋、新舊唐、五代史書，以備檢閲。

〔陳振孫直齋書録解題卷八〕　羣書備檢三卷，不知名氏，皆經史子集目録。

案晁陳之語，皆不明瞭，然其爲羣書之篇目，則可以意會也。揆此書之用意，蓋與唐殷仲茂之十三代史目同，見宋志及晁志。其體如今之索引。蓋便於檢查，亦目録中應有之義也。考大唐内典録卷十所録陸澄續法論，凡雜文二百四十九篇，實是總集之體。道宣皆逐帙標其篇目，未嘗以繁蕪爲嫌。若以後世詩文集太多，一人或至數百卷，不能全載其目，則仿後漢書文苑傳之例而變通之，著其詩賦銘贊若干篇，庶後之讀古書者猶可以考見其存亡闕失也。

四　目録書之體制二　敍録

敍録之體，源於書敍，劉向所作書録，體制略如列傳，與司馬遷、揚雄自敍大抵相同。其先淮南王安作離騷傳敍，已用此體矣。

〔校讎通義漢志六藝篇〕十三之二　讀六藝略者，必參觀於儒林列傳，猶之讀諸子略，必參觀於孟荀、管晏、申韓列傳也。詩賦略之鄒陽、枚乘、相如、揚雄等傳，兵書略之孫吴、穰苴等傳，術數略之龜策、日者等傳，方技略之扁鵲、倉公等傳，無不皆然。孟子曰：「誦其詩，讀其書，不知其人可乎？」藝文雖始於班固，而司馬遷之列傳，實討論之。觀其敍述戰國、秦、漢之間著書諸人之列傳，未嘗不於學術淵源，文詞流别，反復而論次焉。劉向、劉歆蓋知其意矣。故其校書諸敍論，既審定其篇次，又推論其生平，以書而言，謂之敍録可也。以人而言，謂之列傳可也。史家存其部目於藝文，載其行事於列傳，所以爲詳略互見之例也。是以諸子、詩賦、兵書諸略，凡遇史有列傳者，必注有列傳三字於其下，所以使人參互而觀也。

〔姚振宗漢書藝文志條理敍録〕　班氏既取七略以爲藝文志，又取别録以爲儒林傳。考漢紀又言「劉向典校經傳，考集異同，易始自魯商瞿子木，受于孔子，以授魯橋庇子庸」云云，與儒林傳之文悉合。知儒林傳亦本劉氏父子之輯略，而接其後事，終于孝平。故史通采撰篇云：「班固漢書，全同太史，太初已後，雜引劉氏新序、説苑、七略之辭。」今考新序、説苑載漢事無多，知所取于七略、别録者不少也。

案漢書王褒傳，所言九江被公誦楚辭，及丞相魏相奏知音善鼓雅琴者趙定、龔德事，均與七略、别録同。知漢書諸著述家列傳多本之别録，所謂「太初已後，雜引劉氏」，不獨儒林傳也。

〔漢書淮南王傳〕　初，安入朝，使爲離騷傳，旦受詔，日食時上。注「師古曰：傳謂解説之，若毛詩傳。」

〔楚辭卷一班孟堅離騷序〕　昔在孝武，博覽古文，淮南王安叙離騷傳，以「國風好色而不淫，小雅怨誹而不亂，若離騷者可謂兼之。蟬蜕濁穢之中，浮游塵埃之外，皭然泥而不滓，推此志雖與日月争光可也。……」又説五子以失家巷，謂五子胥也。及至羿、澆、少康、貳姚、有娀佚女，皆各以所識，有所增損。

〔王逸楚辭章句敍〕　至于孝武帝，恢廓道訓，使淮南王安作離騷經章句，則大義粲然。

〔隋書經籍志〕　始漢武帝命淮南王爲之章句，旦受詔，食時而奏之，其書今亡。

〔章炳麟檢論卷二徵七略〕　御覽引劉氏書，或云劉向别傳，或云七略别傳。今觀諸子敍録，皆撮舉爵里事狀，其體與老韓、孟荀、儒林諸傳相類，蓋淮南王安爲離騷傳，太史公嘗舉其文以傳屈原，於古有徵，而輓近爲學案者往往效之，兼得傳稱，有以也。自注：班孟堅離騷序引淮南離騷傳文，與屈原列傳正同，知此傳非太史自纂也。

案劉安奉詔所作之離騷傳，據班固言有解五子、羿、澆、少康、貳姚、有娀佚女之語，顏師古謂解説之如毛詩傳，其説確不可易。以其創通大義，章解句釋，故王逸及隋志均謂之章句，非列傳之傳也。其「國風好色而不淫」云云，爲太史公所采者，當是離騷傳之敍。班固明云淮南王安敍離騷傳，此敍字即書敍之敍，不得作敍次解。觀史記屈原列傳多發明離騷之意，疑皆出自劉安敍中，不止班固所引數語。章氏謂此傳非太史自纂，誠然，然不得便指安所作之離騷傳爲列傳也。王逸所作離騷經敍用屈原本傳，略有改易，即是依仿安敍爲之。取兩者對勘，點竄之跡甚明。安作離騷傳，既定章句，又爲之敍，而乃旦甫受詔，日食時便上，所以爲敏捷。而王念孫作讀書雜志深以其太速爲疑，因謂淮南王傳「使爲離騷傳」句，傳當爲傅，傅與賦古字通，引漢紀武帝紀，高誘淮南鴻烈解序及御覽皇親部十六引漢書，均作「離騷賦」爲證。見雜志漢書卷九。其説雖亦似有依據，然何以解於班固所引之語乎？又何以王逸及隋志均謂之章句乎？是王氏作雜志時，於楚辭本書未嘗一考也。以王氏讀書之精博，猶有此失，信乎考證之難！

漢、魏、六朝人所作書敍，多敍其人平生之事蹟及其學問得力之所在。漢無名氏徐幹中論序、文選中王文憲集序即是此體。下至唐人，猶有效法之者。蓋敍録之體，即是書敍，而作敍之法略如列傳。故知目録即學術之史也。

案古人書敍，此類甚多，不勝枚舉。考之嚴可均所輯全上古三代秦漢三國六朝文及文苑英華卷六百九十九以下所録文集詩集序可得其概。此偶舉二篇爲例耳。

王儉作七志，隋志言其「不述作者之意，但於書名之下每立一傳」，是已變敍之名，從傳之實，亦以敍録之體，本與列傳相近也。其爲隋志不滿，蓋嫌其偏重事蹟，於學術少所發明耳。阮孝緒七録，大略相同。及釋僧祐、道宣、智昇之徒爲佛書作目録，皆爲譯著之人作爲傳記。蓋其體制摹擬儒家，故與王、阮不謀而合矣。

〔章宗源隋書經籍志考證卷八〕　文選注「木華字玄虚，爲楊駿主簿」；海賦註。「應璩以百言爲一篇，謂之百一詩」；百一詩註。「棗據字道彦，弱冠辟大將軍府」；棗道彦雜詩註。「張翰字季鷹，文藻新麗」；張季鷹雜詩註。「高祖遊張良廟，令僚佐賦詩，謝瞻所造冠於一時」：謝宣遠張子房詩註。　並引今書七志。

〔又〕　孝經序正義「穀梁名俶，字元始」；本經典序録。論語序正義「周生烈字文逸，本姓唐，魏博士侍中」；本經典序録。史記正義「甘公，楚人，戰國時，作天文星占八卷，石申，魏人，戰國時，作天文八卷」；天官書。「太公兵法一袠三卷，太公姜子牙，周文王師，封齊侯也」；留侯世家。經典序録「蜀才，不詳何人」；並引阮孝緒七録。

案據章氏所引考之，知此兩書并詳於撰人事蹟矣。僧祐出三藏記集十五卷，現存佛藏，其第六卷至第十二卷皆係諸經論原序，經義考之録序跋，其體例即出於此。其第十三至十五卷，皆譯家傳記。費長房歷代三寶紀及道宣、智昇二録，每以一人之所譯著彙其目於前，而後敍其人之始末，略如列傳，即於傳中兼及其著作之意，疑其義例竊取王志也。

吾人讀書，未有不欲知其爲何人所著，其平生之行事若何，所處之時代若何，所學之善否若何者。此即孟子所謂知人論世也。古之爲目録學者，於七略四部之書，皆嘗偏讀。當其讀書之時，其心之所欲知，正與吾輩相同。於是旁搜博考，不厭求詳。既已左右采獲，則自惜其爲之之勤，又知後之人亦甚須乎此也。於是本其研究之所得，筆之於書，以公諸世。故目録書者，所以告學者以讀書之方，省其探討之勞也。若畏其繁難，置之不考，則無爲貴目録書矣。然古今目録書，能與此義完全相合者蓋寡。今於諸家所作敍録，擇其所長，去其所短，就考作者之行事、作者之時代、作者之學術分而論之。

（一）論考作者之行事

凡考作者之行事，蓋有附録、補傳、辯誤三例焉。别録於史有列傳事蹟已詳者，即翦裁原文入録，是曰附録，其例一也。但此在古人則可，今若從而效之，近於竄亂古史。似可變其成法，附録本傳或家傳表誌於敍録之前，即班志注「有列傳」，四庫提要言「事蹟具某史本傳」之意也。班注有列傳者，師古謂太史公書，然班氏或注或不注，如老、莊、申、韓有傳不注，蓋從略也。

〔顧實漢書藝文志講疏〕諸子略晏子條

案管子書録云：「管子者，潁上人也，名夷吾，號仲父。」其下即用史記原文，略有删節，只增入「管仲於周，不敢受上卿之命，以讓高、國，是時諸侯歸之，爲管仲城穀以爲乘邑，春秋書之，褒賢也」，及「孔子曰，微管仲，吾其被髮左衽矣」數語。後即引太史公論管子語，而終之曰：「九府書民間無有，山高一名形勢。此因太史公言「余讀管氏牧民、山高、九府詳哉言之也！」故著此二語，以見所校之管子，與太史公所見之本不同也。凡管子書，務富國安民，道約言要，可以曉合經義。」計此一篇，多出於本傳，向所自爲者無幾。又韓非子書録，全用本傳，無所增删，惟削去所録説難一篇耳。此即後人纂集或校刻古人書，附録本傳及碑誌之法也。王先慎不能曉此，其作韓非子集解，於序下注云「此全鈔史記列傳，不得爲序」。不知古人之序，正是如此，不如後人好發空論也。或謂史傳人人所習見，何庸復録？不知當劉向時太史公書不如今之家絃户誦，故不得不採入録中。且即令人人習見，而載入本書可省兩讀，亦甚便也。至用史記之文，而不明引史記，此則古人著作之例固然，章學誠言公之篇論之詳矣。後世著書，體例日密，固不必効之也。班志於書名之下每曰「有列傳」，蓋既删去書録，則其人之始末不詳，注明有傳，令學者自檢尋之耳。如嫌複録史傳爲繁文，則此例固可爲法。乃後來史志及目録，皆不知採用，惟四庫提要於撰人之名氏爵里外，凡諸史有本傳或附見他傳者，必爲著明，真能得班固之意者也。

別録、七略，於史有列傳而事蹟不詳，或無傳者，則旁採他書，或據所聞見以補之。七志、七録亦多補史所闕遺，是曰補傳，其例二也。後來如司馬光之於王通，見聞見後録卷四。沈作喆之於韋應物，見趙與旹賓退録卷九。胡震亨之於劉敬叔，見異苑卷首。皆爲作補傳。近人所作則更精，如孫詒讓之墨子傳，墨子閒詁後語卷上。其最著者也。然目録家乃多不解此。惟陸心源儀顧堂題跋，搜採作者事蹟最爲精博。陸氏之學亦偏於賞鑒，惟此一節則軼今人而追古人矣。後之治目録學者，所宜取法也。

案史記晏子列傳，但敍贖越石父及薦御者二事，此史公自悲身世有感而發，非作傳之正體。晏子敍録皆削之，別敍其行事甚備。史記荀卿傳，寥寥數語，且不載其名。荀子書録則云名況，且增益之至數倍。又如尸子，史記無傳，別録則云：「楚有尸子，疑謂其在蜀。今案尸子書，晉人也，名佼，秦相衛鞅客也。衛鞅商君，謀事畫計，立法理民，未嘗不與佼規之也。商君被刑，佼恐並誅，乃亡逃入蜀。自爲造此二十篇書，凡六萬餘言。卒，因葬蜀。」史記孟子荀卿列傳集解引。此皆旁採他書以補史傳者也。趙定在太史公後，故史記無傳。別録則云：「趙氏者，渤海人趙定也。宣帝時，元康神爵間，丞相奏能鼓琴者，渤海趙定、梁國龍德皆召入見温室，使鼓琴待詔。定爲人尚清靜，少言語，善鼓琴，時閒燕爲散操，多爲之涕泣者。」此條雜出諸書，洪頤煊合輯之，見經典集林卷十二及全漢文卷三十六。馮商亦在太史公後。七略則云：「商，陽陵人，治易，事五鹿充宗，後事劉向，能屬文。後與梁、柳俱待詔，頗序列傳未卒，病死。」漢志師古注引。此以身所見聞，敍其事蹟者也。七録所敍穀梁俶、甘石、申公事，皆史記所不載，蓋亦旁採他書。晁、陳書目，於撰人之爵里且有著有不著，亦間紀行事，然不能甚詳。四庫提要於撰人必著名字爵里，是矣。然多止就常見之書，及本書所有者載之，不能旁搜博考，故多云始末未詳，仕履無考，間有涉及事蹟者，皆藉以發其議論，於其人之立身行己，固不暇致詳也。意蓋謂爲古書作提要，非爲其人作傳，但當述作者之意，而不必敍其行事。不知作者之事不可考，則其意惡乎知之？此與王儉之但立一傳而不述作者之意者，同爲各得其一偏而已。若其他書目，則所述仕履不過據書中所題銜名，雖別見他書，亦不肯一考。惟陸心源最熟於宋、元人掌故，於提要所未詳者，輒博採羣書以補之。於其人之生平述敍甚備，凡見於雜史方志文集説部者皆所不遺，是真能得向、歆、王、阮之遺意者也。惟不能發明作者之意，是其所短耳。

班固取七略作藝文志，雖删去書録，然尚間存作者行事於注中，但意在簡質，不能詳備，則修史之體不得不然。隋志只載官爵，宋明史志但紀姓名而已。惟新唐書於諸撰人未立傳者，則詳註始末於藝文志。如邱爲集下敍至百餘言，臚舉其平生孝行恭謹甚備，可謂知著録之法，諸史皆不及也。

〔漢書藝文志諸子略〕 儒家：晏子八篇，名嬰，謚平仲，相齊景公，孔子稱善與人交，有列傳；鉤盾冗從李步昌八篇，宣帝時數言事。道家：辛甲二十九篇，紂臣，七十五諫而去，周封之；筦子八十六篇，名夷吾，相齊桓公，九合諸侯，不以兵車也，有列傳；關尹子九篇，名喜，爲關吏，老子過關，喜去吏而從之；田子二十五篇，名駢，齊人，游稷下，號天口駢；黔婁子四篇，齊隱士，守道不詘，威王下之；鶡冠子一篇，楚人，居深山，以鶡爲冠。案此但就儒道二家載行事者略舉以明例，餘不備引。

〔新唐書藝文志別集類〕 邱爲集，卷亡。蘇州嘉興人。事繼母孝，嘗有靈芝生堂下。累官太子右庶子，時年八十餘，而母無恙，給俸禄之半。及居憂，觀察使韓滉以致仕官給禄，所以惠養老臣，不可在喪爲異，惟罷春秋羊酒。初還鄉，縣令謁之，爲候門磬折，令坐，乃拜。里胥立庭下，既出，乃敢坐。經縣署，降馬而趨。卒，年九十六。

〔全祖望鮚埼亭外集卷四十二移明史館帖子二〕 新唐書藝文志於三唐圖籍必略及其大意，而官書更備。凡撰述覆審删正之人，皆詳載焉。是故於永徽禮，則著許敬宗、李義府擅去國恤之謬，以歎大臣不學無術，爲典禮無徵之自。於開元禮，則載張説不敢輕改禮記之議，以嘉其存古之功。於則天實録，具書爲劉知幾、吴兢所重修，而知直筆之所由存。於六典，據實言李林甫所上，而知會要以爲張九齡者蓋惡小人之名而去之。是皆有係於一代之事，而不徒以該洽爲博。至於别集之下，雖以明經及第，幕府微僚，旁及通人德士，皆爲詳其邑里，紀其行事，使後世讀是書者得有所據以補列傳之所不備。而丹陽十八詩人連名載於包融之末，擬之附傳。其中載邱爲之居喪，可以見當時牧守惠養老臣之禮，滕珦之乞休，可以見當時職官給券還鄉之禮，則遺文藉此不墜。斯豈僅書目而已者？

〔焦循雕菰樓集卷十三上郡守伊公書〕新唐書之例，凡人之不必立傳者，但書其爵里於書名之下，則列傳中省無限閒文。

别録於撰人事蹟之傳訛者，則考之他書以辯正之，如鄧析子書録是，蓋已開後來考據家之先聲矣。是曰辯誤，其例三也。四庫提要最長於考據，然以例不載撰人行事，故其所辯正者，僅及於名姓爵里耳。

〔七略别録佚文鄧析子書録〕鄧析者，鄭人也。好刑名，操兩可之説，設無窮之辭，當子産之世，數難子産爲政。記或云，子産執而戮之。於春秋左氏傳，昭公二十年而子産卒，子太叔嗣爲政。定公八年，太叔卒，駟歂嗣爲政，乃殺鄧析而用其竹刑，「君子謂子然於是乎不忠，苟有可以加於國家，棄其邪可也。靜女之三章，取彤管焉，竿旄何以告之，取其忠也。故用其道，不棄其人。詩曰，蔽芾甘棠，勿翦勿伐，召伯所茇，思其人猶愛其樹，況用其道，不恤其人乎？　子然無以勸能矣。」竹刑，簡法也，久遠，世無其書。子產卒後二十年而鄧析死，傳説或稱子產誅鄧析，非也。

案此蓋因荀子宥坐篇、吕氏春秋離謂篇、説苑指武篇説苑雖出劉向，然是用古書編次，非所自撰，讀説苑敍録自明。均言子產殺鄧析，故引左傳辨其爲駟歂所殺，非子產也。

〔四庫全書總目提要卷三童溪易傳提要〕　宋王宗傳撰。宗傳字景孟，寧德人，淳熙八年進士，官韶州教授，董真卿以爲臨安人。朱彝尊經義考謂是書前有寧德林焞序，稱與宗傳生同方，學同學，同及辛丑第，則云臨安人者誤矣。　案此辯里貫之誤。

〔又東谷易翼傳提要〕　宋鄭汝諧撰。汝諧字舜舉，號東谷，處州人。陳振孫書録解題云仕至吏部侍郎，浙江通志則云中教官科，遷知信州，召爲考功郎，累階徽猷待制。振孫去汝諧世近，疑通志失之。　案此辯仕履之誤。

〔又〕　周易詳解十六卷，宋李杞撰。杞字子才，號謙齋，仕履未詳。考宋有三李杞，其一爲北宋人，官大理寺丞，與蘇軾相唱和，見烏臺詩案；一爲朱子門人，字良仲，即嘗録甲寅問答者；與作此書之李杞均非一人，或混而同之者，誤也。　案此辯姓名之誤，餘不備引。

觀别録、七略之所紀載，於作者之功業學術性情，並平生軼事，苟有可考，皆所不遺。使百世之下，讀其書者想見其爲人，高者可以聞風興起，次亦神與古會。凡其人身世之所接觸，懷抱之所寄託，學者觀敍録而已得其大概，而後還考之於其書，則其意志之所在，出於語言文字之表者，有以窺見其深。斯附會之説，影響之談，無自而生，然後可與知人論世矣。

〔初學記卷七引别録〕公孫龍持白馬之論以度關。

〔文選嘯賦注引别録〕漢興以來，善雅歌者魯人虞公，發聲清哀，遠動梁塵，受學者莫能及也。

〔北堂書鈔卷一百四十四引七略〕孝宣皇帝，詔徵被公，見誦楚辭。被公年衰老，每一誦輒與粥。

案前所引趙定一條，及此數條，皆是敍軼事以見其人之學術性情。

(二)論考作者之時代

凡考作者之時代，亦有四例。一曰，敍其仕履而時代自明。如别録管子録敍其事齊桓公，晏子録敍其事齊靈公、莊公、景公，孫卿録敍其齊宣王、威王時始來游學，及春申君以爲蘭陵令，是也。漢志、新唐志猶存此意，後來目録家亦或因敍仕履牽連及之，然不著者居多。四庫提要以科目先後爲次序，善矣，而無科目者遂多不可考。此不知時代與著述關係之重要也。

〔漢書藝文志六藝略〕樂家：雅琴趙氏七篇，名定，渤海人，宣帝時丞相魏相所奏。小學家：史籀十五篇，周宣王太史，作大篆十五篇；急就一篇，元帝時黄門令史游作；元尚一篇，成帝時將作大匠李長作。

〔新唐書藝文志易類〕　裴通易書，一百五十卷。字又玄，士淹子，文宗訪以易義，令進所譔書。盧行超易義五卷，字孟起，大中六合丞。

〔郡齋讀書志易類〕　周易微指三卷。右唐陸希聲撰，希聲仕至右拾遺，大順中，棄官居陽羨。

〔書録解題易類〕　易證墜簡二卷，毗陵從事建溪范諤昌撰，天禧中人。

所謂時代者，不只泛指爲漢、唐、宋、明而已，當考其某帝或某年號，始能確定所生，及著書之時也。隋志全不注時代，如開卷第一條云「歸藏十三卷，晉太尉參軍薛貞注」。此所謂晉者，西晉耶，東晉耶，武帝時耶，元帝時耶。漢、唐志及晁、陳書目亦多不著明者，蓋或不可考，或略也。謂宜畫一體例，每書必詳考之，不可考者亦明言時代未詳，庶免學者爲此一事重費考證。二曰，作者之始末不詳，或不知作者，亦考其著書之時代。別録、七略及漢志所謂近世、六國時、武帝時之類皆是，後之目録家多未留意。

〔漢書藝文志六藝略〕　王史氏二十一篇。注引別録云：「六國時人也。」

〔七略別録佚文戰國策書録〕　臣向以爲戰國時游士輔所用之國，爲之筴謀，宜爲戰

〔文選劉子駿移書讓太常博士注引七略〕　論語家近琅琊王卿不審名，及膠東庸生皆以教。

國策。

〔又任彦昇王文憲集序注引七略〕　太公金版、玉匱雖近世之文，然多善者。

〔漢書藝文志諸子略〕　禮家：封禪議對十九篇，武帝時也。　儒家：周史六弢六篇，惠襄之間，或曰顯王時，或曰孔子問焉；公孫固一篇，十八章，齊閔王失國，問之，固因爲陳古今成敗也。　道家：黄帝君臣十篇，起六國時，與老子相似也；雜黄帝五十八篇，六國時賢者所作；力牧二十二篇，六國時所作，託之力牧；孫子十六篇，六國時；捷子二篇，齊人，武帝時説。　曹羽二篇，楚人，武帝時説於齊王；鄭長者一篇，六國時，先韓子，韓子稱之；道家言二篇，近世，不知作者。

三曰，敍作者之生卒，并詳其著書之年月。此僅見於七略之紀揚雄，後來絶無沿用之者。自漢、魏以後，知名之士皆有别傳家傳，諸家别傳目録詳見隋書經籍志考證卷十三。皇甫謐至自作玄晏春秋，蓋皆太史公自敍、劉向敍録之遺法。然或按年紀事，并録平生著作，則視書敍爲更詳，其例已自七略開之。宋人注書，始追爲前人作年譜。如吕大防等之韓柳年譜，魯訔之杜工部詩年譜之類。清儒踵而行之，且上及於周、秦之人，如林春溥之孔孟年表，汪中之荀卿子賈誼年表。於辨章學術最爲有益。作目録書者，雖不能於每書每人皆爲詳載，然於其人平生著作與時代關係最密者，苟有年月可考，固宜於敍録内述及之也。

〔文選注引七略〕　子雲家牒言以甘露元年生也。王文憲集序注。　甘泉賦，永始三年正月待詔臣雄上。羽獵，永始三年十二月上。　長楊賦，綏和元年上。並本賦注。

案文選任彦昇劉先生夫人墓誌注引七略曰：「揚雄卒，弟子侯芭負土作墳，號曰玄冢。」而藝文類聚卷四十引揚雄家牒同，惟揚雄卒作「子雲以天鳳五年卒」，蓋亦自七略轉引。是子雲生卒年月並見於七略也。

〔漢書藝文志詩賦略〕　博士弟子杜參賦二篇。　顔師古注引劉歆云：「參，杜陵人，以陽朔元年病死，死時年二十餘。」

四曰，不能得作者之時，則取其書中之所引用，後人之所稱敍，以著其與某人同時，或先於某人，在某人後，以此參互推定之。其法亦創於劉向，漢志多用之。王儉及晁、陳書目亦頗有類此者，然不能多也。

〔七略別録佚文列子書録〕　列子者，鄭人也，與鄭繆公同時。

〔孫德謙漢書藝文志舉例稱並時例〕　編藝文志於其人所生時世，必爲詳考之：苟無可考，則付之闕如可也。漢志於農家宰氏、尹都尉、趙氏、王氏四家注云「不知何世」，是其義也。其間又有雖無可考，而取一人與之同時爲之論定，則並時之例生焉。漢志道家文子云「與孔子並時」，老萊子云「與孔子同時」，名家鄧析云「與子産並時」，成公生云「與黄公等同時」，惠子云「與莊子同時」，賦家宋玉云「與唐勒並時，在屈原後」，張子僑云「與王褒同時也」，莊葱奇云「枚皋同時」。觀其所稱並時，或變文言同時，皆據世所共知者，以定著書之人。孟子曰：「誦其書，讀其詩，不知其人，可乎？是以論其世也。」夫時世不明，則作者所言，將無以窺其命意。班氏稱並時者，實知人論世之資也。

案漢志道家，稱「鄭長者先韓子」，見前。陰陽家閭邱子「在南公前」，將鉅子「先南公，南公稱之」，名家尹文子「先公孫龍」，墨家田俅子「先韓子」，此以其爲後人所稱敍，而知其先於某家也。又墨家墨子「在孔子後」及孫氏所引「宋玉在屈原後」，此以其書中所引用，而知其在某家後也，孫氏僅舉並時一例，尚未能窮其變。

〔顔氏家訓書證篇〕　易有蜀才注，江南學士，遂不知是何人。王儉四部目録不言姓名，題云王弼後人。

〔郡齋讀書志卷一〕　周易啓源十卷，右蔡廣成撰。李邯鄲云「唐人」，田偉置於王昭素之下，今從李説。

案田偉之子鎬，有田氏書目。王昭素宋初人，置於王下，則亦以爲宋人也。

〔直齋書録解題卷三〕春秋公羊傳疏三十卷，不著撰者名氏，唐志亦不載。廣川藏書志云世傳徐彦撰，不知何據。然亦不能知其定出何代，意其在貞元、長慶後也。

作者所生之時代，較之名氏爵里，尤有關係。蓋名氏爵里關乎一人者也，時代則關乎當世者也。目録之體，源於詩、書之序。太史公自序曰：「詩三百篇，大抵聖賢發憤之所爲作也。」詩大序之論詩也，謂之「主文而譎諫，言之者無罪，聞之者足以戒」，是以作者之姓名可不傳，而其時代不可不考，如不知作詩之時，則安知其發憤者果何所爲，譎諫者竟何所指乎。故詩序於作者初不求其人以實之，而時代則著之甚詳。如邶風柏舟序云「柏舟，仁而不遇也，衞頃公之時，仁人不遇，小人在側」，是也。若周南序所謂「葛覃，后妃之本也」之類，則敍事而時代自見。他皆似此，可以類推。後人著書，其動機至不一。雖不必盡由於發憤，而人不能脱離時代，斯其動於中而發於外者，無不與時事相爲因緣。著作之時代明，則凡政治之情況，社會之環境，文章之風氣，思想之潮流，皆可以推尋想像得之。然後辨章學術，考鏡源流，乃有所憑藉，而得以着手。若并其所生之時代不之知，則何從辨其學術之派别，考其源流之變遷耶？

（三）論考作者之學術

若夫考作者之學術，因以定其書之善否，此在目録中最居重要，較之成一家之言者爲尤難，非博通古今，明於著作之體，好學深思，心知其意者不能辨。劉向誠爲博學，然於成帝時奉詔校書，兵書則步兵校尉任宏，術數則太史令尹咸，方技則侍醫李柱國，向所校者，經傳諸子詩賦而已。蓋向之學本於儒家，通經術，善屬文，故獨校此三略，其他則屬之專門名家，成帝不以責向，向亦不敢自任也。劉歆雖云無所不究，總羣書而奏其七略，然考之漢志數術、方技二略班固獨無一字之注，諸書所引向、歆書涉此兩略者亦僅數條，皆不甚重要。恐尹咸、李柱國未必能勝任，而歆亦未必果能徧究也。然則發蘭臺中祕之藏，進退古今作者，談何容易乎？

〔漢書劉向傳〕　更生以通達能屬文辭，與王褒、張子僑並進對，獻賦頌凡數十篇。……向爲人簡易，無威儀，廉靖樂道，不交接世俗，專積思於經術，晝誦書傳，夜觀星宿，或不寐達旦。……少子歆，……河平中受詔與父向領校祕書，講六藝、傳記、諸子、詩賦、數術、方技，無所不究。……向死後，……王莽舉歆復……領五經，卒父前業。歆乃集六藝羣書種別爲七略。

夫欲論古人之得失，則必窮究其治學之方，而又虚其心以察之，平其情以出之，好而知惡，惡而知美，不持己見而有以深入乎其中，庶幾其所論斷皆協是非之公。荀子正名篇曰：「有兼聽之明，而無奮矜之容，有兼覆之厚，而無伐德之色。」又曰：「以仁心説，以學心聽，以公心辨。」又大略篇曰：「是非疑，則度之以遠事，驗之以近物，參之以平心。」蓋學者之弊，患在不能平其心，故荀子於此三致意焉。劉向之學，粹然儒者，而於九流百家，皆指陳利弊，不没所長，於道法二家皆言其所以然，以爲合於六經，可謂能平其心者矣。後之君子，微論才與學不足辦此，才高而學博矣，而或不勝其門户之見，畛域之私，則高下在心，愛憎任意，舉之欲使上天，按之欲使入地，是丹非素，出主入奴，黑白可以變色，而東西可以易位，此所以劉知幾論史，於才學之外尤貴史識，見唐書本傳。而章學誠又益之以史德也。

〔孫德謙劉向校讎學纂微通學術篇〕向於列子書録云：列子者，蓋有道者也，其學本於黄帝老子，號曰道家。道家者，秉要執本，清虚無爲。案此下云：及其治身接物，務崇不競，合於六經。漢書元帝紀注引别録云：申子學號曰刑名，刑名者，循名以責實，其尊君卑臣，崇上抑下。案此下尚有「合於六經也」一句。由此觀之，列、申二家，所以次之於道法者，正通乎其學術，知其爲學之要指矣。苟從而類推之，蓋向之劃分種類，使非深通學術，具有宏識，何能一一而剖判析之乎？且見之師古注者，於墨家我子，則曰爲墨家之學，雜家尉繚子則曰繚爲商君學。是明明以二子學術，一則親傳墨家之道，一則列之雜家者，以雜本兼合名法耳。夫人於一切學術，苟非知之有素，則校讎一書，欲考其家數何在，則懷疑莫能定矣。即如我子、尉繚，必自我先通於墨與雜，然後學墨子者則入於墨家，學商君者則入於雜。目覩其書，未有不應機立斷者。自來學術，不能無異同，向於孫卿書録云：「孟子者，亦大儒，以人之性善。孫卿後孟子百餘年，以爲人性惡，故作性惡一篇以非孟子。」並不有所偏主，但言兩家論性一善一惡而已。可知其通乎學術，故不加以討論也。

私人著述成一家之言，可以謹守家法，若目録之書，則必博採衆長，善觀其通，猶之自作詩文，不妨摹擬一家，而操持一朝之選政，貴其兼收並蓄也。晁公武以元祐黨家，排詆王氏之學頗嫌過甚，然其他立言皆極矜慎。陳振孫尤謹於持論，多案而不斷，雖少發揮，猶可寡過。至四庫提要，修於學術極盛之時，纂修極天下之選，總其事者紀、陸二人又皆博學多聞，蓋向、歆以後未嘗有也。然長於辨博，短於精審，往往一書讀未終卷，便爾操觚。其提要修飾潤色，出於紀氏一人之手。紀氏不喜宋儒，動輒微文譏刺，曲肆詆諆。他姑不論，如屢言朱子因劉安世嘗上疏論程伊川，故於名臣言行録有心抑之，不登一字。不知朱子嘗受學於其外舅劉勉之，勉之之學出於安世，故朱於安世備極推崇，言行録中載其事蹟多至三十七條，後集卷十二。紀氏竟熟視無覩，豈非挾持成見，先入爲主，故好惡奪於中，而是非亂於外乎？

〔四庫全書總目提要卷一百十八靖康緗素雜記提要〕　宋黄朝英撰。晁公武譏其爲王安石之學，又譏其解詩芍藥握椒爲鄙褻。今觀其書，自芍藥握椒一條外，大抵多引據詳明，皆有資考證。公武又自以元祐黨家世與新學相攻擊，故特摭其最謬一條以相排抑耳。案提要謂言行録不登劉安世説見卷五十五盡言集、五十七名臣言行録、一百二十一元城語録條下。

〔朱熹晦菴集卷八十一跋劉元城言行録〕劉公安世受學於司馬文正公，得不妄語之一言，拳拳服膺，終身不失，故其進而議於朝也無隱情，退而語於家者無愧詞。今其存而見於文字若此數書者，凛然秋霜夏日相高也。熹之外舅劉聘君少嘗見公睢陽間，爲熹言其所見聞，與是數書略同，而時有少異。惜當時不能盡記其説。且其俯仰抑揚之際，公之聲容猶怳若相接焉，而今亦不可復得矣。

夫考證之學貴在徵實，議論之言易於蹈空。徵實則雖或謬誤，而有書可質，不難加以糾正。蹈空則虚驕恃氣，惟逞詞鋒。人心不同，各如其面，此亦一是非，彼亦一是非，互相攻擊，終無已時。劉安謂屈原與日月争光，而班固謂其露才揚己。劉向謂董仲舒伊、吕無以加，而劉歆謂其未及乎游、夏，父子既分門户，前賢亦異後生。然則尚論古人，欲求真是，蓋其難矣。故自揣學識未足衡量百家，不如多考證而少議論，於事實疑誤者，博引羣書，詳加訂正。至於書中要旨，則提要鈎玄，引而不發，以待讀者之自得之。若於學術源流確有所見，欲指陳利弊，以端學者趨向，則詞氣須遠鄙倍，心術尤貴和平。讀劉向諸敍録，莫不深厚爾雅，未嘗使氣矜才也。

〔班固離騷序〕今若屈原，露才揚己，競乎危國羣小之閒，以離讒賊。然責數懷王，怨惡椒蘭，愁神苦思，非其人忿懟不容，沈江而死，亦貶絜狂狷景行之士。多稱崑崙冥婚宓妃虚無之語，皆非法度之政，經義所載。謂之兼詩風、雅，而與日月争光，過矣。

〔漢書董仲舒傳贊〕劉向稱董仲舒有王佐之材，雖伊、吕亡以加，管、晏之屬，伯者之佐，殆不及也。至向子歆以爲伊、吕乃聖人之耦，王者不得則不興。故顏淵死，孔子曰天喪余，惟此一人爲能當之，自宰我、子贛、子游、子夏不與焉。仲舒遭漢承秦滅學之後，六經離析，下帷發憤，潛心大業，令後學者有所統壹，爲羣儒首。然考其師友淵源所漸，猶未及乎游、夏，而曰管、晏弗及，伊、吕不加，過矣。至向曾孫龔，篤論君子也，以歆之言爲然。

又别録於諸書皆考作者之行事，論書中之指意，未嘗以空言臧否人物，即其論賈誼、東方朔，亦皆就事實立言，故爲班固所稱引。爲戰國策敍，通篇以議論行之，則因其書雜成衆手，本無主名，無作者行事可考。又以其爲戰國時政治之史，故因陳仁義詐僞成敗之道，以戒人君，此乃因事納忠，故與他篇之體不同。至宋曾鞏奉詔校書，每書作序，模倣此篇，皆空言無事實，此但可以入文集耳，不足以言目録也。後人不明體制，爲古書作敍者又從而效之，此猶因賈誼過秦而争爲史論，游談不根，滋取厭耳！

〔漢書賈誼傳贊〕　劉向稱賈誼言三代與秦治亂之意，其論甚美，通達國體，雖古之伊、管未能遠過也。使時見用，功化必盛，爲庸臣所害，甚可悼痛。

〔又東方朔傳贊〕　劉向言，少時數問長老賢人，通於事及朔時者，皆曰朔口諧倡辯，不能持論，喜爲庸人誦説，故今後世多傳聞者。

案此與董仲舒贊所引皆别録之文。又案向所言仲舒管、晏弗及，伊、吕不加，賈誼伊、管未能遠過，皆是取其所著書，以與漢時所傳之伊尹、太公書及管子、晏子相較，論書非論人。歆不識其意而妄譏之，可謂不善讀父書矣。

〔四庫提要凡例〕　劉向校理祕文，每書具奏，曾鞏刊定官本，亦各製序文，然鞏好借題抒議，往往冗長，而本書之始末源流轉從疏略。

五　目録書之體制三　小序

小序之體，所以辨章學術之得失也。劉歆嗣父之業，部次羣書，分爲六略，又敍各家之源流利弊，總爲一篇，謂之輯略，以當發凡起例。班固就七略删取其要以爲藝文志，因散輯略之文，分載各類之後，以便觀覽。後之學者不知其然，以爲七略只存其六，其實輯略之原文具在也。

〔漢書藝文志〕　哀帝復使向子侍中奉車都尉歆卒父業。歆於是總羣書而奏其七略，故有輯略，有六藝略，有諸子略，有詩賦略，有兵書略，有術數略，有方技略。今删其要，以備篇籍。注：「師古曰，輯與集同，謂諸書之總要。」

〔七録序〕　子歆撮其指要，著爲七略，其一篇即六篇之總最，故以輯略爲名。

〔隋書經籍志考證卷八〕　今以諸書所引七略　如「詩以言情，情者信之符也；書以決斷，斷者心之證也」。自注，初學記文部、御覽學部。漢志作「詩以正言，義之用也，春秋以斷事，信之符也」。案此論六藝略語，足知班固用輯略之文微有改易。

〔姚振宗七略別録佚文敍〕　阮氏七録敍目曰「班固因七略之詞，爲漢書藝文志」，是藝文志皆班氏删省七略之文，亦即七略之節本也。又曰「輯略即六略之總最」，而志但載六略，不及輯略，蓋輯略亦析入六略中。章氏校讎通義謂「班固删輯略而存其六者」非也。其原書以總敍、篇敍及門目彙爲輯略一卷，略如釋文敍録注解傳述人之體。

〔又〕　藝文志志序一篇，六略總敍六篇，每篇篇敍三十三篇，綜凡四十篇，除去班氏接記後事之語，皆輯略節文也。……今并以爲輯略本文。

〔吴承志橫陽札記卷九〕　漢書藝文志小學敍録，案吴氏所言敍録，皆指班志小序。「史籀篇者，周時史官教學童書也。與孔氏壁中古文異體」。書斷引作七略，據彼文知此篇純出於歆。司馬貞史記自序索隱引劉向别録曰，「名家者流，出於禮官，古者名位不同，禮亦異數，孔子曰，必也正名乎」，與名家敍録同。……然則此志諸録，皆出輯略，無一篇自撰。

案阮孝緒謂「輯略即六篇之總最」，六篇即六略也。所謂總最者，謂每略每類編次既竟，又最而序之，及奏上七略之時，因總諸類之序，集爲一篇，故謂之輯略。取阮氏之語，詳審文義，細心參悟，自可了然明白也。班固取其文分散各類之後者，猶之詩序本自爲一篇，「毛公爲詁訓，乃分衆篇之義各置於篇端」，詩小雅南陔序鄭箋語。凡以便於讀者而已。自隋志敍采七録爲文，獨删去其論輯略之語。顔師古注漢志，改六篇之總最爲羣書之總要，語意不甚明瞭。七録既亡，其敍録在釋藏，學者忽而不觀，於是從來無知班志每類小序之即輯略者。惟姚氏、吴氏能知之，其言可謂發前人所未發。顧或謂章宗源所引七略語，與班志有異同，小學類言「臣復續揚雄作十三章」，顯係班氏所加，則小序未能即是輯略。不知史家採用前人，例有删潤，司馬遷采尚書、左傳、戰國策等書，班固采史記，皆多所筆削。豈如後人作史抄類書，直録其文，一字不易哉。或又疑班志易、書二家，均言劉向以中古文校之，樂家又言劉向校書得樂記二十三篇，亦不類劉歆之語。愚謂此固不能定其必出於輯略，然亦不能決其必不出於劉歆。蓋歆之於向，稱爲先君，初學記卷二十一引七略「尚書始歐陽氏，先君名之」，是其證。班固采入漢書，無謂他人父爲先君之理，故易爲劉向。此猶漢志馮商所續太史公下，顔注引七略「商後事劉向」。歆必不直呼其父之名，亦是本作先君，引書者以嫌改之也。要之班固既自言删七略之要以備篇籍，阮孝緒又言輯略即六篇之總最，則漢志六略之序，必有十之八九出於劉歆，班氏特微有删潤，以其所采史記證之自明。特今七略既亡，不能知其孰爲原文，孰出增改耳。

其後目録之書，多仿輯略之體，於每一部類，皆剖析條流，發明其旨，王儉七志謂之條例，許善心七林謂之類例，魏徵隋志、毋煚古今書録謂之小序。惜其書多亡，今其存者隋志而已。

〔隋書經籍志〕　儉又別撰七志，……其道佛附見，合九條。……又作九篇條例，編乎首卷之中，文義淺近，未爲典則。

案隋志謂儉所作爲條例，似乎是書之凡例。所以知其體裁同於輯略者，儉七志合佛道爲九條，而條例適得九篇，知其以每一篇論其一部之中所録各書之源流，猶之劉歆六略，其總最即爲六篇耳。所異者，儉之條例但編首卷之中，不别爲一志，故七録序言儉「以向、歆雖云七略，實有六條，猶云實只六條。故别立圖譜一志，以全七限」也。歆書本名曰略，而儉謂之六條，隋志亦謂儉書爲九條，知條例之條，是指部類言之，非謂條列凡例也。

〔隋書許善心傳〕除祕書丞，于時祕藏圖籍，尚多淆亂。善心倣阮孝緒七録，更制七林，各爲總敍，冠於篇首。又於部録之下，明作者之意，區别其類例焉。

案通志校讎略有編次必謹類例論六篇，類例之名出於此。但善心之類例，乃於每一部類具敍作者之意，以明其著録之例。樵之類例，則但分四部之書爲十二類，類之中又分爲若干家，家之中又分爲若干種。所謂必謹類例者，謹其分類之例而已，於每類作者之意未嘗一言，二者似同而實異也。又案據此傳，知七録於每一録各有總敍一篇，部録之下亦有小序，與漢、隋志同。今廣弘明集所録，特其全書之大敍耳。善心書隋、唐志皆不著録，隋志敍亦無一言及之。蓋成書未久，旋即亡佚矣。通考於此條亦未採録。

〔舊唐書經籍志敍〕煚等選集，依班固藝文志體例，諸書隨部皆有小序，發明其指。近官撰隋書經籍志，其例亦然。

〔又引毋煚等四部都録序〕即古今書録 曩之所修，……所用書序，咸取魏文貞。所分書類，皆據隋經籍志。案據此知隋經籍志成於魏徵之手。四庫提要卷四十五云：「宋刻隋書之後，有天聖中校正舊跋，稱舊本十志内，惟經籍志題侍中鄭國公魏徵撰」，與此正合。理有未允，體有不通，此則事實未安。舊唐志據煚録爲書，但紀部帙，不取小序，新志因之。

〔舊唐書經籍志敍〕　竊以紀録簡編異題，卷部相沿，序述無出前修。今之殺青，亦所不取，但紀部帙而已。

〔又〕　煚等四部目及釋道目，並有小序及注撰人姓氏，卷軸繁多，今並略之。但紀篇部，以表我朝文物之大。案此與前所言近史官撰隋書經籍志，並因仍唐國史之文。

宋人所修國史藝文志，皆有部類小序，與漢、隋志同，亦頗有所發明。而元修宋史，用唐志之例，削而去之。由是自唐以下，學術源流多不可考，不能不追憾舊唐志之陋也。

案通考經籍考所引有三朝藝文志、兩朝藝文志、中興藝文志，而以三朝志爲多。又有四朝志，僅存部目，未引小序。彼爲一代之史，而每修一次輒作一藝文志，史臣亦各以所見別爲之序，如傳記天文二類，三朝志、兩朝志皆有序，文史一類，三朝志及中興志亦各有序。不以重複爲嫌。然則舊唐志謂「相沿序述，無出前修」者，適以形其所見之陋也。

其他目録之書，惟崇文總目每類有序，然尚空談而少實證，不足以繼軌漢、隋。晁、陳書目號爲佳書，晁氏但能爲四部各作一總序，至於各類無所論說；陳氏並不能爲總序，雖或間有小序，惟説門目分合之意，於學術殊少發明也。書録解題惟語孟、起居注、時令、農家、陰陽家、音樂、詩集、章奏八類有序。

〔四庫全書總目提要卷八十四崇文總目提要〕　其每類之序，見於歐陽修集者，祇經史二類，及子類之半。

至清修四庫提要，然後取法班、魏，尋千載之墜緒，舉而復之。既有總敍，又有小序，復有案語。雖其間論辨考證皆不能無誤，然不可謂非體大思精之作也。

〔四庫全書卷首凡例〕　四部之首各冠以總序，撮述其源流正變，以挈綱領。四十三類之首亦各冠以小序，詳述其分併改隸，以析條目。如其義有未盡，例有未該，則或於子目之末，或於本條之下，附註案語，以明通變之由。

自是以後，諸家目録，能述作者之意者，雖不可云絶無，至於每類皆爲之序，於以辨章學術，考鏡源流者，實不多見。計現存書目，有小序者，漢志、隋志、崇文總目、四庫提要四家而已，而崇文總目尚未足爲重輕。蓋目録之書莫難於敍録，而小序則尤難之難者。章學誠所謂「非深明於道術精微羣言得失之故者，不足與此。後世部次甲乙紀録經史者代有其人，而求能闡大義，條別學術異同，使人由委溯源，以想見墳籍之初者，千百之中，不十一焉」，蓋謂此也。章説見校讎通義敍。

敍録體制，自古人所作書敍，及七略、別録，大抵相同。其謀篇行文，皆有法度。若小序之體，則漢志六篇已自不侔。故不可設爲一成之例，以繩後之作者。章氏之論文史也，以爲「撰述欲其圓而神，記注欲其方以智」，書教下。持此以衡目録，則敍録者記注之事，小序者撰述之事也。夫圓則無方，神則無體，惡可於字句之間求之？雖然，因事爲文，文成法立，其意亦自可推。今取漢、隋志之文，略著其概，以當舉隅。

漢、隋志皆有大序一篇，爲全書之綱領，其每一種後輒爲一序，而每略每部之後又總而論之，皆所以敍源流明得失也。漢志於六藝九種，只敍聖人述作之意，而不參以論斷。次敍傳授之源流，於古今文及諸家傳注，頗著其善否。與劉歆讓太常博士書口吻畢合，知其同出一手。然書之言恣肆，而志之言循謹。其總論痛陳學者煩碎之蔽，雖爲當時今文家而發，而語意含蓄，若泛爾言之，無所指斥者。蓋辨章學術，只須敷陳事實，明白是非，言外之意讀者自能得之，無取意氣用事，極口詆諆。觀漢志之言深厚爾雅，不失學者之態度。其措辭之矜慎，較之四庫提要，蓋遠過之矣。

〔漢書藝文志書家小序〕　古文尚書者，出孔子壁中。武帝末，魯恭王壞孔子宅，欲以廣其宫，而得古文尚書及禮記、論語、孝經凡數十篇，皆古字也。孔安國者，孔子後也，悉得其書，以考二十九篇，得多十六篇。安國獻之，遭巫蠱事，未列於學官。

案讓太常博士書云，「及魯恭王壞孔子宅，欲以爲宫，而得古文於壞壁之中，逸禮三十九，書十六篇。天漢之後，孔安國獻之，遭巫蠱倉卒之難，未及施行」，與此並合。

〔又詩家小序〕　漢興，魯申公爲詩訓故，而齊轅固、燕韓生皆爲之傳。或取春秋，采雜說，咸非其本義。與不得已，魯最爲近之。又有毛公之學，自謂子夏所傳。

案此蓋不滿毛公之學。王先謙漢書補注卷三十六，於劉歆讓太常博士書「校理舊文，得此三事」句下，引葉德輝說，謂「班志藝文，敍毛詩有微詞，歆亦知毛詩不如書、禮、左傳之可信」。不知班志本之輯略，此正是劉歆之說，與讓太常博士書通篇不及毛詩可以互證。

〔又禮家小序〕　禮古經者，出於魯淹中及孔氏學，七十篇，文相似，多三十九篇。多天子諸侯卿大夫之制，雖不能備，猶瘉倉等推士禮而致於天子之說。

案此即讓太常博士書「至於國家將有大事，若立辟雍封禪巡狩之儀，則幽冥而莫知其原，猶欲保殘守缺」之意，所以致憾於今文禮家之不備也。

〔又春秋家小序〕　丘明恐弟子各安其意，以失其真，故論本事而作傳，明夫子不以空言說經也。及末世，口說流行，故有公羊、穀梁、鄒、夾之傳。

案讓太常博士書云「信口說而背傳記，是末師而非往古，謂左氏不傳春秋」，此故明著丘明論本事作傳，以破不傳春秋之說。

又案六藝略序所言學者之弊，與讓太常書文義重規疊矩，相爲應答，今取其文逐條分注於下，兩相對勘，既可知其實一人之作，亦以見立言有體。公家著述，傳疑信於千載，與私人論辨，争勝負於一是者，固自不同也。

（一）志「後世經傳既已乖離，博學者又不思多聞闕疑之義，而務碎義逃難，便辭巧説，破壞形體」。書「往者綴學之士，不思廢絶之闕，苟因陋就寡，分文析字」。

（二）志「説五字之文，至於二三萬言，後進彌以馳逐，故幼童而守一藝，白首而後能言」。書「煩言碎辭，學者罷老且不能究其一藝」。

（三）志「安其所習，毁所不見，終以自蔽，此學者之大患也」。書「信口説而背傳記，是末師而非往古，至於國家將有大事，若立辟雍封禪巡狩之儀，則幽冥而莫知其原。猶欲保殘守缺，挾恐見破之私意，而無從善服義之公心；或懷妬嫉，不考情實，雷同相從，隨聲是非，以尚書爲備，謂左氏爲不傳春秋，豈不哀哉！」

以上兩相比校，觀其詞之詳略，書則爲古文争立之意多，志則恨傳注支離之意多。蓋古文不立，經雖闕而仍存，傳注支離，則經雖存而義晦矣。志爲千秋之經術計，不爲古文一家計，故意合而詞不同。其於今文家之專己守殘，排斥古學，只以「安其所習，毁所不見」二語括之，不似書詞之譏刺刻露。蓋志於書、禮、春秋條下，既已明著古文之善，於此自不必更多著語，以免黨同伐異之譏。然其詞過於深婉，含意未伸，故顔師古注只循文解釋，顔注云，己所常習則保安之，未嘗見者則妄毁誹。王先謙補注亦無所發明，皆不知爲指今古文之争言之也。以劉歆主張古文之力如彼，而於七略則立言和平如此，論述古今學術者宜知所取法矣。歆人品至不足道，然好古博見彊志，本傳語。故明於著述之體，是固不以人廢言也。

至於諸子數術方技諸略之序，皆先言其學之所自出，次明其所長，而終言其弊。其言皆深通乎道術之源，而確有以見其得失之故，殆無一字虚設。非如歐陽修之新唐志，修飾文字，以聲調取勝，而於學術源流，非所措意，至於膚泛而無當也。

〔校讎通義原道篇〕一之三　劉歆蓋深明乎古人官師合一之道，而有以知私門初無著述之故也。何則？其敍六藝而後，次及於諸子百家，必云某家者流，蓋出古者某官之掌，其流而爲某氏之學，失而爲某氏之弊。其云某氏之掌，即法具於官，官守其書之義也。其云流而爲某家之學，即官司失職，而師弟傳業之義也。其云失而爲某氏之弊，即孟子所謂生心發政，作政害事，辨而别之，蓋欲庶幾於知言之學者也。由劉氏之旨，以博求古今之載籍，則著録部次，辨章流别，將以折衷六藝，宣明大道，不徒爲甲乙紀數之書，亦以明矣。

〔姚振宗七略别録佚文敍〕　七略首一篇，案謂輯略，即漢志各類小序。蓋六略分門别類之總要也。大抵六藝傳記則上溯於孔子，諸子以下各詳稽其官守，皆一一言師承之授受，學術之源流，雜而不越，各有攸歸。釋文敍録所載七經流别，蓋倣其體而小變之者也。

〔孫德謙劉向校讎學纂微究得失篇〕　昔荀卿之非十二子也，議者以其擯黜思孟相率而詆毁之。不知此篇之義，蓋亦取諸家得失爲之推究耳。故自它嚣以下，既斥之爲欺惑愚衆矣，何必先稱其持之有故，言之成理？明乎此十二子皆有得有失者也。及太史談論六家要指有曰，「陰陽之術，大祥而衆忌諱，使人拘而多所畏，然其序四時之大順，不可失也」。至於儒墨名法，無不詳究其得失，反覆以申明之。可知古人於一切學術，得失昭然，非如後世觝排異己，黨同妬真，而無服善從義之心者也。不然，荀子崇儒，史公宗道，若挾一隅之見，儒道以外，皆可謂有失而無得矣。況任校讎之責，論定羣書，固不能膠執私意，一如四庫提要涉及宋學，必菲薄之。向於諸子一略，每言此其所長，及倣者爲之，爲此説者，亦是考究得失之意。

〔新唐書藝文志敍〕　自漢以來，史官列其名氏篇第，以爲六藝九種七略，至唐始分爲四類，曰經史子集。而藏書之盛，莫盛於開元。其著録者五萬三千九百一十五卷，而唐之學者自爲之書又二萬八千四百六十九卷。嗚呼，可謂盛矣！六經之道，簡嚴易直而天人備，故其愈久而益明。其餘作者衆矣，質之聖人，或離或合。然其精深閎博，各盡其術，而怪奇偉麗，往往震發於其間，此所以使好奇愛博者不能忘也。然凋零磨滅，亦不可勝數。豈其華文少實不足以行遠歟？而俚言俗説猥有存者，亦有幸有不幸者歟？今著于篇，有其名而亡其書者十蓋五六也，可不惜哉！

案漢志云「序六藝爲九種」者，蓋六藝爲七略中之一略，就六藝中又分之爲九種，猶之「序詩賦爲五種，論次兵書爲四種」之類耳。漢志數術六種，方技四種，獨諸子稱十家。新唐志乃云「以爲六藝九種七略」，文義殆不可通。又經史子集，亦非自唐始分，目録類例之詳見後沿革。其於目録源流之大端且不能詳，其餘亦徒爲空言，抑揚唱歎，以盡文筆之姿勢而已。全篇僅略敍唐人繕寫書籍之事，於馬懷素之續七志、元行冲之羣書四部録、毋煚之古今書録皆無一言及之，尚不如舊志能録開元四部類例及毋煚書録序，爲足備考證也。其崇文總目各序，大抵似此，不備引。

隋志大序説經籍之源流甚詳，足以上裨漢志之闕。章學誠持「六經皆史」之説，自以爲創獲，然隋志言「史官既立，經籍於是興焉」，已開章氏之先聲矣。其敍漢、魏、六朝目録書體例，與七録序互有詳略，皆可以供參考。

〔隋書經籍志敍〕　大道方行，俯龜象而設卦，後聖有作，仰鳥迹以成文。書契已傳，繩木棄而不用，史官既立，經籍於是興焉。夫經籍也者，先聖據龍圖，握鳳紀，南面以君天下者，咸有史官以紀言行，言則左史書之，動則右史書之。考之前載，則三墳、五典、八索、九丘之類是也。下逮殷、周，史官尤備。周禮所稱天子之史凡有五焉。諸侯亦各有國史，分掌其職。暨夫周室道衰，紀綱散亂。孔丘以大聖之才，當傾頽之運，乃述易道而删詩、書，修春秋而正雅、頌，壞禮崩樂，咸得其所。

〔**文史通義易教上篇**〕　六經皆史也，古人不著書，古人未嘗離事而言理，六經皆先王之政典也。

其經子兩部小序，並依仿漢志，凡所論説，不能出劉、班範圍，及其補敍源流又多違失，四庫提要譏之，以爲在隋書諸志中爲最下。然史集道佛四部，爲漢志所未有，並能窮源竟委，自鑄偉詞。如序古史則推本於紀年，序起居注則推本於穆天子傳；序舊事知即周官太史掌萬民之約契與質劑，序職官知即御史所掌在位之名數，至於雜傳序言史傳當紀窮居側陋之士，足以正地理書不記人物之非，簿録序言當辨流別，足以糾目録書但記書名之失。皆獨具特識，通知著作之體。固不宜因偶有疏略，概肆譏彈也。

〔**四庫全書總目提要卷四十五隋書提要**〕　惟經籍志編次無法，述經學源流每多舛誤。如以尚書二十八篇爲伏生口傳，而不知伏生自有書教齊、魯間；以詩序爲衛宏所潤益，而不知傳自毛亨；以小戴禮記有月令、明堂位、樂記三篇，爲馬融所增益，而不知劉向別録禮記已載此三篇，在十志中爲最下。案提要卷二十一夏小正條下，謂「隋志根據七録，最爲精核」，與此不同。

〔**隋書經籍志雜傳序**〕　周官，閭胥之政，凡聚衆庶書其敬敏任卹者，族師每月書其孝悌睦婣有學者，黨正歲書其德行道藝者，而入之於鄉大夫。鄉大夫三年大比，考其德行道藝，舉其賢者能者而獻其書。王再拜受之，登于天府，内史貳之。是以窮居側陋之士，言行必達，皆有史傳。自史官曠絶，其道廢壞。武帝從董仲舒之言，始舉賢良文學。天下計書先上太史，善惡之事，靡不畢集，司馬遷、班固撰而成之。股肱輔弼之臣，扶義俶儻之士，皆有紀録。而操行高潔，不涉於世者，史記獨傳夷、齊，漢書但述楊王孫之儔，其餘皆略而不記。後漢光武始詔南陽，撰作風俗，故沛、三輔有耆舊節士之序，魯、廬江有名德先賢之讚。郡國之書，由是而作。

案自萬季野斯同謂一統志不必及人物，閻潛邱若璩和之，見困學紀聞箋卷十、古文尚書疏證卷六上。四庫提要卷六十八地理類小序及太平寰宇記提要，遂痛詆樂史之載人物，以爲變古來地志之體例。王謨作地理書抄通論，始云：「隋志地理類敍，言摯虞畿服經民物、風俗、先賢、舊好，靡不畢悉，固已並郡國書而一之，則謂一統志不當并載人物，未爲篤論。」乃知萬氏、閻氏之説，皆未嘗細讀隋志之過也。以此言之，學者於隋志小序未可忽視。

四庫提要之總敍小序，考證論辨，可謂精矣。近儒論學術源流者，多折衷於此，初學莫不奉爲津逮焉。其佳處讀其書可以知之，無煩贊頌。篇章甚繁，亦無從摘録。大抵經部最精，實能言學術升降之所以然，於漢、宋門户分析亦詳。其餘三部，則多言其著録分門之例，於古人著作之意發明較少。又往往不考本末，率爾立論，如以前所舉地理目録兩類小序是也。其分類變更成法，亦有得有失。最誤者莫如合名墨縱横於雜家，使漢志諸子九流十家頓亡其三，不獨不能辨章學術，且舉古人家法而淆之矣。要其論列百家，進退古今作者，隋志以後僅見此書。提要謬誤之處多，故後人遞有考訂。至於小序，則私家目録未能具備。

〔四庫全書總目提要雜家小序〕 衰周之際，百氏争鳴，立説著書，各爲流品，漢志所列備矣。或其學不傳，後無所述，或其名不美，人不肯居；故絶續不同，不能一概著録。後人株守舊文，於是墨家僅墨子、晏子二書，名家僅公孫龍子、尹文子、人物志三書，縱横家僅鬼谷子一書，亦别立標題，自爲支派，此拘泥門目之過也。黄虞稷千頃堂書目於寥寥不能成類者併入雜家，雜之義廣，無所不包，班固所謂合儒墨兼名法也。變而得宜，於例爲善，今從其説。

案漢志所謂「兼儒、墨，合名、法」者，乃集衆家之長，而去取别擇於其間，以自名其學，故曰「出於議官，知國體之有此，見王治之無不貫」。豈謂儒、墨、名、法，皆可包入雜家哉！若如所言，則可併九流於一家，易子部爲雜部矣。至於歸併名墨縱横，實用千頃堂之例，提要已明言之。近人張森楷貢園書庫目録輯略謂「四庫雜家，沿於明志，以明史欽定之故，不敢立異」，則非也。四庫分類，與明志不同者多矣，何謂不敢立異哉？黄氏書本是明志底藁，故史臣因之。提要此條亦用黄例，遂偶相符合耳。

以上論篇目敍録小序之體制，多推本劉、班，實以唐以前目録書亡於宋初，宋之晁、陳，清之紀氏，各以己意編録論敍，與劉略班志不盡相同，故不能不推尋本源，以明目録書之體要耳。

六　目録書之體制四　板本序跋

以上所言，皆就歷代目録書，上自七略、別録，下至四庫提要，參互鉤校，取其體制之善者論次之，以明義例。然自宋代以後目録書中尚有記板本、録序跋者，用意甚善，爲著目録書者所當採用。

校書必備衆本，自漢已然，北齊樊遜所謂「劉向校書，合若干本以相比校」也。本之命名，由於校讎之時，一人持本，一人讀書。所謂本者，謂殺青治竹所書，改治已定，略無訛字，上素之時，即就竹簡繕寫，以其爲書之原本，故稱曰本。其後竹簡既廢，人但就書卷互相傳録，於是本之名遂由竹移之紙，而一切書皆可稱本矣。鏤板既興，一書刻成，相率摹印，與殺青上素之義，尤相符合，故又有板本之稱。

〔黄生字詁〕說文：「寫，傳置也。」禮記：「器之溉者不寫，其餘皆寫。」注謂傳之器中是也。蓋傳此器之物置於他器謂之寫，因借傳此本書書於他本亦謂之寫。古云「殺青繕寫」，又云「一字三寫，烏焉成馬」，又云「在官寫書，亦是罪過」，皆此義也。

〔左暄三餘偶筆卷十二〕魯語閔馬父曰：昔正考父校商之名頌十二篇于周太師，以那爲首。其輯之亂曰：「自古在昔，先民有作；緼恭朝夕，執事有恪。」後世編書者用「校」字「輯」字始此。

〔北齊書卷四十五樊遜傳〕　七年天保七年。詔令校定羣書，遜乃議曰：「案漢中壘校尉劉向受詔校書，每一書竟表上，輒云臣向書、長水校尉臣參書、大夫公太常博士書、中外書，合若干本，以相比校，然後殺青。」

〔文選左太沖魏都賦注〕　風俗通曰：「按劉向別録，讎校，一人讀書，校其上下，得謬誤爲校；一人持本，一人讀書，若怨家相對曰讎」。

案島田翰古文舊書考卷二，雕版淵源考引顏氏家訓江南書本，謂「書本之爲言乃對墨版言之，之推北齊人，則北齊時已知墨版」。葉德輝書林清話卷一書之稱本篇，謂「今人稱書之下邊曰書根，本者因根而記數之詞。劉向別傳不曰持卷而曰持本，則爲摺本可知」，皆誤。刻版之興，始於唐末。宋朱翌猗覺寮雜記卷下，所謂「雕印文字唐以前無之，唐末益州始有墨版也」。劉向校書已云持本，其時石經之制尚且未有，安得有墨版乎。至於書之摺而爲册，亦起於唐。歐陽修歸田録卷二云：「唐人藏書，皆作卷軸，其後有葉子，其制似今策子。凡文字有備檢用者，卷軸難數卷舒，故以葉子寫之。」程大昌演繁露卷七云：「今之書册，乃唐之葉子，古未有是也。」二書所言，最爲明白。元吾衍閒居録云：「古書皆卷軸，以卷舒之難，因而爲摺，久而摺斷，復爲薄帙，原其初則本於竹簡絹素云。」是則摺疊之制，起於卷子之後，蝴蝶裝以前，亦決非兩漢之時所有也。殺青上素，已見前註。

〔書林清話卷一版本之名稱篇〕　宋岳珂九經三傳沿革例書本内列有晉天福銅版本，此版本二字相連之文，然珂爲南宋末人，是時版本二字沿用久矣。宋人刻書，亦合衆本校讎，石林燕語卷八所謂「宋景文用監本手校西漢，末題用十三本校」是也。案明南監本列有宋景文參校諸本目，實十六本。至於公私書目著録羣書，初不著明何本。自尤袤遂初堂書目，始兼載衆本，遂爲後來言板本者之濫觴。

〔四庫全書總目提要卷八十五遂初堂書目提要〕　其例略與史志同，惟一書兼載數本，以資互考，則與史志小異耳。

〔書林清話卷一古今藏書家紀板本篇〕　古人私家藏書必自撰目録，今世所傳宋晁公武郡齋讀書志、陳振孫直齋書録解題，無所謂異本重本也。自鏤版興，於是兼言版本，其例創於宋尤袤遂初堂書目。目中所録，一書多至數本，有成都石經本、祕閣本、舊監本、京本、江西本、吉州本、杭本、舊杭本、嚴州本、越州本、湖北本、川本、川大字本、川小字本、高麗本。此類書以正經正史爲多，大約皆州郡公使庫本也。夫古人之備致衆本，原以供讐校。後之言版本者，搜羅雖富，或藏而不讀，流爲收藏賞鑒二派。遂有但記撰人之時代，分帙之簿翻，以資口給。甚至未窺作者之意旨，徒知刻書之年月，如全祖望、洪亮吉之所譏者。且校讎文字，辨别板本，雖爲目録之所有事，今皆别自專門名家，欲治其學，當著專篇。兹之所言，詳其體制，重在考訂，他姑從略。顧謂當紀板本者，蓋言所著敍録，於書名之下，當載依據何本也。

今世有所謂書目之學者矣，記其撰人之時代，分帙之簿翻，以資口給，即其有得此者，亦不過以爲撏撦獺祭之用。〔全祖望鮚埼亭集卷三十二叢書樓書目序〕

藏書家有數等，得一書必推求本原，是正缺失，是謂考訂家，如錢少詹大昕、戴吉士震諸人是也。次則辨其板片，注其錯譌，是謂校讎家，如盧學士文弨、翁閣學方綱諸人是也。次則搜采異本，上則補石室金匱之遺亡，下可備通人博士之瀏覽，是謂收藏家，如鄞縣范氏之天一閣，錢唐吴氏之瓶花齋，崑山徐氏之傳是樓諸家是也。次則第求精本，獨嗜宋刻，作者之旨意縱未盡窺，而刻書之年月最所深悉，是謂賞鑒家，如吴門黄主事丕烈、鄔鎮鮑處士廷博諸人是也。又次則於舊家中落者，賤售其所藏，富室嗜書者，要求其善價，眼别真贋，心知古今，閩本、蜀本，一不得欺，宋槧、元槧，見而即識，是謂掠販家，如吴門之錢景開、陶五柳，湖州之施漢英諸書估是也。〔洪亮吉北江詩話卷三〕

蓋書籍由竹木而帛而紙；由簡篇而卷，而册，而手抄，而刻版，而活字，其經過不知其若干歲，繕校不知其幾何人。有出于通儒者，有出于俗士者。於是有斷爛而部不完，有删削而篇不完，有節鈔而文不完，有脱誤而字不同，有增補而書不同，有校勘而本不同。使不載明爲何本，則著者與讀者所見迥異。敍録中之論説，不能不根據原書。吾所舉爲足本，而彼所讀爲殘本，則求之而無有矣。吾所據爲善本，而彼所讀爲誤本，則考之而不符矣。吾所引爲原本，而彼所書爲别本，則篇卷之分合，先後之次序，皆相剌謬矣。目録本欲示人以門徑，而彼此所見非一書，則治絲而棼，轉令學者瞀亂而無所從，此其所關至不細也。反是，則先未見原書，而執殘本誤本别本以爲之説，所言是非得失，皆與事實大相徑庭，是不惟厚誣古人，抑且貽誤後學，顧廣圻所謂「某書之爲某書，且或未確，烏從論其精觕美惡」也。然善本不易得，且或不之知，況人之所見不同，善與不善，亦正未易論定。以四庫館聚天下之書，而提要所據，尚不能無誤。著書之人，類多寒素，豈能辨此。惟有明載其爲何本，則雖所論不確，讀者猶得據以考其致誤之由，學者忠實之態度，固應如此也。

〔顧廣圻思適齋文集卷十二石研齋書目序〕　蓋由宋以降，板刻衆矣。同是一書，用較異本，無弗夐若徑庭者。每見藏書家目録，經某書史某書云云，而某書之爲何本，漫然不可别識。然則某書果爲某書與否，且或有所未確，又烏從論其精觕美惡耶。

〔張之洞輶軒語語學論讀書宜求善本〕　善本之義有三：一足本，無闕卷，未删削；二精本，一精校，一精注；三舊本，一舊刻，一舊鈔。

四庫提要所載某處採進本，某人家藏本，乃著其書之所從得，與板本無關。提要間記版刻，以見其爲善本足本，惜全書不能一律，以致多無可考。其他諸家紀板本者：如尤袤遂初堂書目開收藏家之派，錢曾讀書敏求記開賞鑒家之派，毛扆汲古閣祕本書目開掠販家之派，盧文弨羣書拾補開校讎家之派；皆非考學術源流之書。惟周中孚之鄭堂讀書記、朱緒曾之開卷有益齋讀書志、楊守敬之日本訪書志、葉德輝之郎園讀書志，其庶幾洪氏所謂考訂家乎？

目録之學，若遂初堂、明文淵閣、焦竑經籍志、菉竹堂、世善堂、絳雲樓、述古堂、敏求記、天一閣、傳是樓、汲古閣、季滄葦浙江採進遺書、文瑞樓、愛日精廬各家書目，或略或誤，或別有取義，乃藏書家所貴，非讀書家所亟，皆非切要。〔張之洞書目答問譜録類〕

其分別門目，多不甚可解。其中解題，大略多論繕寫刊刻之工拙，於考證不甚留意。……然其述授受之源流，究繕刻之同異，見聞既博，辨別尤精。但以版本而論，亦可謂之賞鑒家矣。〔四庫全書總目提要卷八十七讀書敏求記提要〕

毛氏汲古閣藏書，當時欲售之潘稼堂太史耒，以議價不果，遂歸季滄葦御史振宜。黄丕烈士禮居叢書中所刻毛扆汲古閣珍藏祕本書目，所載價目，即其出售時所録也。〔書林清話卷七汲古閣刻書之四〕

古者目録家之書，論學術之源流者，自撰敍録而已，未嘗迻録他人之序跋也。惟釋藏中之梁釋僧祐出三藏記集十五卷。自卷六至卷十二，皆録各經典序文，不知爲所自創，抑是取法古人。其後道宣、智昇皆用其例，間録作者自序。至宋馬端臨文獻通考經籍考始全採前人之書，自爲之説者甚少。自崇文總目晁陳書目外，時從文集及本書抄出序跋，並於雜家筆記摘録論辨，間有書亡而序存者，亦爲録入，凡書名下無卷數者，皆是也。既不完備，且亦不可勝採，頗近爲例不純。然其體制極善，於學者深爲有益。如李燾之文簡集已亡，通考採其序跋三十三首，考證精確，遠出晁、陳之上。尚惜其僅就一時所見，隨手抄録，於唐、宋文集，不能廣爲搜羅耳。

〔孫詒讓温州經籍志敍例〕 至於篇題之下，舂迻序跋，目録之外，采證羣書，通考經籍一門，實創兹例。詳見前。

朱彝尊經義考全用其體，可謂善於取法。但宋以後人所作書序好借題發揮，横空起議，而以古文家爲尤甚，徒溷篇章，無關學術。朱氏僅考經義，所收猶不至甚濫。若推廣其例於四部，則文人應酬之作，書估牌記之咨，將並登著録。論文則文以載道，談詩則窮而後工，刻板則校對無訛，專利則翻刻必究，連篇累牘，令人生厭。所貴删削繁文，屏除套語也。

〔四庫全書總目提要卷八十五經義考提要〕 每一書前列撰人姓氏、書名卷數，次列存佚闕未見字，次列原書序跋、諸儒論説及其人之爵里。彝尊有所考正者，即附案語於末。惟序跋諸篇，與本書無所發明者，連篇備録，未免少冗。朱氏之後，謝啓昆之小學考，張金吾之愛日精廬藏書志，阮元之天一閣書目等，並沿其例。謝氏於採及他書者，明著出處，張氏於文之習見者，頗有别裁，皆青出於藍，後來居上。至孫詒讓之温州經籍志，斟酌諸家，擇善而從，條貫義例，益臻邃密矣。第孫氏於宋、元敍跋，悉付掌録，迻寫元文，不削一字，鄙意如此，猶有商量。蓋若於本書無所發明，即宋、元何所愛惜，且元文若果繁蕪，似不如削除枝葉也。

〔温州經籍志敍例〕　敍跋之文，雅俗雜糅，宋、元古帙，傳播浸希，自非謬悠，悉付掌録。明氏以來，略區存汰。大抵源流綜悉，有資考校，義旨閎眇，足供誦覽，凡此二者，並爲攟采。或有瞀士剿剽，雅馴既少，書林衒鬻，題綴猥多，則廑存凡目，用歸簡要。原注：張氏藏書志於習見之書序跋，皆僅存目，今略仿其例。若編帙既亡，孤文廑在，則縱有疵纇，不廢迻謄。復以馬、朱兩考，凡録舊文，不詳典據，沾婿塗竄，每異本書，偶涉讐勘，輒滋牴牾。今亦依張志之例，凡舊編具在者，並迻寫元文，不削一字，年月繫銜，一仍其舊。其有名作孤行，散徵他籍者，則備揭根柢，竝著卷篇，庶使覽者得以討原，不難覆檢。至於辨證之語，刺剟叢殘，實難稽覈。朱考概標某曰，案朱考不引書名，但標某人曰。尤爲疏略。今則直冠書名，用懲臆造。原注：謝啓昆小學考已有此例，特此書名之下兼及卷數，與彼小異耳。有删無改，亦殊專輒。

〔翁方綱蘇齋筆記卷一〕經義考於每書之序多删去其歲月，觀者何自而考其師承之緒及其先後之迹乎？又所載每書考辯論説皆渾稱爲某人曰，不著其出於某書某注某集，則其言之指歸無由見，而於學人參稽互證之處亦無所裨助。蓋竹垞此書因昔人經籍存亡考而作，專留意於存佚，而未暇計及後人之詳考也。

夫班固漢書採史公之自敘，録法言之篇目，誠以學問出於甘苦，得失在乎寸心，自我言之，不如其人自言之深切著明也。論賈誼、東方朔，則徵信於劉向，論董仲舒則折衷於劉歆，誠以則古稱先，述而不作，前賢既已論定，後人無取更張也。考訂之文，尤重證據。是故博引繁稱，旁通曲證。往往文累其氣，意晦於言。讀者乍觀淺嘗，不能得其端緒。與其録入篇内，不如載之簡端，既易成誦，又便行文。此所以貴與創之於前，竹垞踵之於後，體制之善，無閒然矣。

七　目録學源流考上　周至三國

典籍之興，由來尚矣。既用簡牘編而爲册，則篇目先後，宜有次第。隋志云：「古者史官既司典籍，蓋有目録以爲綱紀，體制湮滅，不可復知。」「蓋」者疑之之詞，經傳無徵，難可臆决，以理推之，想當然耳。

志又推本詩、書之序，以爲目録之緣起。案此二書，漢、宋諸儒，聚訟紛紛，作者既難確指，則時代亦未可質言。惟周易十翼，有序卦傳，篇中條列六十四卦之名，蓋欲使讀者知其篇第之次序，因以著其編纂之意義，與劉向著録「條其篇目撮其旨意」之例同。目録之作，莫古於斯矣。

〔李冶敬齋古今黈卷一〕歐陽公不信周易繫辭，而於序卦則未嘗置論。此蓋孔子見古之易書，其諸卦前後相連，悉已如是，因而次第之，以爲目録云耳，初非大易之極致也，或者欲以此爲義、文之深旨，則謬矣。

〔盧文弨鍾山札記卷四〕古書目録，往往置於末，淮南之要略，法言之十三篇序皆然，吾以爲易之序卦傳，非即六十四卦之目録歟？史漢諸序，殆昉於此。

〔俞樾湖樓筆談卷一〕禮云「記問之學不足爲人师」，然記問亦是一學。周易有序卦一篇，先儒以爲無意義，疑非聖人作，共實即記問之學也。周易六十四卦次序頗不易記，故作此一篇以聯縫之，使自屯、蒙至既濟、未濟皆有意義可尋，則滿屋散錢貫穿成一線矣。尚書之序云：「爲某事作某篇」，不如易之貫穿成一。故揚子法言問神篇曰「易損其一，雖惷知闕焉。至書之不備過半矣，而習者不知。惜乎書序之不如易也。」夫書序萬不能如易之序，然即揚子此言，可見作序卦傳之意，亦可見序卦傳之功。

至於總校羣書，勒成目録，論者皆謂始於向、歆。然漢志兵書略序云：「漢興，張良、韓信序次兵法，凡百八十二家，删取要用，定著三十五家。諸吕用事而盜取之。武帝時，軍政楊僕捃摭遺逸，紀奏兵録，猶未能備。」是則高祖、武帝之時，皆嘗校理兵書。是校書之職，不始於劉向也。劉向所作敍録，皆言定著爲若干篇，而志敍張良韓信之序次兵法，亦言定著，是亦當有校讎奏上之事，與劉向同。太史公自序云：「秦撥去古文，焚滅詩書，故明堂石室，金匱玉版，圖籍散亂。於是漢興，蕭何次律令，韓信申軍法，張蒼爲章程，叔孫通定禮儀，則文學彬彬稍進，詩、書往往間出矣。」案此數事多在高祖時，蕭何律令、張蒼章程、叔孫禮儀固自爲漢家一代制作，至於韓信之申軍法，即漢志之序次兵法，其爲校理舊書，可以斷言。特曾否編定目録，則不可知耳。

〔漢書高帝紀〕　天下既定，命蕭何次律令，韓信申軍法，張蒼定章程，叔孫通制禮儀，陸賈造新語。又與功臣剖符作誓，丹書鐵誓，金匱石室，藏之宗廟，雖日不暇給，規摹弘遠矣。

案太史公自序又云：「遷爲太史令，紬史記石室金匱之書」，索隱云：「石室金匱，皆國家藏書之處」，則此節所云「明堂石室金匱玉版圖籍散亂」者，指秦時國家所藏之書散亂失次也。秦本紀敍李斯焚書奏云：「臣請史官非秦紀皆燒之，非博士官所職，天下敢有藏詩書百家語者，悉詣守尉雜燒之，所不去者，醫藥卜筮種樹之書。」然則秦之史官及博士官，尚有藏書矣。故鄭樵通志校讎略云：「蕭何入咸陽，收秦律令圖書，則秦未嘗無書籍也。」蕭何傳云：「沛公至咸陽，何獨先入收秦丞相御史律令圖書藏之，沛公具知天下阸塞，户口多少彊弱處，民所疾苦者，以何得秦圖書也。」漢書藝文志云：「漢興，改秦之敗，大收篇籍」，疑亦指蕭何收書事言之。下文廣開獻書之路，非一時事。又刑法志云：「相國蕭何，攈摭秦法，取其宜於時者，作律九章。」張蒼傳云：「好書律曆，秦時爲御史，主柱下方書。」又云：「遷爲計相，漢六年。蒼迺自秦時爲柱下御史，明習天下圖書計籍，又善用算律曆。」任敖傳云：「蒼爲計相時，緒正律曆，至於爲丞相，孝文四年卒就之，故漢家言律曆者本張蒼，著書十八篇，言陰陽律曆事。」藝文志陰陽家張蒼十六篇。叔孫通傳云：「高帝悉去秦儀，法爲簡易，羣臣飲爭功，上患之。通説上曰：臣願頗采禮，與秦儀雜就之。上曰：可試爲之。」是則蕭何之律令，張蒼之章程，叔孫通之禮儀，皆是以秦之圖籍爲本。韓信所序次之兵法，當亦是得之於秦，故太史公同敍之於秦圖籍散亂之下。以史記與漢書志傳合觀之自明。班固移太史公語入高紀，益以陸賈造新語一句，實則新語乃賈所自造，與秦之圖籍無與，非太史公之意也。或謂秦既燒詩、書、百家語，安得兵書獨存。考秦本紀云:「侯生、盧生乃亡去。始皇大怒曰:吾前收天下書,不中用者盡去之。悉召文學方術士甚衆,欲以興太平,方士欲練以求奇藥。」然則秦之所去特彼以爲不中用者耳。始皇暴主,蕭何刀筆吏,其視兵法自較詩、書爲有用,故始皇不燒之,何又從而收之也。韓信之死在高祖十一年,其與張良序次兵法,又在其前數年。當在六年貶淮陰侯以後。其時去秦亡未久,而得兵法乃至百八十二家之多,此豈老屋壞壁中所能得者哉?故余謂官校書籍自高祖時始,班志言之甚明。而七録序、隋書經籍志、玉海藝文類、通考經籍考及其他諸書,凡敍經籍源流者,皆無一言及於此事,不可謂非失之眉睫之前者矣。

又案漢書高紀「張蒼定章程」注引如淳曰:「章,歷數之章術也。程者,權衡丈尺斗斛之平法也。」考魏劉徽九章算經序云:「周公制禮而有九數,九章是矣。漢北平侯張蒼、大司農中丞耿壽昌皆以善算命世。蒼等因舊文之遺殘,各稱删補,故校其目,與古或異,周禮保氏注:「鄭司農云:九數:方田,粟米,差分,少廣,商功,均輸,方程,贏不足,旁要,今有重差夕桀勾股也。」賈疏云:「方田以下皆依九章算術而言。重差夕桀勾股,漢法增之。今九章以勾股替旁要。」劉徽所謂校其目與古或異者指此。而所論者多近語也。」九章算術内有長安上林之名,乃漢人之語,故曰近語。四庫提要卷一百七疑「上林苑在武帝時,蒼何緣預載」,不知此耿壽昌語也。徽序見九章卷首,其説與如淳合,據顔師古敍漢書例,如淳亦魏人,則與劉徽相去不遠。知所謂章術者即九章算術。今所傳劉徽所注,猶是張蒼重定之本,疑蒼之定章程，亦兼校定古籍。秦時所遺柱下方書皆嘗序次，不獨自著書，猶之韓信自有書三篇，而兵法三十五家皆其所序次。惜他無證據，姑從闕疑。

劉向奏上羣書，皆「條其篇目，撮其旨意」，謂之書録。而漢志云武帝時軍政楊僕紀奏兵録，兵録者兵書之録也，其體例當與劉向書録同。然則僕校兵書，已有奏上之敍録，亦以明矣。志言：「孝武帝世書缺簡脱，禮壞樂崩，聖上喟然而稱曰：朕甚閔焉！於是建藏書之策，注如淳曰：「劉歆七略曰：外則有太常太史博士之藏，内則有延閣廣内秘室之府。」置寫書之官，下及諸子傳説，皆充秘府。」考武帝本紀，此詔在元朔五年，僕之奏兵録當在是時。時方大舉伐匈奴，以兵事爲急，故僕校上兵書。至其他經傳諸子，既置寫書之官，亦當有校讎之事，特不知曾否著録也。

〔漢書武帝紀〕元朔五年夏六月，詔曰：「蓋聞導民以禮，風之以樂，今禮壞樂崩，朕甚閔焉。故詳延天下方聞之士，咸薦諸朝，其令禮官勸學，講議洽聞，舉遺興禮，以爲天下先。太常其議予博士弟子，崇鄉黨之化，以厲賢材焉。」儒林傳亦載此詔。蓋置博士弟子與藏書寫書皆一時之事，紀、志、傳分紀之。

案酷吏楊僕傳但言「以千夫爲吏，河南守舉爲御史，稍遷至主爵都尉」，不載其爲軍政之官。軍政百官表不載，惟胡建傳云「守軍正丞」，注「師古曰，南北軍各有正，正又置丞」。考百官公卿表於元狩四年書「中尉丞楊僕爲主爵都尉」。中尉丞秩千石，主爵秩二千石。蓋由御史遷軍政，再遷中尉丞，然後爲主爵都尉，故言稍遷。元狩四年上距元朔五年，元朔紀元盡六年，明年改元元狩。僅五年餘，僕中間尚經中尉丞一任，則其爲軍政當在元朔之末。故知其校兵書與置寫書之官，正同時之事也。宣帝之時，后倉在曲臺校書，著曲臺記。則校書之事，在西漢時幾於累朝舉行，以爲常典，雖其所校或僅談兵，或祇議禮，偏而不全，規模未廓，然大輅椎輪，不可誣也。

〔漢書儒林傳〕　后倉説禮數萬言，號曰后氏曲臺記。注：「服虔曰，在曲臺校書著記，因以爲名。」

〔文選任彦昇齊竟陵文宣王行狀注引七略〕　宣皇帝時行射禮，博士后倉爲之辭，至今記之曰曲臺記。

及至成帝披覽古文，然後求天下之書，合中外之本，乃於河平三年詔劉向、劉歆典領讎校。向等每校一書，輒爲一録，其後纂集別行，謂之別録。會向卒，哀帝使歆卒業，於是歆復著爲七略。

漢書隋志及七録序論之備矣。

〔漢書成帝紀〕　河平三年秋八月，光禄大夫劉向校中秘書，謁者陳農使使求遺書於天下。

〔又藝文志〕　至成帝時，以書頗散亡，使謁者陳農求遺書於天下，詔光禄大夫劉向校經傳諸子詩賦，步兵校尉任宏校兵書，太史令尹咸校數術，侍醫李柱國校方技。每一書已，向輒條其篇目，撮其指意，録而奏之。會向卒，哀帝復使向子侍中奉車都尉歆卒父業。歆於是總羣書而奏其七略，故有輯略，注：師古曰，輯與集同，謂諸書之總要。有六藝略，有諸子略，有詩賦略，有兵書略，有術數略，有方技略。

〔又楚元王傳〕上方精於詩、書，觀古文，詔向領校中五經秘書。又歆字子駿，少以通詩、書能屬文召見成帝，待詔宦者署，爲黄門郎。河平中，受詔與父向領校秘書，講六藝、傳記、諸子、詩賦、數術、方技，無所不究。向死後，歆復爲中壘校尉。哀帝初即位，大司馬王莽舉歆宗室有材行，爲侍中太中大夫，遷騎都尉、奉車光禄大夫，貴幸，復領五經，卒父前業。歆乃集六藝羣書種別爲七略，語在藝文志。

案據漢書所言，蓋當時部次羣書，分爲六類，向自任六藝諸子詩賦三類，而任宏等三人以專門名家分任其一。然此乃謂校讎之事耳，至於撰次敍録，則向總其成而歆佐之，不復專責之任宏等。觀志言「向輒條其篇目，撮其旨意，録而奏之」，傳言歆「講六藝、傳記、諸子、詩賦、數術、方技，無所不究」，所言獨不及兵書，或兵家之學非歆所長。是知羣書之録，皆出之向歆父子矣。向所撰洪範五行傳論及列女傳、新序、説苑據本傳言均成於校書之時，而五行志引洪範論每條分載向歆之説。初學記卷二十五引別録云，「臣向與黄門侍郎歆所校列女傳，種類相從爲七篇」。隋志雜傳類「列女傳十五卷，劉向撰，列女傳頌一卷，劉歆撰」，是二人分撰傳頌。然隋杜臺卿玉燭寶典卷二云，「劉向五行論云褩化爲玄蝿入王宫，歆父子素有異同之論」，歆列女傳褒姒傳「化爲玄蚖」，字與五行論不同」，卷十二又引劉歆列女傳魯之母師一條，均直指列女傳爲歆撰，與漢書、隋志均不合。蓋向凡有撰述，歆無不參與者。此亦自來治目録學者所不及知也。

〔阮孝緒七録序〕見廣弘明集卷三

漢惠四年，始除挾書之律。其後……開獻書之路，置寫書之官。至孝成之世，頗有亡逸。乃使謁者陳農求遺書於天下，命光禄大夫劉向及子俊、歆等讎校篇籍。孫星衍續古文苑卷十一注云：「案俊當作伋，漢書向本傳云，長子伋，以易教授，官至郡守，不云曾受詔校書，阮此言疑出別録七略也。」每一篇已，輒録而奏之。會向喪亡，帝使歆嗣其父業，乃徙温室中書於天禄閣上。歆遂總括羣篇，奏其七略。……昔劉向校書，輒爲一録，論其指歸，辨其訛謬，隨竟奏上，皆在本書。時又別集衆録，謂之別録，即今之別録是也。子歆撮其指要，著爲七略。其一篇即六篇之總最，故以輯略爲名。次六藝略，次諸子略，次詩賦略，次兵書略，次數術略，次方技略。

〔北堂書鈔卷九十九引劉歆集序〕

歆字子駿，受詔與父向校衆書，著七略以剖判百家。

〔隋書經籍志〕

七略別録二十卷，劉向撰。七略七卷，劉歆撰。新舊唐志、通志略同，崇文總目、晁陳志均不著録。

案隋志敍向、歆校書之事即參用漢志及七録序，別無異聞，茲不備引。

七録序言「歆總括羣篇，奏其七略，後漢蘭臺猶爲書部；又於東觀及仁壽閣撰集新記，校書郎班固、傅毅並典秘籍」。「猶爲書部」者承歆奏七略言之，謂依七略分類爲書之部次也。然不云嘗撰目録。東觀及仁壽閣所選之新記即謂東觀漢記，乃當時國史，非目録書。隋志敍此事文義不明，後人遂誤以東觀書部爲書目矣。

〔隋書經籍志〕光武中興，篤好文雅，明、章繼軌，尤重經術。四方鴻生鉅儒負袠自遠而至者，不可勝算。石室、蘭臺，彌以充積。又於東觀及仁壽閣集新書，校書郎班固、傅毅等典掌焉，並依七略而爲書部，固又編之以爲漢書藝文志。

案七録序所言蘭臺書部，乃泛指部次之事，蓋謂庋藏圖書之分類法也。又云「東觀仁壽閣撰集新記者」，後漢書班固傳言「顯宗召詣校書部，除蘭臺令史，與前睢陽令陳宗，長陵令尹敏，司隸從事孟異，共成世祖本紀，遷爲郎，典校秘書，固又撰功臣平林新市公孫述事，作列傳載記二十八篇」，是其事也。史通正史篇敍其始末甚詳。唐六典卷九亦云「東觀所撰書，謂之東觀漢記」。今稱之爲新記者，漢人呼史書爲記，故司馬遷書，謂之太史公記。新記之名，所以别於前漢之史記，猶言新史云耳。隋志改撰集新記爲集新書，蓋不知其爲指東觀漢記。玉海卷五十二書目類因立東觀仁壽閣新書一條，近人作書目長編者，又承其誤，題爲東觀仁壽閣書部，注曰漢班固、傅毅、賈逵，此因後漢書文苑傳言「以毅爲蘭臺令史，與班固賈逵共典校書」，故補入賈逵之名。不悟書部不得爲書名，蘭臺、東觀，雖同爲後漢藏書之所，然七録序及隋志均不言當時嘗撰目録，疑班固、傅毅等雖典祕籍，然只是校讎典掌，未能如向歆父子之著録也。

〔舊唐書經籍志〕　後漢蘭臺、石室、東觀、南宫諸儒撰集，部次漸增。

班固漢書藝文志自言就劉歆七略「删其要以備篇籍」，又於篇末總數之下自注云「入三家五十篇，省兵十家」，蓋除所新入及省併者外，其他所著録皆全本之劉歆。其小序亦録自輯略，特微有增删改易，劉知幾所以譏爲因人成事也。

〔史通書志篇〕　但班固綴孫卿之詞，以序刑法，探孟軻之語，用裁食貨，五行出劉向洪範，藝文取劉歆七略，因人成事，其目遂多。

後漢書作者甚衆，今知其有藝文志者，惟袁山松一家，見於阮氏七録，胡應麟以爲謝承書者，誤也。其書已亡，崇文總目及宋志均不著録，蓋亡於唐末五代。體例不可復考。

〔七録序〕　固乃因七略之辭，爲漢書藝文志，其後有著述者，袁山松亦録在其書。

又袁山松後漢藝文志書續古文苑注云「案此下當有脱文」。八十七家亡。

〔通志校讎略編次必記亡書論〕　阮孝緒作七録已，亦條劉氏七略及班固漢志、袁山松後漢志、魏中經、晉四部所亡之書爲一録。

〔胡應麟經籍會通卷一〕　阮録又有後漢藝文志目若干卷，第云八十七家亡，而不著存數。案范志無藝文一類，案今後漢書志，乃司馬彪之續漢志，此云范志誤也。蓋謝承書也。

〔章宗源隋書經籍志考證卷一〕　後漢書九十五卷，本一百卷，晉秘書監袁山松撰。……舊唐志一百二卷，新唐志一百一卷，又録一卷。……通志校讎略言有藝文志。宏簡録載梁七録内有後漢書藝文志若干卷，不著名山松，證以通志，當即袁氏之志。

案七録序兩言袁氏山松，廣弘明集各本皆同。鄭樵通志即本之七録，胡氏曾見廣弘明集者。其書中引用阮序極詳，乃以爲謝承書，此不可解。章氏僅自宏簡録轉引，疑其未見阮序也。又案史通書志篇云：「班漢定其流別，編爲藝文志，論其妄載，事等上篇，上篇謂天文志。知幾以爲史不當有天文藝文五行等志，故云妄載。續漢已還，祖述不暇。夫前志已録，而後志仍書，篇目如舊，頻煩互出，何異以水濟水，誰能飲之者乎？」知幾立論之謬不待言。但云「續漢以還，祖述不暇」，而今司馬彪續漢志尚存，並無藝文志，則此續漢二字蓋泛指諸家後漢書言之，疑他家亦或有志藝文者，不止袁山松也。其云「前志已録，後志仍書」，知其體例仍兼録前朝書，並不斷代。七録序所謂「後有著述，袁山松録在其書」者，蓋略言之，非謂僅録後漢人之著述也。

三國之時，魏秘書郎鄭默，始制中經。七録隋志不言其體例有所變更，知其分類猶沿七略。但其書不見著録，蓋荀勗新簿既行，默書遂廢不用耳。

〔七録序〕　魏、晉之世，文籍逾廣，皆藏在秘書中外三閣。魏秘書鄭默删定舊文，時之論者謂爲朱紫有别。

〔隋書經籍志〕董卓之亂，獻帝西遷，圖書縑帛，軍人皆取爲帷囊。所收而西，猶七十餘載。兩京大亂，掃地皆盡。魏氏代漢，采掇遺亡，藏在秘書中外三閣，魏秘書郎鄭默始制中經。

〔初學記卷十二引王隱晉書〕鄭默，字思元，爲秘書郎，删省舊文，除其浮穢，著魏中經簿。中書令虞松謂默曰：「而今而後，朱紫别矣。」今晉書默附其父鄭袤傳，文略同，惟浮穢下無著魏中經簿一句。

八　目録學源流考中　晉至隋

晉武帝太康二年，得汲冢古文竹書，以付秘書，於是荀勗撰次之，因鄭默中經，更著新簿，遂變七略之體，分爲甲乙丙丁四部，是爲後世經史子集之權輿，特其次序子在史前。隋志謂其「但録題，及言盛以縹囊，書用緗素，至於作者之意，無所論辯」。「但録題」者，蓋謂但記書名；「盛以縹囊，書用緗素」，則惟侈陳裝飾，是其書並無解題。而今穆天子傳，載有勗等校上序一篇，其體略如劉向別録，與隋志之言不合。據晉書勗傳，則勗之校書，起於得汲冢古文，或勗第於汲冢書撰有敘録，他書則否也。中經簿新舊唐志均著録，至宋遂佚。

〔七録序〕　晉領秘書監荀勗，因魏中經，更撰新簿，雖分爲十有餘卷，而總以四部別之。惠、懷之亂，其書略盡。　又晉中經簿四部書一千八百八十五部，二萬九百三十五卷，其中十六卷佛經，書簿少二卷，不詳所載多少，一千一百一十九部亡，七百六十六部存。

〔隋書經籍志〕　秘書監荀勗又因中經更著新簿，分爲四部，總括羣書。此下記四部分類，詳見後目録類例之沿革。　大凡四部，合二萬九千九百四十五卷。　但録題，及言盛以縹囊，書用緗素。北堂書鈔卷一百四引晉中經簿云，「盛書用皂縹囊布裹，書函中皆有香囊」，太平御覽卷七百四引晉中經簿云，「盛書有縑囊布囊絹囊」，均可爲隋志此二句之證。至於作者之意，無所論辯。惠、懷之亂，京華蕩覆，渠閣文籍，靡有孑遺。又晉中經十四卷，荀勗撰。

〔晉書荀勗傳〕　荀勗，字公曾，潁川潁陰人。領秘書監。及得汲郡冢中古文竹書，詔勗撰次之以爲中經，列在秘書。

〔荀勗等上穆天子傳序〕　古文穆天子傳者，太康二年汲縣民不準盜發古冢所得書也，皆竹簡素絲編。以臣勗前所考定古尺度其簡，長二尺四寸，以墨書，一簡四十字。汲者，戰國時魏地也。案所得紀年，蓋魏惠成王子，今王之冢也，于世本蓋襄王也。……其書言周穆王遊行之事。春秋左氏傳曰：「穆王欲肆其心，周行於天下，將皆使有車轍馬跡焉」，此書所載則其事也。王好巡狩，得盜驪騄耳之乘，造父爲御，以觀四荒，北絶流沙，西登昆侖，見西王母，與太史公記同。

案晉書束晳傳言「汲郡人不準發魏襄王墓，或言安釐王冢」，據此序則是襄王墓也。當時所得書，束晳傳及杜預左傳後序孔疏所引王隱晉書紀載互有詳略，茲不備引。

〔北堂書鈔卷一百一〕　荀勗讓樂事表云：「臣掌著作，又知祕書，今覆校錯誤，十萬餘卷書，不可倉卒，復兼他職，必有廢頓者也。」

案中經簿書僅二萬餘卷，此云十萬餘卷者，合重復各本計之。

〔舊唐書經籍志後序〕　魏武父子採掇遺亡，至晉總括羣書裁二萬七千九百四十五卷。及永嘉之亂，洛都覆没，靡有孑遺。

五胡之亂，不減焚書。迨及東晉，收集散亡，李充作晉元帝書目，但以甲乙丙丁四部爲次，又將中經新簿之乙丙兩部先後互換。由是史居子前，經史子集之次序，遂一定不可移易矣。元帝書目隋志不著録，僅見於七録序中。

〔七録序〕　江左草創，十不一存，後雖鳩集，淆亂已甚，及著作佐郎李充始加删正。因荀勖舊簿四部之法，而换其乙丙之書，没略衆篇之名，總以甲乙爲次。自時厥後，世相祖述。

又晉元帝書目四部三百五袠，三千一十四卷。

〔隋書經籍志〕　東晉之初，漸更鳩聚。著作郎李充以勖舊簿校之，其見存者但有三千一十四卷。充遂總没衆篇之名，但以甲乙爲次。自爾因循，無所變革。

〔晉書李充傳〕　李充，字弘度，江夏人。爲大著作郎。于時典籍混亂，充删除煩重，以類相從，分爲四部，甚有條貫，秘閣以爲永制。

〔舊唐書經籍志後序〕　江表所存官書，凡三千一十四卷。

晉安帝義熙四年，邱淵之又作新集目録三卷，七録、隋志均不敍其事，其詳不可得聞。唐志尚著録，至宋亦亡。

〔七録序〕　晉義熙四年秘閣四部目録續古文苑注云：「案此下當有脱文。」

〔隋書經籍志〕　晉義熙以來新集目録三卷。

〔舊唐書經籍志〕　義熙以來新集目録三卷，丘深之撰。　新唐志同。

案七録與隋志所載皆即一書。丁國鈞補晉書藝文志采七録、隋志，分爲二書，非也。黄逢元補志，只著録義熙四年秘閣四部目録，不引隋志考其異同，亦非。丘深之即丘淵之，宋書附見顧琛傳云：「丘淵之，字思玄，吴興烏程人。」唐人避諱，改淵爲深也。傳不言撰目録，蓋史略之。

有宋一代，累撰目録。其在文帝元嘉八年，則有謝靈運之書；營陽王景平中，則有殷淳之書；蒼梧王元徽元年，則有王儉之作。然隋志及舊唐志著録者，王儉一家而已。而殷淳書獨見於新唐志，則馬懷素所謂「古書近出，前志闕而未編」者也。

〔七録序〕　宋祕書監謝靈運、丞王儉，齊祕書丞王亮、監謝朏等並有新進，更撰目録。宋祕書殷淳撰大四部目。　又宋元嘉八年祕閣四部目録一千百六十四袠，一萬四千五百八十二卷，五十四袠，四百三十八卷佛經。　又元徽年祕閣四部書目録二千二十袠，一萬五千四十七卷。

〔隋書經籍志〕　其後，中朝遺書稍流江左。宋元嘉八年，祕書監謝靈運造四部目録，大凡六萬四千五百八十二卷。元徽元年，祕書丞王儉又造目録，大凡一萬五千七百四卷。

又宋元徽元年四部書目録四卷，王儉撰。新唐志同，舊唐志作元徽元年書目四卷。

〔舊唐書經籍志後序〕　至宋謝靈運造四部書目録，凡四千五百八十二卷。其後王儉復造書目，凡五千七十四卷。

案謝靈運書目存書卷數，隋志太多，舊唐志太少，當以七録序爲正，蓋隋志六萬乃一萬之誤，舊唐志則與王儉條皆脱去一萬字故也。胡應麟經籍會通卷一，録舊唐志此序，謂其記累世藏書卷軸多與隋志不同，概當從此爲正，不知其何所據而云然。又案宋書及南史謝靈運傳但云「爲秘書丞，坐事免」，不言撰書目。

〔宋書殷淳傳〕　殷淳，字粹遠，陳郡長平人也。少帝景平初，爲秘書郎、衡陽王文學、祕書丞、中書黄門侍郎。在秘書閣撰四部書目，凡四十卷，行於世。

〔新唐書藝文志〕　殷淳四部書目序録三十九卷。案淳，宋人，新書列在隋牛弘、王劭之下，非是。

〔南齊書王儉傳〕　王儉，字仲寶，琅邪臨沂人也。……解褐祕書郎、太子舍人，超遷祕書丞。上表求校墳籍，依七略撰七志四十卷，上表獻之，表辭甚典。又撰定元徽四部書目。

王儉元徽書目，仍依四部次序，蓋以遵祕閣之制。儉又别撰七志，則依七略之體，蓋以成一家之言。疑元徽書目乃官書，而七志則私家撰述書。然既經表上，則亦同於官書矣。

〔七録序〕　儉又依别録之體撰爲七志，其中朝遺書收集稍廣，然所亡者猶大半焉。

〔隋書經籍志〕　儉又别撰七志。以下記分類，詳後目録類例之沿革。然亦不述作者之意，但於書名之下每立一傳，而又作九篇條例，編乎首卷之中。文義淺近，未爲典則。　又今書七志七十卷，王儉撰。

〔新唐書藝文志〕　王儉今書七志七十卷，賀蹤補注。舊唐志脱注字。賀蹤，梁時官學士，見梁書劉峻傳。

〔文選任彦昇王文憲集序〕　元徽初，遷秘書丞，於是采公曾之中經，刊弘度之四部，依劉歆七略，更撰七志。　又所撰古今集記、今書七志爲一家言，不列於集。

案彦昇撰序，竟不道及元徽書目，蓋以公家簿籍不足以當著述也。南齊書本傳，敍撰七志，在定元徽書目之前，七録隋志則言撰目録在前，疑當依七録。

其後南齊王亮、謝朏等復撰目録。梁武右文，著録彌富；任昉、劉孝標尤極著作之選。昉與殷鈞撰秘閣書目，孝標與丘賓卿撰文德殿書目。而東宫之書，又别有撰著。昉所私藏，亦自登簿。江左篇章，於斯爲盛。故阮氏七録，得取資焉。

〔七録序〕　齊末兵火，延及祕閣。有梁之初，缺亡甚衆，爰命祕書監任昉躬加部集。又於文德殿内别藏衆書，使學士劉孝標等重加校進。又分數術之文更爲一部，使奉朝請祖暅撰其名録。其尚書閣内别藏經史雜書，華林園又集釋氏經論，自江左篇章之盛，未有踰於當今者也。　又齊永明元年秘閣四部目録五千新足，合二千三百三十二袠，一萬八千一十卷。　又梁天監四年文德正御及術數書目録，合二千九百六十八袠，二萬三千一百六卷，秘書丞殷鈞撰秘閣四部書，少於文德書，故不撰其數也。

〔隋書經籍志〕　齊永明中，秘書丞王亮、監謝朏又造四部書目，大凡一萬八千一十卷。齊末，兵火延燒秘閣，經籍遺散。梁初，秘書監任昉躬加部集。又於文德殿内列藏衆書，華林園中總集釋典，大凡二萬三千一百六卷，而釋氏不豫焉。梁有祕書監任昉、殷鈞四部目録，又文德殿目録。其術數之書，更爲一部，使奉朝請祖暅撰其名，故梁有五部目録。　又梁天監六年四部書目録四卷，梁鈞撰。梁東宫四部目録四卷，劉遵撰。梁文德殿四部目録四卷，劉孝標撰。

案梁書及南史王亮謝朏本傳，均不言其在南齊時撰目録事，僅見於七録序及隋志。然志不録其書，蓋隋時已亡。又梁書劉遵傳，亦不言其曾撰東宫目録，惟言「除中庶子，在東宫，以舊恩偏蒙寵遇，同時莫及」而已。

〔梁書任昉傳〕　任昉，字彦昇，樂安博昌人。高祖踐阼，拜黄門侍郎，尋轉御史中丞秘書監，領前軍將軍。自齊永元以來，祕書四部，篇卷紛雜，昉手自讎校，由是篇目定焉。家雖貧，聚書至萬餘卷，率多異本。昉卒後，高祖使學士賀蹤共沈約勘其書目，官所無者就昉家取之。

案此言勘其書目，蓋謂昉自藏之書目。觀七録序言徧致宋齊已來王公縉紳墳籍之名簿，知當時私家藏書皆有目録，其見於史者莫早於昉，是爲後來私家藏書目之權輿。

〔又殷鈞傳〕 殷鈞，字季和，陳郡長平人也。天監初，起家秘書郎、太子舍人、司徒主簿、秘書丞。鈞在職啓校定秘閣四部書，更爲目録。

案據隋志序，則任昉與殷鈞同撰目録，而簿録類著録梁天監六年四部目録，只題鈞一人之名，七録序亦但目爲鈞作，未詳其故。

〔梁書文學傳〕 劉峻，字孝標，平原平原人。天監初，召入西省，與學士賀蹤典校秘書。

〔舊唐書經籍志〕 梁天監四年書目四卷，丘賓卿撰。新志同。新志有劉遵東宮書目，舊志無。

案丘賓卿梁書及南史均無傳，不知其爲何人，其書隋志亦不著録。及詳考之，實即隋志之劉孝標梁文德殿四部目録也。七録序言，「又於文德殿内，別藏衆書，使學士劉孝標等重加校進」，序末古今書最内有「梁天監四年文德正御及術數書目録」，是知文德殿校書正在天監四年。賓卿之書，時代卷數皆相合，知即一書，賓卿蓋亦校書學士之一人。玉海卷五十二以爲殷鈞書者，誤也。隋書經籍志考證亦承其誤。七録序及隋志言文德殿書術數更爲一部，爲祖暅所撰。然據七録，則文德殿目已包括術數書在内，即隋志所謂五部目録。而志録劉孝標書仍稱爲四部，亦非是。祖暅，南史作祖暅之，字景爍，附見其父沖之傳，言其有巧思入神之妙，但不載其曾撰術數書目。

南朝書目，自王儉七志外，皆用荀勗、李充舊規，以四部爲次。至普通中，處士阮孝緒始復斟酌劉歆、王儉之義例，撰成七録，分爲内外篇。内篇五録，特於經史子集之外，益以術伎而已，蓋本於文德殿目録，而小變之。詳見後目録類例之沿革。孝緒自言「總集宋齊已來衆家之名簿」，又言「以所見聞校之官目」，是則凡當時目録所有，皆加采輯，不必親見其書，此則阮氏之創例。後來鄭樵、馬端臨、焦竑之徒於所未見之書輒據他家入録，蓋仿於此。又六代以前，撰書目者大抵供職秘閣，校讎官書。即王儉七志，亦成於官秘書丞之日。孝緒心慕高隱，身居韋布，乃以文獻爲己任，廣爲搜集，補中秘藏所不逮，裒然成一大著作，是亦前此所未有也。

〔七録序〕　孝緒少愛墳籍，長而弗倦。臥病閑居，傍無塵雜，晨光纔啓，緗囊已散，宵漏既分，綠袠方掩，猶不能窮究流略，探盡祕奥。每披録内，省多有缺。案此謂任昉、劉孝縹、祖暅所撰之目録。然其遺文隱記，頗好搜集。凡自宋、齊已來，王公搢紳之館，苟能蓄聚墳籍，必思致其名簿。凡在所遇，若見若聞，校之官目，多所遺漏。遂總集衆家，更爲新録。其方内經史至於術伎，合爲五録，謂之内篇。方外佛道，各爲一録，謂之外篇。凡爲録有七，故名七録。有梁普通四年仲春十有七日，於建康禁中里宅始述此書。新集七録内外篇，圖書凡五十五部，六千二百八十八種，八千五百四十七袠，四萬四千五百二十六卷。内篇五録四十六部，三千四百五十三種，五千四百九十三袠，三萬五千九百八十三卷。外篇二録，九部，二千八百三十五種，三千五十四袠，六千五百三十八卷。原文總數分數之後，均詳具若干袠、若干卷爲經書，若干爲圖或圖符，今略去。

〔隋書經籍志〕　普通中，有處士阮孝緒，沉靜寡慾，篤好墳史，博采宋、齊已來王公之家，凡有書記，參校官簿，更爲七録。其分部題目，頗有次序，割析辭義，淺薄不經。又七録十二卷，阮孝緒撰新、舊唐志同。

〔梁書處士傳〕　阮孝緒，字士宗，陳留尉氏人也。大同二年卒，年五十八。門徒誄其德行，謚曰文貞處士。所著七録等書二百五十餘卷行於世。

案南史隱逸傳作「所著七録削繁等一百八十一卷」。考孝緒所著書七種，附見七録序後，卷數與南史合。然其中並無七録。削繁者，孝緒嘗作正史删繁也。又案此書自崇文總目以下均不著録，宋人亦未見引用，而尤袤遂初堂書目乃獨見之，不知可據否？

〔經籍會通卷一〕　阮孝緒七録總目，蓋梁世薦紳家藏，併在其中，秘書或因任昉之舊。孝緒之撰七録，得其友劉杳之力爲多。杳又自撰古今四部書目，亦是私家撰述，隋志不著録。書僅五卷，蓋不如七録之詳，故其亡獨早。然有梁一代，遂有官撰之目三，私撰之目二，如任昉輩藏書簿録，尚不在此列，可謂盛矣！

〔七録序〕　通人平原劉杳從余遊，因説其事。杳有志積久，未獲操筆，聞余已先着鞭，欣然會意。凡所抄集，盡以相與，廣其聞見，實有力焉。斯亦康成之於傳釋，盡歸子慎之書也。

〔梁書文學傳〕劉杳，字士深，平原平原人也。少好學，博綜羣書。沈約、任昉以下，每有遺忘皆訪問焉。自少至長，多所著述，撰古今四部書目五卷行於世。

案七録序謂杳未獲操筆，而杳實有成書。疑即其所抄集之底稾，後人傳之也。

梁元帝性好聚書，又勤於著述。平侯景之後，嘗詔周弘正等分校經史子集。見顔之推觀我生賦自注。及江陵之破，取所聚圖書十餘萬卷盡焚之，竟不聞有目録傳世，當由編校未終，旋致覆没故也。

〔金樓子聚書篇〕吾今年四十六歲，自聚書來四十年，得書八萬卷，河間之侔漢室，頗謂過之矣。

〔南史元帝紀〕性愛書籍，既患目，多不自執卷，置讀書左右，番次上直，晝夜爲常，略無休已。及魏軍逼，乃聚圖書十餘萬卷盡燒之。

〔顔之推觀我生賦自注〕見北齊書本傳 王司徒表送祕閣舊事八萬卷，案王司徒者王僧辯也，此正言平侯景後送書之事。乃詔比校部分，爲正御、副御、重雜三本。又北於墳籍少於江東三分之一，梁氏剝亂，散逸湮亡。惟孝元鳩合通重十餘萬，史籍以來未之有也。兵敗，悉焚之，海内無復書府。

〔隋書經籍志〕梁武敦悦詩書，下化其上，當爲士字之誤。四境之内，家有文史。元帝克平侯景，收文德之書及公私經籍，歸於江陵，大凡七萬餘卷。周師入郢，咸自焚之。〔舊唐書經籍志後序〕梁元帝克平侯景，收公私經籍歸於江陵，凡七萬餘卷，蓋佛老之書計於其間。及周師入郢，咸自焚煬。

案通鑑卷百六十五云：「城陷，帝入東閣竹殿，命舍人高寶善焚古今圖書十四萬卷。」考異曰：「隋經籍志云焚七萬卷，南史云十餘萬卷。按王僧辯所送建康書已八萬卷，並江陵舊書豈止七萬卷乎？今從典略。」余以觀我生賦注考之，則其所燒者實十餘萬卷，而七萬餘卷者，王僧辯破侯景後所得書也。賦注言八萬卷，舉成數言之。合之元帝平生所聚書，正當得十餘萬卷。隋志承上文言之，不數其自聚之書耳。惟是金樓子云「四十六歲，得書八萬卷」，此則甚有可疑。考王僧辯以承聖元年三月平侯景，十一月帝即位，三年帝崩，年四十七。當四十六歲時，侯景之平已踰年，文德殿之書必已早送至江陵，安得尚只八萬卷。聚書篇於所得數帙數卷皆記之，何以於此事獨置之不言？且其文自比河間之侔漢室，明是未即位時之語。「今年四十六歲」及「聚書四十年」句必皆傳寫之誤。金樓子序云：「粤以凡庸，早賜茅社，祚土瀟湘，晚居外相。」又云：「昔爲俎豆之人，今成介胄之士，智小謀大，功名其安在哉？」考太清三年，侯景寇没京師，密詔以帝爲侍中，假黄鉞大都督中外諸軍事，司徒承制，所謂晚居外相也。故知此書當作於未平侯景以前，斷未至四十六歲明矣。此篇意在考目録源流，於歷代藏書之事不盡臚舉，特以江陵之火爲書籍之一大厄，而昔人考之不詳，故聊復言之。

有陳一代，嘗鳩集遺佚，隋志載其書目數種，然大率不著撰人名氏。志稱「隋氏平陳，所得之書，紙墨不精，書亦拙惡」。蓋江左偷安，未遑經術，掇拾殘賸，無足觀矣。

〔隋書經籍志〕　陳天嘉中，又更鳩集，考其篇目，遺闕尚多。　又陳祕閣圖書法書目録一卷。案此爲書畫目録。　陳天嘉六年壽安殿四部目録四卷，陳德教殿四部目録四卷，陳承香殿五經史記目録四卷。

案新舊唐志，只存天嘉書目一種。

自晉元渡江，中原淪於異族，日尋干戈，迄無甯宇，絃誦既衰，經籍道熄。惟苻堅、姚興粗能安集，慕尚華風，文教頗盛。然史文闕略，蘭臺、東觀之制，靡得而聞。

〔隋書經籍志〕　其中原則戰爭相尋，干戈是務，文教之盛，苻、姚而已。宋武入關，收其圖籍，府藏所有纔四千卷。赤軸青紙，文字古拙。

元魏崛興，底定中原，爰及孝文，彌敦儒術，文藝之興，於斯爲盛。其時祕書丞盧昶撰有甲乙新録，然隋志略而不言。其書名爲甲乙，或是只録六藝諸子，抑舉甲乙以該丙丁，皆不可知。荀勗中經甲部紀六藝小學，乙部有諸子兵書術數，東晉李充始以史傳爲乙部。北魏與東晉隔絶，未必沿用其例，故只疑録經子也。

〔隋書經籍志〕　後魏始都燕代，南略中原，粗收經史，未能全具。孝文徙都洛邑，借書於齊，秘之府中，稍以充實。暨於爾朱之亂，散落人間。又魏闕書目録一卷。自冗從僕射遷祕書丞。

〔魏書儒林孫惠蔚傳〕世宗即位之後，案世宗者，文帝子宣武帝廟號。自冗從僕射遷祕書丞。

惠蔚既入東觀，見典籍未周，乃上疏曰：「秦棄學術，禮經泯絶，漢興求訪，典文載舉。暨光武撥亂，日不暇給，而入洛之書，二千餘兩。魏晉之世，尤重墳典，收亡集逸，九流咸備。觀其鳩閲史篇，訪購經論，紙竹所載，略盡無遺。臣學闕通儒，庙班祕省，忝官承乏，惟書是司。而觀閲舊典，先無定目，新故雜糅，首尾不全。有者累帙數十，無者曠年不寫。或篇第褫落，始末淪殘，或文壞字誤，謬爛相屬。篇目雖多，全定者少。臣請依前丞臣盧昶所撰甲乙新録，欲裨殘補闕，損併有無，校練句讀，以爲定本，次第均寫，永爲常式。其省先無本者，廣加推尋，搜求令足。然經記浩博，諸子紛綸，部次既多，章篇紕繆，當非一二校書歲月可了。今求令四門博士及在京儒生四十人，在祕書省專精校考，參定字義。如蒙聽許，則典文允正，羣書大集。」詔許之。

案盧昶所撰甲乙新録，僅見於此。考魏書昶附見其曾祖盧玄傳，末云：「轉祕書丞，景明初，除中書侍郎。」景明爲宣武帝即位後改元，則其官秘書丞撰新録，正在孝文帝時。惠蔚此疏論校書之事甚詳，北史删削太多。玉海卷五十二僅就北史録其數句，通考經籍考遂併不載。今詳録之。

北齊之政，上暴下亂，然於文史，亦頗留意。高洋嘗令樊遜校書，隋志謂「迄於後主之世，校寫不輟」，牛弘言「驗其本目，殘闕猶多」，是當時亦撰有目録，而求之史傳，並無其文。

〔隋書經籍志〕　後齊遷鄴，頗更搜聚，迄於天統、武平，校寫不輟。

〔北齊書文苑傳〕　樊遜，字孝謙，河東北猗氏人也。七年，文宣之天保七年也。詔令校定羣書供皇太子。時秘府書籍，紕繆者多，遜乃議曰：「按漢中壘校尉劉向受詔校書，每一書竟表上，輒言臣向書、長水校尉臣參書、大夫公太常博士書、中外書合若干本，以相比校，然後殺青。今所讎校，供擬極重，出自蘭臺，御諸甲館，向之故事，見存府閣，即欲刊定，必藉衆本。太常卿邢子才、太子少傅魏收、吏部尚書辛術、司農少卿穆子容、前東門郎司馬子瑞、故國子祭酒李業興並是多書之家，請牒借本，參校得失。」秘書監尉景移尚書都坐，凡得別本三千餘卷，五經諸史，殆無遺闕。

案此事玉海、通考俱不載，故録之以補闕遺。遜之此議，與孫惠蔚之疏，並可以見北朝之文化焉。

時有宋孝王者，撰朝士別録，後改爲關東風俗傳，專記北齊時鄴下之事，中有墳籍志。後來郡縣方志多志藝文，蓋仿於此。其所列書名，唯取當時撰著，劉知幾亟稱之，遂爲千頃堂書目及明史藝文志所取法焉。此雖私家一隅之作，又非目録專書，而其有關著作源流，亦不細矣。

〔史通書志篇〕　藝文一體，古今是同，詳求厥義，未見其可。愚謂凡撰志者，宜除此篇。

必不能去，當變其體。近者宋孝王關東風俗傳，亦有墳籍志，其所撰皆鄴下文儒之士，校讎之司，所列書名，唯取當時撰著。習兹楷則，庶免譏嫌。語曰：「雖有絲麻，無棄菅蒯」，於宋生得之矣。

〔北史宋隱傳〕道璵道璵，隱族裔孫。從孫孝王爲北平王文學，求入文林館不遂，因非毁朝士，撰朝士别録。會周武滅齊，改爲關東風俗傳，更廣聞見，勒成三十卷以上之。言多妄謬，篇第冗雜，無著述體。

北周政教，優於高齊。然時際喪亂，雖復收書，所得甚少。明帝嘗令羣臣於麟趾殿校書，足徵留心文史。唐封演言「後周定目，書止八千」。見封氏聞見記卷二。是則保定之時，武帝年號。嘗編書目。然周書、隋志及牛弘表皆不敍及，所未詳也。

〔隋書經籍志〕後周始基關右，外逼彊鄰，戎馬生郊，日不暇給。保定之始，書只八千，後稍加增，方盈萬卷。周武平齊，先封書府，所加舊本，纔至五千。

〔周書明帝紀〕帝幼而好學，及即位，集公卿已下有文學者八十餘人於麟趾殿，刊校經史。

隋文即位，從牛弘之言，遣使搜書，民間異本往往間出。平陳之後，得其經籍，編次繕寫，撰爲開皇四年四部目録。其後又有八年之目録，史不言其何以重修。又有香廚目録，亦不言香廚之所在，故不可考。當時搜訪，每書一卷，賞絹一匹。宋嘉祐時猶率行之。校寫既定，本即歸主。清修四庫全書，亦仿其例。其求之之法，可謂密矣。

〔隋書經籍志〕 隋開皇三年，秘書監牛弘表請分遣使人搜訪異本。每書一卷，賞絹一匹，校寫既定，本即歸主。於是民閒異書往往閒出。及平陳已後，經籍漸備。檢其所得，多太建時書，紙墨不精，書亦拙惡。於是總集編次，存爲古本。召天下工書之士京兆韋霈、南陽杜頵等於祕書内補續殘缺，爲正副二本，藏於宫中。其餘以實祕書内外之閣，凡三萬餘卷。又開皇四年四部目録四卷，開皇八年四部目録四卷，香廚目録四卷。

〔舊唐書經籍志〕 隋開皇四年書目四卷，牛弘撰。新志同。

〔北史牛弘傳〕 牛弘，字里仁，安定鶉觚人也。開皇初，授散騎常侍、祕書監。弘以典籍遺逸，上表請開獻書之路曰：「昔周德既衰，舊經紊棄。孔子以大聖之才，開素王之業，憲章祖述，制禮刊詩，正五始而脩春秋，闡十翼而宏易道。及秦皇御宇，吞滅諸侯，案隋書本傳此下有「任用威力，事不師古，始下焚書之令，行偶語之刑」四句。先王墳籍，掃地皆盡，此則書之一厄也。漢興，建藏書之策，置校書之官。至孝、成之代，遺謁者陳農求遺書於天下，詔劉向父子讎校篇籍，漢之典文，於斯爲盛。及王莽之末，隋書有「長安兵起，宫室圖書」二句。並從焚燼，此則書之二厄也。光武嗣興，尤重經誥，未及下車，先求文雅。至肅宗親臨講肄，和帝數幸書林。其蘭臺、石室、鴻都、東觀，秘牒填委，更倍於前。及孝獻移都，吏人擾亂，圖畫縑帛圖書隋書作圖書，當從之。皆取爲帷囊，此則書之三厄也。魏文代漢，更集經典，皆藏在秘書内外三閣，遣秘書郎鄭默删定舊文，論者美其朱紫有别。晉氏承之，文籍尤廣。晉秘書監荀勗，定魏内經，更著新簿。隋書云：「雖古文舊簡，猶云有缺，新章後録，鳩集已多。」屬劉石憑陵，從而失墜，此則書之四厄也。永嘉之後，寇竊競興，其建國立家，雖傳名號，憲章禮樂，寂滅無聞。劉裕平姚，收其圖籍，五經子史纔四千卷，皆赤軸青紙，文字古拙，並歸江左。隋書文字古拙句下作「僭僞之盛，莫過三秦。以此而論，足可明矣。故知衣冠軌物，圖書記注，播遷之餘，皆歸江左」。此言以三秦之盛，藏書尚不過如此，是文物圖記已於晉室東渡之時歸於江左矣。北史删去數句，便非原書之意。宋秘書丞王儉，依劉氏七略，撰爲七志。梁人阮孝緒亦爲七録，總其書數，三萬餘卷。及侯景度江，破滅梁室，祕省經籍，雖從兵火，其文德殿内書史宛然猶存。蕭繹據有江陵，遣將破平侯景，收文德之書，及公私典籍重本七萬餘卷，悉送荆州。及周師入郢，繹悉焚之於外城，所收十纔一二，此則書之五厄也。後魏爰自幽方，遷宅伊、洛，日不暇給，經籍闕如。周氏創基關右，戎車未息，保定之始，書止八千，後加收集，方盈萬卷。高氏據有山東，初亦採訪，驗其本目，殘闕猶多。及東夏初平，遷其經史四部重雜三萬餘卷，所益舊書五千而已。今御出單本合一萬五千餘卷，部帙之間仍有殘闕，比梁之舊目，止有其半。至於陰陽河洛之篇，醫方圖籍之説，彌復爲少。臣以經書自仲尼迄今數遭五厄，興集之期，屬膺聖代。今秘藏見書亦足披覽，但一時載籍須令大備。不可王府所無，私家乃有。若猥發明詔，兼開購賞，則異典必致，觀閣斯集。」上納之，於是下詔，獻書一卷賚縑一疋，一二年間，篇籍稍備。

案牛弘此表，隋書較詳，北史大有删削，文較簡淨。通考經籍考采用北史，今亦從之。但於其文義不完者，更採隋書補入注中。隋志總敘即用弘表及七録序綴輯成篇，但彼此互有詳略，故仍録之，以資參考，不嫌繁複也。

開皇十七年秘書丞許善心復撰七林，既有總敘，又能明敘作者之意。蓋七略之後，僅有此書。似較七志、七録猶或過之。隋志言七志不敘作者之意，七録淺薄不經。惜佚而不傳。隋志已不著於録，乃志序亦無一言及之，則史氏之疏也。唐志又有王劭開皇二十年書目，隋書、北史本傳亦不敘其事。觀開皇時書目之屢修，則知隋之求書也勤矣。

〔隋書許善心傳〕　許善心，字務本，高陽北新城人也。開皇十七年，除秘書丞。于時秘藏圖籍尚多淆亂，善心倣阮孝緒七録，更製七林，各爲總敘，冠於篇首。又於部録之下，明作者之意，區分其類例焉。又奏追李文博、陸從典等學者十許人，正定經史錯謬。

隋開皇二十年書目四卷，王劭撰。〔新志同。〕

〔舊唐書經籍志〕　煬帝嗣位，性好讀書，西京所藏至三十七萬卷，命柳顧言等除其複重，得正御本三萬七千餘卷。大業正御書目録，蓋緣此而作。唐初平王世充，載以入都，多没於河，獨得其目録。其後修五代史，因就加增損，以爲隋書經籍志。或謂隋志本之七録者，非也。但志言其目録殘缺之餘尚有八萬九千餘卷，則與正御本之數不合。或柳顧言詮次之後，續有增益，別編目録歟？

〔隋書經籍志〕　煬帝即位，秘閣之書限寫五十副本，分爲三品。上品紅瑠璃軸，中品紺瑠璃軸，下品漆軸。於東都觀文殿東西廂構屋以貯之。東屋藏甲乙，西屋藏丙丁。又聚魏以來古跡名畫於殿後起二臺，東曰妙楷臺，藏古跡，西曰寶臺，藏古畫。又於内道場集道佛經，別撰目録。大唐武德元年，克平僞鄭，盡收其圖書及古跡焉。命司農少卿宋遵貴載之以船，泝河西上，將致京師。行經底柱，多被漂没，其所存者十不一二。其目録亦爲所漸濡，時有殘缺。今考見存，分爲四部，合條爲一萬四千四百六十六部，有八萬九千六百六十六卷。其舊録所取，文義淺俗，無益教理者，並删去之，其舊録所遺，辭義可采，有所弘益者，咸附入之。　又隋大業正御書目録九卷。法書目録六卷。雜儀注目録四卷。

〔北史〕　隋西京嘉則殿有書三十七萬卷。煬帝命秘書監柳顧言等詮次，除其重複猥雜，得正御本三萬七千餘卷，納於東都修文殿。又寫五十副本，簡爲三品，分置西京、東都、宫省、官府。其正御書皆裝翦華綺，寶軸錦標。於觀文殿前爲書室十四間，窗户褥幔，咸極珍麗。此據玉海卷五十二引，不知出北史何篇，俟更詳檢之。

九　目録學源流考下　唐至清

唐高祖武德初，得隋舊書八萬餘卷，又從令狐德棻之請，購募遺書，由是圖籍略備。太宗即位，魏徵復奏請校定羣書，然不聞編撰目録。

〔舊唐書經籍志序〕　隋世簡編最爲博洽。及大業之季，喪失者多。貞觀中，令狐德棻、魏徵相次爲秘書監，上言經籍亡逸，請行購募，并奏引學士校定，羣書大備。

案據列傳，德棻購書之請，在武德中官秘書丞之時。惟魏徵之奏引學士校書，在貞觀二年耳。志序遂并敍入貞觀中，非也。

〔唐六典卷九〕　大唐平王世充，收其圖籍，泝河西上，多有漂没，存者猶八萬餘卷。自是圖籍在祕書。

〔又後序〕　國家平王充，即王世充，避太宗諱，去世字。收其圖籍，泝河西上，多有沈没，存者重復八萬卷。

〔新唐書藝文志序〕　初，隋嘉則殿書三十七萬卷，武德初有書八萬卷，重複相糅。王世充平，得隋舊書八千餘卷。太府卿宋遵貴監運東都，浮舟泝河，西致京師。經砥柱，舟覆，盡亡其書。貞觀中，魏徵、虞世南、顔師古繼爲祕書監，請購天下書，選五品以下子孫工書者爲書手繕寫，藏於内庫，以宫人掌之。

案隋志言「平僞鄭收其圖書，行經砥柱，多被漂没，其所存者十不一二。考見存有八萬九千六百六十六卷」，與舊志後序合。蓋就嘉則殿書三十七萬餘卷之中，只有八萬餘卷，尚有重復，故言十不一二。若如新志言八千餘卷，則只百分之一二矣。而又言舟覆盡亡其書，則是一卷不存，其謬如此。此事關係書之存亡，玉海藝文書目類及通考經籍考，皆只引新志，不知其誤，故爲考正之。

又案顔師古傳言「太宗令師古於祕書省，考定五經，既成，頒之天下，又刊正奇書難字」，蓋即在是時。文繁不録。

玄宗開元三年，令馬懷素褚無量整比内庫舊書。懷素因請續王儉七志，從之。會懷素卒，書竟不就。又詔祕書官草定四部，踰年不成。七年，乃以元行沖代懷素，遂成羣書四録二百卷，九年，奏上之。觀其卷帙之富，疑其用劉向、王儉之例，每書皆有敍録。雖成之過促，致爲毋煚所不滿。然其書之浩博如此，則在清修四庫總目以前所未嘗有也。而宋人皆未見其書，遂至隻字不存，可不惜哉！

〔舊唐書經籍志序〕開元三年，左散騎常侍褚無量、馬懷素侍宴，言及經籍。玄宗曰：

「内庫皆是太宗、高宗先代舊書，常令宫人主掌，所有殘缺，未遑補輯，篇卷錯亂，難於檢閲，卿試爲朕整比之。」至七年，詔公卿士庶之家，所有異書，官借繕寫。及四部書成，上令百官入乾元殿東廊觀之，無不駭其廣。九年十一月，殷踐猷、王惬、韋述、余欽、毋煚、劉彦真、王灣、劉仲等重修成羣書四部録二百卷，右散騎常侍元行冲奏上之。又羣書四部録二百卷，元行冲撰。新唐志與舊志序同，無行冲名，劉冲作王仲丘。

〔新唐書儒學馬懷素傳〕馬懷素，字惟白，潤州丹徒人。玄宗詔與褚無量同爲侍讀。有詔句校祕書。是時文籍盈漫，皆炱朽蟫斷，籤縢紛舛。懷素建白，願下紫微黄門，召宿學巨儒，就校繆闕。又言自齊以前舊籍，王儉七志已詳，請採近書篇目及前志遺者，續儉志以藏祕府。詔可。案懷素傳，新書較舊書爲詳，然此處舊書云：「是時祕書省典籍散落，條疏無敍，懷素上疏曰：南齊已前墳籍舊編，王儉七志已後著述，其數盈多。隋志所書，亦未詳悉。或古書近出，前志闕而未編；或近人相傳，浮詞鄙而猶記。若無編録，難辯淄澠。望括檢近書篇目，并前志所遺者，續王儉七志，藏之秘府。」新書以例不録駢文，遂縮簡其詞，致使懷素修書之意不明。即拜懷素祕書監，乃詔國子博士尹知章等分部撰次。然懷素不善著述，未能有所緒别。會卒，詔秘書官並號修書學士，草定四部，人人意自出，無所統一，踰年不成。有司疲於供擬，太僕卿王毛仲奏罷内料。又詔右常侍褚無量、大理卿元行冲考絀不應選者。無量等奏修撰有條，宜得大儒綜治。詔委行冲。八年案當作九年。四録成，上之，學士無賞擢者。

〔舊唐書韋述傳〕開元五年，秘書監馬懷素受詔編入圖書，乃奏用左散騎常侍元行沖並述等二十六人，同於秘閣詳録四部書。懷素尋卒，行沖代掌其事，五年而成。其總目二百卷。

案毋煚云「首尾三年」，而此云五年者，通修續七志之始及羣書四録之成計之也。新書述傳乃云「馬懷素奏述與諸儒即祕書續七志，五年而成」。不知續七志本未成書，舊書所指，乃元行沖奏上之四録耳。

〔舊唐書元行沖傳〕元行沖，新書云：「元澹，字行沖，以字顯。」河南人。開元七年，拜太子賓客、弘文館學士。先是祕書監馬懷素集學者續王儉今書七志，散騎常侍褚無量於麗正殿校寫四部書。事未就而懷素、無量卒，詔行沖總代其職。於是行沖表請通撰古今書目，名爲羣書四録。歲餘書成，奏上，上嘉之。

案以新舊唐書參互考之，蓋懷素欲於南齊以前之墳籍，補王儉所無，七志以後之著述，改隋志之失，故請續修七志，七志有者即不復著録。行沖則就見存之書，通貫古今，不問以前著録之有無，故不必襲用七志之體。

其時有修書學士毋煚者，自懷素在時，即與修撰。至是四録成。煚又自著古今書録四十卷，每部皆有小序，每書皆注撰人名氏，有釋，有論。然卷帙少於四録。蓋如别録之外，又有七略。舊志載其自序，頗指陳四録之失。是則因隨衆修書，其志不行，故别成著述，補其遺憾。既與班固之因人成事者殊科，亦與簡明目録之剪裁提要者不同。煚又有開元内外經録十卷，録釋道經，至宋皆亡。然舊唐書經籍志，全抄自古今書録，但去其小序論釋耳。猶可見其時藏書之大略也。

〔元和姓纂卷二〕毋音無。毋丘氏，或爲毋氏，開元右補闕毋煚，洛陽人，一云吴人。

〔舊唐書經籍志〕自後毋煚又略爲四十卷，名爲古今書録。

〔又引毋煚序〕曩之所修，禮有未愜，追怨良深。中略昔馬談作史記，班彪作漢書，皆兩葉而僅成。劉歆作七略，王儉作七志，踰二紀而方就。孰有四萬卷目，二千部書名目，首尾三年，便令終竟。欲求精悉，不其難乎？所以常有遺恨，竊思追雪。乃與類同契，積思潛心，審正舊疑，詳開新制。永徽新集，神龍近書，則釋而附也。未詳名氏，不知部伍，則論而補也。空張之目，則檢獲便增。未允之序，則詳宜别作。紕繆咸正，混雜必刊。改舊傳之失者三百餘條，加新書之目者六千餘卷。凡四部之録四十五家，都管三千六十部，五萬一千八百五十二卷，成書録四十卷。其外有釋氏經律論疏、道家經戒符籙，凡二千五百餘部，九千五百餘卷，亦具翻譯名氏，序述指歸，又勒成目録十卷，名曰開元内外經録。

案毋氏指陳曩之所修未愜之處有五，秘書多闕，而諸司墳籍不暇討論，一也。永徽已來，新集不取，神龍已來，近書未録，二也。書閲不徧，或不詳名氏，未知部伍，三也。書多闕目，空張篇第，四也。書序取魏文貞，書類據隋經籍志，理有未允，五也。以其文太繁，故隱括其大意如此。觀其所言，其不滿於同時撰修諸人者深矣。所指五失，其前三者，雖四庫提要亦不免蹈其覆轍，蓋亦古今官書之通弊也。其所自著，於四録大有更張，第不知能實踐其言否？惜其書已亡，無從一考也。

又案毋氏古今書録，新唐志宋志及遂初堂書目均著録。然郡齋讀書志卷九引國史，已謂「毋煚所著不存」，紹興秘書省四庫闕書目卷一目録類，有「古今書録四十卷」，注云，「闕」。疑宋志虚列其目，不足據也。毋氏開元内外經録，新志在道家類釋氏條下，宋志不著録。

其時又别有開元四庫書目十四卷，見於崇文總目，見原本卷二十三，不著撰人名氏，非毋煚書，亦見通志藝文略。唐宋志均不著録，是宋初尚存。歐陽修等修唐書藝文志，當即據此書。至天寶三載四庫更造書目，唐會要雖詳載其經史子集之卷數，然崇文總目已不著録，疑修等亦未之見也。

〔玉海卷五十二引集賢注記〕唐韋述撰。　開元十年九月，張説都知麗正殿修書事，祕書監徐堅爲副，張悱改充知圖書括訪異書使。天寶三載閏二月，更造四庫書籍。會要作六月。

〔唐會要卷三十五〕　天寶三載六月四庫更造見在庫書目，經庫七千七百七十六卷，史庫一萬四千八百五十九卷，子庫一萬六千二百八十七卷，集庫一萬五千七百二十卷。從三載至十四載，庫續寫又一萬六千八百四十三卷。

案會要卷六十四又敍此事，略同，惟卷數稍不合。

唐之圖籍，安、史亂後，迭有散佚，雖旋加搜採，而昭宗遷洛，遂復蕩然。蓋牛弘所言五厄之後，三百年間，又經三厄矣。

〔舊唐書經籍志序〕 毋煚古今書録，大凡五萬一千八百五十二卷。禄山之亂，兩都覆没，乾元舊籍，亡散殆盡。肅宗、代宗崇重儒術，屢詔購募。文宗時，鄭覃侍講禁中，以經籍道喪，屢以爲言。詔令祕閣搜訪遺文，日令添寫。開成初，四部書至五萬六千四百七十六卷。及廣明初，黄巢干紀，再陷兩京，宫廟寺署，焚蕩殆盡，曩時遺籍，尺簡無存。及行在朝，諸儒購輯，所得無幾。昭宗即位，志弘文雅，祕書省奏曰：「當省元掌四部御書十二庫，共七萬餘卷。廣明之亂，一時散失。後來省司購募，尚及二萬餘卷。及先朝再幸山南，尚存一萬八千卷。京城制置使孫惟晟收在本軍，其書籍並望付當省，校其殘缺，漸令補輯。」並從之。及遷都洛陽，又喪其半。

案宋志有唐祕閣四部書目四卷，唐四庫搜訪圖書目一卷，並不著撰人及時代。其搜訪目，證以舊志所言，蓋在文宗時也。

五代喪亂相尋，後唐、漢、周雖常募民獻書，然史言乾祐漢隱帝年號。詔下，鮮有應者，則唐、周可知。故並無目録傳世。惟唐明宗長興三年，從馮道之請，刻九經版，至周廣順三年刻成。斯其有功經籍甚大，不可不書也。

〔舊五代史卷四十三唐明宗紀〕　長興三年二月辛未，中書奏請依石經文字案謂唐開成石經。刻九經印板，從之。

〔宋失名愛日齋叢鈔卷一〕　通鑑：「後唐長興三年二月，辛未，初令國子監校定九經，雕印賣之。」又云：「自唐末以來，所在學校廢絶。蜀毋昭裔出私財百萬營學館，且請刻版印九經，蜀主從之。由是蜀中文學復盛。」又云：「唐明宗之世，宰相馮道、李愚請令判國子監田敏校定九經，刻版印賣，朝廷從之。後周廣順三年，六月丁巳，板成獻之。由是雖亂世，九經傳布甚廣。」此言宰相請校正九經印賣，當是前長興三年事，至是二十餘載始辦。

宋太祖建隆之初，纔有書萬餘卷，乾德時已有史館新定書目。其後削平諸國，輒收其圖籍。至真宗时，詔編館閣圖籍目録，又有太清樓四部書目。宋志並不著録，蓋旋即亡佚。

〔玉海卷五十二引國史志〕　乾德六年史館新定書目四卷。

〔宋史藝文志序〕　宋初有書萬餘卷。其後削平諸國，收其圖籍，及下詔遣使購求散亡，三館之書，案集賢院、史館、昭文館爲三館。稍復增益。太宗始建崇文院，而徙三館之書以實之。

又分三館書萬餘卷，别爲書庫，目曰祕閣。真宗時。命三館寫四部書二本，置禁中之龍圖閣及後苑之太清樓。已而王宫火，延及崇文祕閣，書多煨燼。其僅存者，遷于右掖門外，謂之崇文外院。命重寫書籍，選官詳覆校勘。　又太清樓書目四卷。

〔玉海卷五十二〕　咸平元年十一月，以三館秘閣書籍歲久不治，詔朱昂、杜鎬、劉承珪整比，著爲目録。三年二月，昂等受詔編館閣圖籍目録，至是奏御。原注：中興書目有皇朝秘閣書目一卷，十九門，六千七百九卷，不知作者。　又景德四年三月乙巳，召輔臣對於苑中，登太清樓觀太宗聖製御書及新寫四部羣書。上親執目録，令黄門舉其書示之。

仁宗景祐初，詔王堯臣等仿開元四部録之體，著爲目録。慶曆元年成書，賜名崇文總目，凡六十六卷。現存之目録專書，莫古於斯矣。

〔宋史藝文志序〕　仁宗既新作崇文院，命翰林學士張觀等編四庫書，倣開元四部録爲崇文總目，書凡三萬六百六十九卷。　又王堯臣、歐陽修崇文總目六十六卷。

〔玉海卷五十二〕　慶曆元年十二月己丑，翰林學士王堯臣等上新修崇文總目六十卷。原注：堯臣與聶冠卿、郭慎、吕公綽、王洙、歐陽修等撰，以四館書並合著録，中興書目六十六卷，國史志崇文總目六十六卷，序録一卷。　景祐元年閏六月，以三館祕閣所藏，有謬濫不全之書，辛酉，命翰林學士張觀、知制誥李淑、宋祁，將館閣正副本書看詳，定其存廢。僞謬重復，並從删去。内有差漏者，令補寫校對。倣開元四部録，約國史藝文志，著爲目録，仍令翰林學士盛度等看詳。至是上之。

其後神宗熙寧、哲宗元祐時均有書目。然通考不著其事。至徽宗時，崇文目中所有之書，已頗亡失。政和中，乃以續得之書增入之，改名祕書總目，書亦不傳。

〔玉海卷五十二引中興書目〕熙寧七年國子監書總一百二十五部，今存書目一卷。

〔又引會要〕元祐二年六月八日，祕書省言祕寫祕閣黄本，以崇文總目比校，别造書目。

〔又引中興書目〕祕書省書目二卷。原注：凡一萬四千九百餘卷。

〔宋史藝文志序〕徽宗時，更崇文總目之號爲祕書總目。

案據玉海及通考，蓋於崇文總目有所增補，非僅更其號也，宋志誤。

〔通考卷一百七十四經籍考〕大觀四年，秘書監何志同言：「慶曆閒嘗命儒臣集四庫爲籍，名曰崇文總目，距今未遠也。按籍而求之，十纔六七。號爲全本者，不過二萬餘卷，而脱簡斷編，亡散缺逸之數浸多。謂宜視舊録有未備者，頒其名數求訪。」即從其請。政和七年，校書郎孫覿言：「景祐中仁宗詔儒臣即祕書所藏，編次條目，所得書以類分門，賜名崇文總目。神宗皇帝以崇文院爲秘書省，釐正官名，獨四庫書尚循崇文舊目。頃因臣僚建言訪求遺書，今累年所得，總目之外已數百家，幾萬餘卷。乞依景祐故事，詔秘書省官，以所訪遺書，討論撰次，增入總目，合爲一書。乞别製美名，以更崇文之號。」迺命靚及著作佐郎倪濤、校書郎汪藻、劉彦通撰次，名曰祕書總目。

案此宋會要之文，玉海引之較略。祕書總目宋志不著録，雖不詳其卷數，然崇文總目已六十六卷，今更增益數百家，則卷帙當更加多。近人作書目長編，因明修補本玉海「合爲一書」句，誤作「合爲一卷」，遂據以入録，云「祕書總目一卷」，是未覩其上文增入總目之語也。

靖康之難，書籍蕩然。高宗渡江，網羅散失，館閣益富。至孝宗淳熙時，遂編爲中興館閣書目。寧宗嘉定間又編定續書目。陳振孫頗譏其失。其書宋末尚存，玉海所引書目續書目皆此二書也，今亦佚矣。

〔宋史欽宗紀〕　靖康二年四月，庚申朔，金人以帝及皇后太子北歸，太清樓祕閣三館書、天下州府圖、府庫蓄積爲之一空。

〔宋史藝文志序〕　迨夫靖康之難，而宣和館閣之儲，蕩然靡遺。高宗移蹕臨安，乃建祕書省於國史院之右，搜訪遺闕，屢優獻書之賞。四方之藏稍稍復出，而館閣編輯日益以富矣。當時類次書目，得四萬四千四百八十六卷。至寧宗時，續書目又得一萬四千九百四十三卷，視崇文總目又有加焉。

案中興館閣書目，編於孝宗淳熙四年，非高宗時所類次，宋史之謬如此。

〔宋史藝文志〕 陳騤中興館閣書目七十卷，序例一卷。張攀中興館閣續目二十卷。

〔建炎以來朝野雜記卷四〕 中興館閣書目者，孝宗淳熙中所修也。高宗始渡江，書籍散佚。紹興初，有言賀方回子孫鬻其故書於道者，上命有司悉市之。蕪湖縣僧有蔡京所寄書籍，因取之，以實三館。劉季高爲宰相掾，又請以重賞訪求之。五年九月大理評事諸葛行仁獻書萬卷於朝，詔官其一子。十三年，初建祕閣，又命即紹興府借故直祕閣陸寘家書繕藏之。十五年，遂以秦伯陽提舉祕書省，掌求遺書圖畫及先賢墨迹，四方多來獻者。至是數十年，祕府所藏益充牣。乃命館職爲書目，其綱例皆倣崇文總目焉。凡七十卷，祕書監陳騤領其事，五年六月上之。

〔通考經籍考〕 高宗渡江，書籍散佚，獻書有賞，或以官，故家藏者，或命就録，鬻者悉市之。淳熙四年，秘書少監陳騤言，中興館閣藏書，部次漸廣，乞倣崇文總目類次，五年書成，玉海云凡五十二門。較崇文所載，實多一萬三千八百一十七卷。嘉定十三年，以四庫之外，書復充斥。詔秘書丞張攀等續書目，又得一萬四千九百四十三卷。紹定辛卯火災，書多闕。

〔陳振孫直齋書録解題卷八〕 中興館閣書目三十卷，秘書監臨海陳騤叔進等撰，淳熙五年上之。中興以來，庶事草創，網羅遺逸，中祕所藏，視前世獨無歉焉，殆且過之。其間考究疏謬，亦不免焉。又館閣續書目三十卷，秘書丞吴郡張攀從龍撰，嘉定十三年上。以淳熙後所得書纂續前録，草率尤甚。

〔高似孫緯略卷七〕中興館閣書殊爲簡略。余在館時，日以校對，猶是郡國民間所上，本館閣不曾再行繕書。又只有一本一篇，借去竟成失落，故闕書亦多。

〔張淏雲谷雜記卷二〕淳熙中道山諸公作館閣書目云：「廣韻五卷，不知作者。崇文總目云：蓋後人博采附見，故多叢冗。」夫崇文目云叢冗者，蓋指廣唐韻耳，當時既不知爲陳彭年所定，且誤認廣唐韻爲今之廣韻，其疎甚矣。館閣目大抵多舛妄，蓋不特此也。

宋時國史凡四修。每修一次，輒有藝文志，其每類皆有小序，通考尚閒引之，並條列其部類及卷數甚詳。其續修也，大抵以後之所得補前之所無。惟中興藝文志，似是據書目、續書目，及嘉定以前書爲一編。元人修宋史，即據此四志，删除重復，合爲一志焉。

有宋一代求書之事，通考、玉海及續通鑑長編言之詳矣。其收藏校讎之事，又有程俱之麟臺故事，五卷，武英殿本。其十萬卷樓重刻原本作四卷。陳騤之南宋館閣録，及無名氏之續録紀載之，各十卷。學者得以考焉。此篇意在詳於唐以前，故於宋人惟敍其官修之書目而已。

元起漠北，武功之盛，超軼前代。其於文教，蓋有未遑。雖亦常設秘書監，立興文署，刊刻諸經子史，然未嘗如唐開元、宋慶曆之撰修目録。惟至正時曾以秘書監所藏古書名畫編號繕寫，今亦不傳。可見者惟王士點等之秘書監志中録其藏書之大略而已。

〔四庫全書總目提要卷七十九秘書監志提要〕 元王士點、商企翁同撰。士點有禁扁已著録。案提要卷六十八禁扁條下云：士點字繼志，東平人。企翁字繼伯，曹州人，官著作佐郎，其書成於順帝至正中。凡至元以來建置遷除典章故事無不具載，司天監亦附録焉。其所記録，多可以資考核。案此書各家書目均只有舊抄本，一九一六年始有印本。王國維有序，載觀堂集林别集後編中。

〔元秘書監志〕 至元十年正月，立秘書監，掌圖書經籍。十一月，太保大司農奏興文署掌雕印文書，屬秘書監。又至正二年五月，準監丞王道關奏：竊惟古之書庫有目，圖畫有題，所以謹儲藏而便披玩也。伏覩本監所藏，多係金、宋流傳及四方購納，名書名畫不爲少矣，專以祇備御覽也。然自至元迄今，庫無定數，題目簡帙，寧無紊亂？應預將經史子集及歷代圖書隨時分科，品類成號，他時奉旨，庶乎供奉有倫，因得盡其職也。合無行下秘書庫，依上類編成號，置簿繕寫。

案據此則元亦有圖書之簿籍，其體蓋如明之文淵閣書目。

〔朱彝尊經義考卷二百九十四〕 按元祕書志十一卷，至正二年著作郎王士點、著作佐郎商企翁同編。統計經類四百一十六部，四千三百四册，而史子集不與焉。元之儲藏富矣，惜不分著其目。而洪武初修元史，命吕復、歐陽佑等采書北平，當時若一關取，則諸書具在，以撰藝文志無難。顧元史闕焉，不能不致憾於宋、王諸公也。

明初滅元，收其圖籍，皆宋、元刻本及鈔本，蓋合宋、金、元三朝所蓄而聚於一。永樂徙都，移置北京。至正統時，楊士奇始撰文淵閣書目，不分經史子集，惟以千字文編號，每號若干橱，有册數而無卷數。自古目録，無若是之陋者，遂開後來藏書目之一派。錢大昕謂爲内閣之簿帳，蓋得其實。自是以後，有司不復措意，閣中書籍爲人所竊取，日就散佚，此亦古今書籍之大厄也。世宗嘉靖時，御史徐九皋請求遺書，事格不行。

〔明史藝文志序〕　明太祖定元都，大將軍收圖籍，致之南京；復詔求四方遺書，設秘書監丞，尋改翰林典籍以掌之。永樂北京既建，詔修撰陳循取文淵閣書一部至百部，各擇其一，得百櫃運致北京。正統間，士奇等言「文淵閣所貯書籍，有祖宗御製文集及古今經史子集之書，向貯左順門北廊，今移於文淵東閣。臣等逐一點勘，編成書目，案文淵閣書目前載楊士奇題本，作臣等逐一打點清切，編號置字，寫完一本，總名文淵閣書目。請用寶鈐識，永久藏弆」。題本作永遠備照，庶無遺失。制曰「可」。

〔朱彝尊經義考卷二百九十四〕　古書著録未有不詳其篇卷及撰人姓氏者，故其卷帙寧詳無略。殷淳四部書目三十九卷，毋煚古今書録四十卷，王拱辰等崇文總目六十六卷，陳騤中興館閣書目七十卷，而殷踐猷等羣書四録多至二百卷，昔之人豈好騁其繁富哉？蓋以達作者之意，俾論世者知其概爾。迨明正統六年，少師楊士奇、學士馬愉、侍講曹鼐編定文淵閣書目，有册而無卷，兼多不著撰人姓氏，致覽者茫然自失。其後藏書之家往往效之，雖以葉文莊之該洽，而菉竹堂目都不分卷，鄞縣范氏天一閣目亦然。

〔四庫全書總目提要卷四十五文淵閣書目提要〕今以永樂大典對勘，其所收之書世無傳本者往往見於此目，亦可知其庋藏之富。王士禎古夫亭雜録載國初曹貞吉爲内閣典籍，文淵閣書散失殆盡。貞吉檢閲，見宋槧歐陽修居士集無一完者，今閲百載，已散失無餘。

〔孫承澤春明夢餘録卷十二〕永樂辛丑命修撰陳循將南内文淵閣書各取一部至京，計取書一百櫃，又遣官四出購買，故閣中所積書計二萬餘部，近百萬卷。刻本十三，抄本十七。嘉靖中閣災，書移通積庫及皇史宬。又正德間，閣學士楊廷和請令中書胡熙、典籍劉偉與主事李繼先查校書籍，由是盜出甚多。

〔王肯堂筆塵卷二〕文淵閣藏書皆宋元秘閣所遺，雖不甚精，然無不宋版者。因典籍多，貲生既不知愛重，閣老亦漫不檢省，往往爲人取去。余嘗於溧陽馬氏樓中見種類甚多，每册皆有文淵閣印。己丑，既入館典籍，以書目來，僅四册，凡余所見馬氏書，已去其籍矣。及按目而索，則又十無一二，又多殘缺，訊之，則曰丙戌館中諸公領出未還故也。試以訊院史，院史曰今在庫中。余大喜，亟命出諸庫，視之，則皆易以新刻本書，非復祕閣之舊矣！

亟以交還典籍，典籍亦竟朦朧以入。今所存僅千萬之一，然猶日銷月耗，無一留心保護者，不過十年，必至無片紙隻字乃已，甚可惜也！

〔又筆塵卷四〕　我太祖克燕，首命大將軍收祕書監圖書典籍，既又詔求遺書，永樂移都北平，命學士陳循輦文淵閣書以從，購遺書四出，所蓄甚富。正統六年大學士楊士奇言「臣逐一打點清切，編置字號，寫完一本，總名曰文淵閣書目」。詔從之。然自是而後閣臣既鮮省覽，典籍又多竊取，而祕府書籍往往散逸於民間矣。嘉靖中御史徐九皋建言，欲將歷代藝文志書目參對今貯經籍，凡有不備者，令行中外士民之家，借本送官謄寫，原本給還，量優賞賚。其有志所不載及近世中外文僚山林碩學記著撰述有裨治理者，並令搜采，解送禮部，發史館看詳校正，藏諸中祕。而又乞上處分政事之暇，時賜召見講讀侍從諸臣，從容諏訪，辨析經旨。尋得旨：書籍充棟，學者不用心，亦徒示虛名耳。苟能以經書躬行實踐，爲治有餘裕矣。此心不養以正，召見亦虛應也。都罷。是時上漸廢朝，而請不時召見文學之臣爲忤旨，故并求遺書亦報罷。

〔錢大昕潛研堂文集卷二十九跋文淵閣書目〕　此目不過内閣之簿帳，初非勒爲一書如中經簿、崇文總目之比，必以撰述之體責之，未免失之苛矣。

〔周中孚鄭堂讀書記卷三十二〕　文淵閣書目二十卷，讀畫齋叢書本。明楊士奇編。四庫全書著録作四卷，焦氏經籍志、千頃堂書目俱作十四卷，疑十字誤衍。此本因依元編字號而分之，故有二十卷也。其書以千字文排次，自天字至往字，凡二十號，五十橱，共貯七千二百九十七種，每種但著書名册數，而無撰人卷數。案原書於撰人姓名亦間有著者，但缺者居多耳。如此著録，從來官撰私著甚至於往字三橱之新志大半並其册數而不著，致覽者茫然自失。所未有也。

至神宗萬曆時，中書舍人張萱等取閣中書重加檢校，編爲内閣藏書目録，分爲部類，並注撰人姓名。亦間有解題。然其文甚略，於原書卷數不盡著，體例亦未盡善，而較之楊士奇目，差可備考。今欲窺有明一代之儲藏，惟此二書而已。若焦竑之國史經籍志，抄撮史志，多非實有其書，不足據也。

〔丁丙善本書室藏書志卷十四〕内閣藏書目録八卷。抄本。右目略注撰人姓名、官職、書之全闕，而部類參差，殊鮮端緒。末葉記云：「萬曆三十三年，歲在乙巳，内閣敕房辦事大理寺左寺副孫能傳、中書舍人張萱、秦焜、郭安民、吴大山、奉中堂諭校理並纂輯。」

案此書四庫不著録，近人張鈞衡刻入適園叢書第二集。

清至康熙時，天下大定，留意文籍，内廷新藏之書，多由儒臣摘敍簡明略節，附夾本書之内，見四庫提要卷首上諭。但未編成目録。乾隆三十七年，詔求遺書，四方之書既集，乃開館編纂，分爲應刻應鈔應存目三種，並從朱筠之請，於永樂大典内搜輯佚書。於流傳甚罕者，則刻板，編爲武英殿聚珍版叢書。於有裨實用者，則皆繕寫校讎，彙爲四庫全書，貯之文淵閣。於俚淺譌謬無可採者，則只存書名，注出略節，謂之存目。每書皆校其得失，撮舉大旨，敍於本書卷首，此亦朱筠所奏請。名曰提要，綜各書之提要，合爲四庫全書總目。又因卷帙太繁，繙閲不易，另輯簡明目録一編。至四十六年，全書告成，藏其底本於翰林院。書復别鈔數部，建閣於圓明園、瀋陽、熱河及江、浙兩省，與文淵閣而七。在鎮江金山者曰文宗，揚州大觀堂者曰文匯，杭州西湖者曰文瀾。士子有願讀中秘書者，在京許赴翰林院，在外許赴三閣閲覽傳鈔，頗與今之圖書館相似。諸藏書家鈔本多出於此，好事者往往取以刻入叢書。於一代文化，不爲無助焉。惜乎於四庫失收之書，未能續加搜求，隨時編目，持較唐、宋之屢次修纂者，猶不能無愧色耳。

〔清文獻通考卷二百二十四經籍考〕　四庫全書總目二百卷，簡明目録二十卷，乾隆四十七年奉勑編。臣等謹案乾隆三十七年，詔求遺書。四方大吏悉心採録。江南、浙江好古之士各以其藏書來獻。旋因安徽學政朱筠言，永樂大典中多人間未見之本，命開四庫全書館於翰林院，遴選儒臣，詳審編覈。又設局於武英殿，專司繕録之事。凡經史子集條分得失，其善本則著録，其外間所稀覯者，則以聚珍版廣厥流傳，其餘則附見存目。每校一書，進呈乙覽，館臣次第甄録。四十六年，編定全書三萬六千册。從古圖書之備，未有盛於此者。

復綜各書提要，合爲總目。又專輯著録各書，括其簡要，爲簡明目録。

以上所言，大抵爲公家藏書目録。漢楊僕、劉向之著録，乃起於奉詔校書。魏、晉、南北朝，則大抵爲秘書監丞之職掌。其以處士而著書者，阮孝緒一人而已。宋、齊以後，王公搢紳之名録，梁任昉之目録，史皆不載，然可見私家藏書之目，六朝已有之。但自唐以前，書既不傳，體制不可復考。宋以後作者甚多，别具專篇論之，此不復詳。

十　目録類例之沿革

自漢以上固已有目録，隋志舉詩、書之序以爲源起，此如太史公之自序，但爲一書之篇目而已。一書之中，簡篇既宜有先後，則其次序自當有義，不可隨意信手，如積薪然也。故必分别部居，不相雜廁。於是書有虞、夏、商、周，詩有風、雅、頌，而史有本紀、表、書、世家、列傳，以爲全書之綱領。作序之時，舉當篇之小題納之於總稱之下，而屬之以大名，然後誦讀有倫，取攜甚便。此大名總稱小題者，猶之後世之部次也。

〔詩國風疏〕　詩者，一部之大名，國風者，十五國之總稱。

〔禮記曲禮疏〕　禮記者，一部之大名，曲禮者，當篇之小目。案大名小目又謂之大題小題，見詩釋文。

漢韓信、楊僕始校兵書，其次序之法，不可得而考。至劉向合天下之書爲之校讎定著，作爲敍録，然只載在本書。及子歆卒父之業，始奏七略，等次羣書爲六略三十八種。後漢、三國承之，無所改易。至晉荀勗作中經新簿，始變七略之法，爲甲乙丙丁四部。其後齊王儉又依七略作爲七志，梁阮孝緒復斟酌劉王之間，以撰七録。而自晉宋至今官撰目録，則皆用四部。凡每略分爲若干種，每部分爲若干類，每類又分若干子目，即所謂類例也。但漢晉齊梁尚無此名。惟隋書許善心傳言「善心更制七林，區分類例」，類例之名，蓋起於此。

鄭樵通志校讎略有編書必謹類例論六篇，謂「學之不專者，爲書之不明也，書之不明者，爲類例之不分也。類例分則百家九流各有條理，雖亡而不能亡」。又曰：「類例既分，學術自明，以其先後本末具在。」蓋古之編書目者，無不有類例。然特以爲部次之法而已，未嘗言其重要。言類例之重要者，自樵始。焦竑國史經籍志，更本其説而推演之，以爲「類例不分則書亡」。夫書亡不亡，非盡關於類例不明。觀牛弘所言五厄，大抵以兵火爲最多。然編撰目録必明類例，則固不易之説也。

大凡事物之繁重者，必馭之以至簡，故綱有綱，裘有領。書之類例，文字之部首，皆綱領也。漢許慎説文解字敍曰：「其建首也，立一爲耑，方以類聚，物以羣分，同牽條屬，共理相貫，雜而不越，據形系聯，引而申之，以究萬原。」此分類之法也。説文以九千三百餘字，而統之以五百四十部，七略以六百三家一萬三千二百一十九卷，而屬之以六略三十八種，此七略總數，見七録序。其意相同，皆所以便檢查也。既欲分門類，固不可無義例，於是説文以形旁相同者歸於一部，七略以學出某官者歸於一家。使知其意者因以求其字，通其學者可以求其書，而檢查乃益便。然説文之字，盡於部中，雖以一二字爲一部無害也。若書則除目録之外，別有物在。其庋藏也，有閣有殿，有館有庫，分屋列架，故各類相較，不能過多，亦不能過少。隋志言「隋煬帝秘閣之書，於東都觀文殿構屋以貯之，東屋藏甲乙，西屋藏丙丁」。唐會要言開元時集賢院書，分經史子集四庫。度荀勗之分四部，其義不過如此。甲乙丙丁者，其藏書之處所用之標題符號耳。即劉歆之六略，何獨不然。章學誠謂「古人著録，不徒爲甲乙部次計」，校讎通義互著篇。又曰「藝文一志，實爲學術之宗，明道之要，而後人著録，乃用之爲甲乙計數而已矣」，其陳義甚高。實則目録之興，本以爲甲乙計數，而「學術之宗，明道之要」，特因而寓之而已。譬之易本爲卜筮，而以寓事物變易之理；春秋本爲記事，而以寓褒貶之義。古今學術，其初無不因事實之需要而爲之法，以便人用，傳之久，研之精，而後義理著焉。必欲以易爲卦歌，春秋爲朝報，固未可，而謂其始本不爲此而作，則亦非也。夫言理者必寓於事，事理兼到而後可行。故類例雖必推本於學術之原，而於簡篇卷帙之多寡，亦須顧及。蓋古之著目録者，皆在蘭臺、秘閣，職掌圖書，故必兼計儲藏之法，非如鄭樵焦竑之流，仰屋著書，按目分隸而已也。故如文淵閣書目但以千字文編號，每號爲若干橱，李蒲汀書目，羅振玉玉簡齋刻本。但分房屋朝東朝西，一屋幾櫃，一櫃幾層者，固絶不足以語類例，而於劉、班之著録，求之過深，或責之過苛者，亦未達古人之意也。

鄭樵、焦竑之論類例，皆取義於兵法，樵譬之以部伍，竑喻之以進退，其説甚精。書之有部類，猶兵之有師旅也。雖其多寡不能如卒伍之整齊劃一，而要不能大相懸絶，故於可分者分之，可合者合之。七略之變爲四部，大率因此，不獨爲儲藏之不便也，即其目録之篇卷，亦宜略使之相稱。蓋古書既用卷軸，則不宜於過長。劉歆七略即爲七卷，而宋、梁、陳、隋之四部目録皆四卷，故胡應麟曰：「自唐以後，四部卷數相當。」經籍會通卷二。七略、四部之分合，可因此而得其故矣。

〔通志校讎略編次必謹類例論〕士卒之亡者，由部伍之法不明也。書籍之亡者，由類例之法不分也。類例分，則九流百家各有條理，雖亡而不能亡也。巫醫之學，亦經存没而學不息，釋老之書，亦經變故而書常存。觀漢之易書甚多，今不傳，惟卜筮之易傳。法家之書亦多，今不傳，惟釋老之書傳。彼異端之學能全其書者，專之謂矣。

〔又〕類書如持軍也，若有條理，雖多而治，若無條理，雖寡而紛。類例不患其多也，患處多之無術耳。

〔國史經籍志卷三〕記有之，「進退而度，出入有局，各司其局」，禮記曲體注云：局，部分也。疏云：明君以軍行之禮。書之有類例，亦猶是也。故部分不明則兵亂，類例不立則書亡。向、歆剖判百家，條綱粗立，自是以往，書名徒具，而流别莫分。官縢私楮，喪脱幾盡，無足怪者。嘗觀老釋二氏，雖歷廢興而篇籍具在，豈盡其人之力哉？二家類例既明，世守彌篤，雖亡而不亡也。

以上總論類例

劉歆七略，有輯略，有六藝略，有諸子略，有詩賦略，有兵書略，有術數略，有方技略。阮孝緒云：「其一篇即六篇之總最，故以輯略爲名。」蓋輯略即班志之小序，實只六略。故論衡云「六略之書，萬三千篇」。對作篇。其中又分六藝爲九種，諸子爲十家，詩賦爲五種，兵書爲四種，數術爲六種，方技爲四種，故漢志云「大凡書六略三十八種」。然當劉向校書時，已分爲六部，歆特因其成例序次之而已。漢書劉歆傳曰：「歆乃集六藝羣書，種別爲七略。」種別者，謂書之部次，即類例也。又贊曰：「七略剖判藝文，綜百家之緒。」剖判者，取古今之藝文分析之也，蓋亦即指類例而言。隋志曰：「劉向別録，劉歆七略，剖析條流，各有其部。」語意尤爲明白。知編書必謹類例，固非鄭樵之創論。特漢時尚無類例之名，又古人言簡，説之不詳耳。

向、歆類例，分爲六略，蓋有二義：一則因校書之分職，一則酌篇卷之多寡也。所謂因校書之分職者，七略著録之書，雖只一萬三千餘卷，然一書有數本，則篇卷增多，如荀子僅三十二篇，而中書乃三百二十二篇，其多乃至十倍，則合各書復重之本，少亦當有四五萬卷。一一爲之刪除定著，又須字字刊其譌謬，然後作爲書録，自非一人之精力所能辦，故向歆相繼領校秘書，又謂之領主省。其下所置官屬，謂之校秘書，又謂之校治。以後世之制明之，領校者，蓋全書之總裁而兼總纂，而校治則分校官也。領校之下，又有任宏等三人分任一門，以爲之輔，其職頗似後世之總校，皆各用其所長。任宏爲步兵校尉，故校兵書；尹咸爲太史令，故校數術；李柱國爲侍醫，故校方技。以向本儒者，此類或非其所長，而技術之書，非深通其學者不能校也。

〔劉秀上山海經表〕　侍中奉車都尉光禄大夫臣秀領校秘書言，校秘書太常屬臣望所校山海經，凡三十二篇，中略建平元年四月丙戌，待詔太常屬臣望校治，侍中光禄勳臣龔，侍中奉車都尉光禄大夫臣秀領主省。

〔校讎通義校讎條理篇〕七之五　七略以兵書、方技、數術爲三部，列於諸子之外。至四部而皆列子類。然列其書於子部可也，校書之人則不可與諸子同業也。必取專門名家，亦如太史尹咸校數術，侍醫李柱國校方技，步兵校尉任宏校兵書之例，乃可無弊。否則文學之士但求之於文字語言，而術業之誤或有因而受其累者矣。

案向校書時之官屬，除劉歆外，可考者有劉伋、見七録序。班斿，漢書敘傳云：斿與劉向校秘書。杜參。見漢志詩賦略師古注引別録。晏子書録云「臣向謹與長社尉臣參校讎」，列女傳録云「臣向與黄門侍郎歆所校列女傳」，初學記卷二十五引。知參、歆二人，皆助向校諸子者。若太常屬臣望、光禄勳劉龔，龔，向曾孫，見董仲舒傳。校山海經，見劉秀進山海經表。則在向死之後。楊宣與劉歆共校書在平帝時，見華陽國志卷十。蘇竟與歆校書，更在王莽時矣。後漢書蘇竟傳，王莽時與劉歆等共典校書。

所謂酌篇卷之多寡者，史出於春秋，後爲史部，詩賦出於三百篇，後爲集部，乃七略於史則附入春秋，而詩賦自爲一略者，因史家之書，自世本至漢大年紀，僅有八家四百一十一篇，不能獨爲一略，只可附録。附之他略皆不可，故推其學之所自出，附之春秋。詩賦雖出自三百篇，然六藝詩僅六家四百一十六卷，而詩賦略乃有五種百六家千三百一十八篇，如援春秋之例附之於詩，則末大於本，不得不析出使之獨立，劉勰所謂「六藝附庸，蔚成大國」也。文心雕龍詮賦篇。阮孝緒七録序於七略分合之故言之甚明。後世如馬端臨胡應麟猶能知此意。而鄭樵乃謂世本諸書不當入春秋類。然樵又嘗曰：「月令乃禮家之一類，以其爲書之多，故爲專類。」夫可以書之多而分，獨不可以書之少而合乎？樵之予奪不一，宜其爲章學誠之所譏也。

〔七録序〕　劉氏之世，史書蓋寡，附見春秋，誠得其例。七略詩賦不從六藝詩部，蓋由其書既多，所以别爲一略。

〔通考卷一百九十一〕　案班孟堅藝文志七略無史類，以世本以下諸書附於六藝略春秋之後。蓋春秋即古史，而春秋之後，惟秦、漢之事，編帙不多，故不必特立史部。

〔經籍會通卷二〕　劉歆七略，詩賦一略，則集之名所由昉。而司馬氏書尚附春秋之末，此時史籍甚微，未足成類也。鄭以史記不當入經，蓋未深考此耳。

〔通志校讎略編次不明論〕　漢志以世本、戰國策、秦大臣奏事、漢著記爲春秋類，此何義也？

〔校讎通義補校漢藝文志篇〕十之三　詩賦篇帙繁多，不入詩經而自爲一略。

〔又鄭樵誤校漢志篇〕　鄭樵譏漢志以世本、戰國策秦大臣奏事、漢著記爲春秋類，是鄭樵未嘗知春秋之家學也。漢志不立史部，以史家之言皆得春秋之一體。書部無多，附著春秋，最爲知所原本。又國語亦爲國別之書，同隸春秋。樵未嘗譏正國語，而但譏國策，則所謂知一十而不知二五者也。

至於論語、孝經小學之附六藝，則因其皆當時學校誦習之書也。論語、孝經漢人皆謂之傳記，論語書多，故自爲一類。孝經則附以五經雜議、爾雅、弟子職諸書，皆後世之五經總義，特當時總解羣經之書尚少，故姑附之於此耳。小學書爲學童所必讀，亦以次入焉。漢志云「劉向校經傳諸子詩賦」，於六略中獨變六藝之名。劉歆傳云「講六藝、傳記、諸子、詩賦、數術、方技，無所不究」，於六藝諸子之閒，忽著傳記兩字，明六藝之中，除五經以外，皆傳記也。班固之記事，可謂苦心分明矣。而或者猶以爲劉、班獨尊孔子之書爲經，故著之於六藝略。劉向儒者，固尊孔，然此則非其義也。

〔趙岐孟子題辭〕　孝文皇帝欲廣遊學之路，論語、孝經、孟子、爾雅皆置博士。後罷傳記博士，獨立五經而已。

〔姚振宗七略別錄佚文敍〕　漢書儒林傳，依功令，但載易、書、詩、禮、春秋五經，其餘謂之傳記。故論語、孝經、小學三家，唯見藝文志。

〔王鳴盛蛾術篇卷一〕　論語、孝經皆記夫子之言，宜附於經，而其文簡易，可啓童蒙，故雖别爲兩門，其實與文字同爲小學。小學者，經之始基，故附經也。

〔王國維觀堂集林卷四漢魏博士考〕　案傳記博士之罷，錢氏大昕以爲即在置五經博士時，漢武帝建元五年也。錢氏説見潛研堂文集卷九其説蓋信。然論語、孝經、孟子、爾雅雖同時並罷，其罷之之意則不同。孟子以其爲諸子而罷之也，至論語、孝經則以受經與不受經者皆誦習之，不宜限於博士而罷之者也。劉向父子作七略，六藝一百三家，於易、書、詩、禮、樂、春秋之後，附以論語、孝經、原注：爾雅附。小學三目。六藝與此三者，皆漢時學校誦習之書。以後世之制明之，小學諸書者，漢小學之科目；論語、孝經者，漢中學之科目；而六藝則大學之科目也。武帝罷傳記博士，專立五經，乃除中學科目於大學之中，非遂廢中小學也。以下所引證據甚詳，今姑從略。

案王氏解論語、孝經小學附入六藝之故，謂皆漢時學校誦習之書，其説甚精。惟謂論語、孝經爲漢中學之科目，則余頗疑之。蓋大學小學之名，爲漢所固有，無俟取譬後世之制，而漢人文字中無有言及中學者。及讀玉燭寶典卷一引崔寔四民月令云：「正月農事未起，命成童以上，注：年十五以上至三十。入大學，學五經，師法求備，勿讀書傳。嚴氏全後漢文卷四十七輯四民月令，此條據齊民要術卷三輯入，無「師法」以下八字。研凍釋，命幼童注：謂十歲以上至十四。入小學，學書篇章。」注：謂六甲、九九、急就、三蒼。又卷十一引云：「十一月，硯水凍，命幼童讀孝經、論語篇章，入小學。」原無「入」字，據齊民要術卷三引補。然後知論語、孝經，亦漢人小學書也。其言十一月入小學，讀孝經、論語，與魏志邴原傳注引原別傳「鄰有書舍，原遂就書，一冬之間，誦孝經、論語」之言，尤爲相合。夫謂之鄰里書舍，則仍是小學耳。

陰陽家之與數術，漢志以爲同出於羲和之官。而數術獨爲一略者，固因一言其理，一明其數，亦由數術之書過多，六種百九十家，二千五百二十八卷。猶之詩賦之於三百篇耳。章學誠遂謂當以陰陽諸篇附之尹咸，恐亦未是。觀司馬談之論六家要指，見太史公自序。六家者，陰陽、儒、墨、名、法、道德也。已有陰陽一家，則自當入之諸子。使漢志出三百篇以入詩賦，章氏能不議其後乎？大抵七略別録，雖意在「辯章舊聞」，然於條別學術之中，亦兼顧事實。阮孝緒之論史書詩賦，可謂通人之見矣。

〔校讎通義校讎條理篇〕七之五　七略以兵書、方技、數術爲三部，列於諸子之外者，諸子立言以明道，兵書、方技、數術皆守法以傳藝，虛理實事，義不同科故也。至四部而皆列子類矣。

〔又漢志諸子篇〕十四之十一　諸子陰陽之本敍，以謂出於羲和之官，數術七種之總敍，又云「皆明堂、羲和、卜史之職也」。今觀陰陽部次所敍列，本與數術之天文五行不相入，是則劉、班敍例之不明，不免後學之疑惑矣。蓋諸子略中陰陽家乃鄒衍談天、鄒奭雕龍之類，空論其理而不徵其數者也。數術略之天文曆譜諸家，乃泰壹、五殘、日月星氣以及黄帝、顓頊、日月宿曆之類，顯徵度數而不衍空文者也。其分門别類，固無可議。惟於敍例，亦似鮮有發明爾。然道器合一，理數同符，劉向父子校讎諸子，而不以陰陽諸篇付之太史尹咸，以爲七種之綱領，固已失矣。敍例皆引羲和爲官守，則又不精之咎也。

案章氏理數之説甚精，可謂妙悟。至謂陰陽家與天文五行不相入，則非是。考陰陽家有宋司星子韋齊鄒衍二家之書。論衡變虚篇引子韋書録序奏云：「子韋曰，君出三善言，熒惑宜有動。於是候之，果退舍。」宋景公時熒惑守心事，見吕氏春秋制樂篇、淮南子道應訓、新序雜事篇。書録序奏，即劉向别録也。是陰陽家何嘗不言天文？七略曰：「鄒子有終始五德，言土德從不勝，木德繼之，金德次之，火德次之，水德次之。」文選卷十九應吉甫華林園集詩注引。是陰陽家何嘗不言五行？漢志陰陽二十一家三百六十九篇，今已一篇不存，何所考而知其引羲和爲官守爲敍次不精乎？夫不思多聞闕疑之義，而便辭巧説，毁所不見，此學者之大患也。

以上論七略

自向、歆以六略部次羣書，七録序謂「東漢蘭臺猶爲書部」。王隱晉書敍鄭默著魏中經簿，亦不言其於類例有所變更。至荀勗晉中經新簿，始分四部，此學者所共知也。然漢、魏之閒，實已先有四部之名。孔融文曰：「證案大較，在五經四部書。」魏文帝自敍云：「及長而備歷五經四部，史漢諸子百家之言。」以四部置之經子史之外，則非荀勗之四部矣。所指爲何等書，無可考證。以意度之，七略中六藝凡九種，而劉向傳但言「詔向領校中五經秘書」。蓋舉易、書、詩、禮、春秋立博士者言之，則曰五經；並舉樂言之，則曰六藝；更兼論語、孝經、小學言之，則爲九種。漢末人以爲於九種之中獨舉五經，嫌於不備，故括之曰五經四部。四部者，即指六藝略中之樂、論語、孝經、小學也。此雖未有明證，而推測情事，或當如此。

〔御覽卷六百八〕　孔融與諸卿書曰：鄭康成多臆説，人見其名學爲有所出也。證案大較，要在五經四部書，如非此文近爲妄矣。

〔華陽國志卷十下〕　李譔自五經四部、百家諸子、伎藝算計、卜數醫術、弓弩機械之巧，皆自思焉。

〔抱朴子袪惑篇〕　五經四部，並已陳之芻狗，既往之糟粕。

〔陶宏景本草集注序録〕　其五經四部，軍國禮服，若詳用乖越者正於事迹非宜耳。

〔錢大昕潛研堂文集卷十三答問十〕　魏文帝典論自敍稱「五經四部、史漢諸子百家之言，靡不畢覽」，魏志文帝紀注引。所謂四部者，似在五經諸子之外，亦不知其何所指。

案北史祖珽傳，又有五經三部之稱。當時目録皆用四部分類，行之已久。所謂三部，蓋即指子史集，與後漢時之五經四部不同。

以上論漢、魏時之四部

荀勗中經分爲四部：一曰「甲部」，紀六藝及小學；二曰「乙部」，有古諸子家，近世子家，兵書，兵家，術數；三曰「丙部」，有史記，舊事，皇覽簿，雜事；四曰「丁部」，有詩賦，圖讚，汲冢書。見隋志序。其曰甲乙丙丁者，甲乙丙丁非名也，因其中所收之書爲例不純，無可指名，而姑以是名之也。

案史記萬石君傳云：「長子建，次子甲，次子乙，次子慶。」俞樾古書疑義舉例卷三引入「寓名例」，謂甲乙非名也，失其名而假以名之也。考漢書成帝紀云：「孝成皇帝，元帝太子也，母曰王皇后，元帝在太子宮生甲觀畫堂。」師古曰：「甲者，甲乙丙丁之次也。」元后傳言見於丙殿，此其例也。」周壽昌漢書注校補曰：「漢制多以干支立名，如律令有甲令、乙令、丙令，計簿有甲帳、乙帳，漏刻稱甲夜、乙夜，甲觀可類推。後漢書清河王慶傳『以長別居丙舍』，後漢書百官志有丙舍長一人，是又有甲舍、乙舍等名也。」余謂周氏之徵引者詳矣，但謂漢制名以干支立名，則非是。蓋古人於凡事物之多而無定名與失其名者，則皆以甲乙丙丁代之，取其便於識别，猶之後世以天地玄黄編號耳。荀勗之四部正是此例。及南北朝與隋唐雖仍用甲乙丙丁之名，然其分部皆按書之性質，不似勗之以皇覽簿與史部同部，汲冢書與詩賦同部，於是經史子集之名遂起而代之矣。

又案荀勖中經，隋唐志皆十四卷。然七録序云「晉中經簿書簿少二卷，不詳所載多少」，則勖原書當有十六卷。蓋四部各得四卷，正是因書之多寡分合之以使之匀稱。自梁時亡其二卷，隋志不注明殘缺，而後世多不曉其意矣。

勖之甲部，即七略漢志之六藝，後世之經部。蓋歷代惟經學著述極富，未嘗中輟，舊書雖亡，新製復作，故惟此一部，古今無大變更。其乙部則合漢志之諸子兵書數術爲一部，四部中皆無方伎，蓋已統於術數之中。爲後世子部之祖。考漢諸子十家，惟儒、道、陰陽三家有西漢末人之著作，儒家有劉向揚雄，道家陰陽並有近世不知作者。餘若縱横雜家，皆至武帝時止，農家至成帝時止，小説家至宣帝時止。而名、墨二家，則祇有六國人書。可以見當前漢時諸子之學，已在若存若亡之閒。由漢至晉，中更王莽董卓之亂，其存焉者蓋寡矣。中經著録之古諸子凡若干家，今無可考。七録子兵録中陰陽部農部各止一種，此所謂一種即一家，非漢志三十八種之種。墨部四種，縱横部二種而已。儒道雜三部最多，恐有大半是晉以後之新著。以此推之，晉時子部之書，當亦無幾。此所以合漢志四略之書歸於一部也。

中經新簿之類例，以分古諸子家、近時子家爲最有條理。蓋自漢而後，不獨名法之學失其傳，即他家亦多無師法，非復周秦之舊。取後世之書强附九流，按門分隸，是猶吕奪嬴宗，牛繼馬後，問其名則是，考其實則非也。張之洞書目答問以周秦諸子自爲一類，昔嘗詫爲特識，今乃知源出於勗耳。至兵書之外，又有兵家，不知以何爲別。豈以漢志著録者爲兵書，用七略之舊名。近世爲兵家耶？然立名未安，此則勗之疏也。

〔書目答問子部注〕周秦諸子皆自成一家學術，後世羣書，其不能歸入經史者强附子部，名似而實非也。若分類各冠其首，愈變愈歧，勢難統攝。今畫周秦諸子聚列於首，以便初學尋覽。漢後諸家，乃依類條列之。

史書本附春秋，中經簿始自六藝内析出。然分門未久，其書不能甚多。詩賦在漢志雖有五種百六家，然至晉當已亡失大半，新作蓋亦無幾。胡應麟謂此時史集二部尚希，其説是也。故丙丁兩部之中，史記、舊事、即故事。雜事即雜史。皆史也，而皇覽簿則非。皇覽乃類書之祖，隋志言梁有六百八十卷，故能以一書自爲一類。詩賦圖讚皆集也，而汲冢書則非。蓋爲此兩部之書過少，故取無類可歸之書，分别附入，以求卷帙匀稱。後人頗譏議其雜，實則荀勗亦自覺之，是以不立部名，但以甲乙丙丁爲目，則固不得而議之矣。持以較後世之經史子集，雖亦約略近似，而其實非也。

汲冢所得書，晉書束皙傳詳載其目，其中四部之書皆有，中經不使之各歸其類，而并附於丁部，王鳴盛以爲不可解，趙翼以爲失當，余謂此無不可解亦無所謂失當也。蓋當時官收得汲冢竹書，武帝以付秘書，雖以今文寫之，而其簡策必仍藏秘府。以其皆科斗字，不與他書同，故不可以相雜厠，以取原書與所寫之本并貯一處，以便相校讎。以其自爲一類也，故附諸四部之末。猶後世藏書目以宋、元本别著於録，而今之圖書館有善本書庫之比耳。

〔晉書束皙傳〕　太康二年，汲郡人不準發魏襄王墓，或言安釐王冢，得竹書數十車，大凡七十五篇，漆書，皆科斗字。初，發冢者燒策照取寶物，及官收之，多燼簡斷札，文既殘缺，不復詮次。武帝以其書付秘書校輟次第，尋考指歸，而以今文寫之。

〔王鳴盛十七史商榷卷六十七〕　隋經籍志分經史子集四部。案四部之名，起晉荀勗中經簿。尋前後著録家皆分爲七，如劉歆七略，王儉七志，阮孝緒七録，皆雜亂繁碎。惟荀勗稍近理。然子不當先史，詩賦等下忽有汲冢，亦不可解。且甲乙丙丁，亦不如直名經史子集。故隋志依用而又改移之。

〔趙翼陔餘叢考卷二十二〕　古書分類以四部分者，自晉荀勗始。其中編次，子先於史，汲書又雜詩賦内，位置俱未免失當。

案王氏嘗謂「目録之學，學中第一緊要事」。見商榷卷一。故其所著蛾術篇第一門即説録，書凡分十門。皆言目録之事。然實於此學所得不深。如此條所言，都無是處。其謂經史子集爲隋志所改移，亦不免汩於俗説。王氏以博洽名，然尚如此，其餘諸家，更不勝其駁，故皆略之。通考卷一百七十四引宋葉夢得過庭録云：「古書自唐以後，以甲乙丙丁略分爲經史子集四類」，此亦用新唐志之説，知其沿譌已久。

以上論荀勗四部

中經四簿，子居史前。東晉李充爲元帝作書目，始將其乙丙兩部之書互换，由是四部之序次始定。七録序又言「充没略衆篇之名，衆篇之名，謂荀勗之六藝、小學、古諸子家、近世子家等分類之名也。總以甲乙爲次」。蓋當時僅有書三千一十四卷，古今著録，未有更少於此者，若復强分門類，則一類之中，不過數卷，故總而録之，不復條别，亦不得已之變例也。本傳言其以類相從，則其次序之間仍按書之體例，所異者，不標類名耳。

〔文選任彦昇王文憲集序注〕臧榮緒晉書曰：李充，字弘度，爲著作郎。于時典籍混亂，充删除煩重，以類相從，分爲四部，甚有條貫，祕閣以爲永制。五經爲甲部，史記爲乙部，諸子爲丙部，詩賦爲丁部。

案今晉書李充傳無五經爲甲部以下四句，御覽卷二百三十四引晉中興書亦無此四句。玉海卷五十二引充傳，有五經爲甲，史記爲乙，諸子爲丙，詩賦爲丁四句，在分爲四部之下，似即自文選注轉引。余疑此四句，乃李善釋四部之義，非臧書所有。玉海雜入充本傳之中，蓋非也。錢大昕元史藝文志及潛研堂答問見文集卷三。即據文選注此條爲説。今人讀錢氏書，有不能得其出處者矣。

隋志簿録所著録之書目，自宋至隋，除七志、七録外，皆以四部爲名，蓋并用李充之次序，所謂「秘閣以爲永制」者也。南朝人呼四部，只謂之甲乙丙丁。然考顔之推觀我生賦自注，則梁元帝時校書，已分經史子集四部。後人信歐陽修新唐志序之謬説，以爲名起於唐者，非也。南北朝書目，今并已佚，其分類之例，不可得而考矣。

〔南史何憲傳〕　博涉該通，羣籍畢覽。任昉、劉渢共執秘閣四部書，試問其所知，自甲至丁，書説一事，并敍述作之體，連日累夜，莫見所遺。

〔顔之推觀我生賦自注〕見北齊書本傳。　王司徒表送秘閣舊書八萬卷，乃詔比校部分，爲正御副御重雜三本，左民尚書周弘正、黄門郎彭僧朗、直省學士王珪、戴陵校經部。左僕射王褒、吏部尚書宗懔、員外郎顔之推、直學士劉仁英校史部。廷尉卿殷不害、御史中丞王孝純、中書郎鄧藎、金部郎中徐報校子部。右衛將軍庾信、中書郎王固、晉安王文學宗菩業、直省學士周確校集部也。

〔趙翼陔餘叢考卷二十二〕　古書分類，未有經史子集之名。漢劉歆著七略，宋王儉撰七志，梁阮孝緒撰七録，隋許善心撰七林，皆以七分部。其以四部分者，自晉荀勖始。宋謝靈運、殷淳，梁任昉、殷鈞等因之，各造四部書目，皆以甲乙丙丁爲部。隋煬帝於觀文殿藏書，亦仍舊稱。其名以經史子集者，則唐武德初魏鄭公收東都圖書，凡八萬六千九百六十六卷，其後又因馬懷素奏，乃令殷踐猷等治經，韋述等治史，毋煚等治子，王灣等治集，自注：見馬懷素傳。自此經史子集之爲四，一成不變矣。今隋書經籍志已分經史子集者，隋書本唐人所修也。自注：宋史謝泌傳云：唐景龍中分經史子集，命薛稷、沈佺期、武平一、馬懷素分掌。

案趙氏號稱史學名家，而此節所敍四部源流，則殊多謬誤。荀勗之後忘却李充，南朝四部書目，亦不止謝靈運等數人。至謂經史子集之名始於唐武德初，徧考諸書，並無明文，不知其何所本？趙氏作廿二史劄記序，自言以歷代史書爲日課，而於顔之推傳熟視無覩，可見考證之難。

〔錢大昕元史藝文志〕　自劉子駿校理秘文，分羣書爲六略。是時固無四部之名，而史家亦未别爲一類也。晉荀勗撰中經簿，始分甲乙丙丁四部，而子猶先於史。至李充重分四部，五經爲甲部，史記爲乙部，諸子爲丙部，詩賦爲丁部，而經史子集之次始定。厥後王亮、謝朏、任昉、殷鈞撰書目，皆循四部之名。雖王儉阮孝緒析而爲七，祖暅别而爲五，然隋唐以來志經籍藝文者，大率用李充部敍而已。

案自來敍四部源流者，惟錢氏之説最爲明確。

隋唐之時，四部之名仍爲甲乙丙丁，亦或謂之經史子集，蓋甲乙者舉其部言之，經史者舉其書言之也。故新舊唐志二名兼用，曰某部某録，自宋以後，始無復有以甲乙分部者矣。

〔隋書經籍志〕東都觀文殿，東屋藏甲乙，西屋藏丙丁。

〔隋書牛弘傳〕及東夏初平，獲其經史四部重雜三萬餘卷。

〔唐六典卷八〕宏文館典書二人，館中有經史子集四部之書，使典之也。

〔又卷九〕集賢殿書院書有四部，一曰甲爲經，二曰乙爲史，三曰景爲子，四曰丁爲集，故分爲四庫。

〔又卷十〕秘書郎掌四部之圖籍，分庫以藏之，以甲乙景丁爲之部目。甲部爲經，其類有十。乙部爲史，其類一十有三。景部爲子，其類一十有四。丁部爲集，其類有三。舊唐志云，「四部者，甲乙丙丁之次也，甲部爲經」云云，與此略同。

〔又卷二十六〕司經局洗馬掌經史子集四庫圖書刊輯之事。又校書正字掌校理刊正經史子集四庫之書。

案就以上所引觀之，知隋、唐時仍以甲乙丙丁分部。新、舊唐志均謂之「甲部經録，乙部史録，丙部子録，丁部集録」，是其證矣。惟隋志只題經史子集，删去甲乙丙丁之名，特史家省文耳。而王鳴盛遂謂「甲乙丙丁不如直名經史子集，隋志依荀而又改移之，唐宋以下爲目者皆不能違」，見十七史商榷卷六十七。不知兩唐志皆不直名經史子集也。以今之言四部者多同王氏，故不可不辨。

夫部類之分合，隨宜而定。書之多寡及性質既變，則部類亦隨之而變。七略之易爲四部，亦勢使然也。四部之法行之既久，人以爲便。其間雖有李淑、鄭樵之徒，紛紛改作，取四部之書離析之爲若干類。然一家之言，人所不用。經史子集之名，遂相沿至今不廢。

〔校讎通義宗劉篇〕二之一　七略之流而爲四部，如篆隸之流而爲行楷，皆勢之所不容已者也。史部日繁，不能悉隸以春秋家學，四部之不能返七略者一。名、墨諸家，後世不復有其支別，四部之不能返七略者二。文集熾盛，不能定百家九流之名目，四部之不能返七略者三。鈔輯之體，既非叢書，又非類書，四部之不能返七略者四。評點詩文，亦有似別集而實非別集、似總集而又非總集者，四部之不能返七略者五。凡一切古無今有古有今無之書，其勢判如霄壤。又安得執七略之成法以部次近日之文章乎？

以上論經史子集四部

自荀勗李充之後，秘閣藏書皆以甲乙丙丁爲部次。官撰書目，必依所藏之書著録。制度所係，不能以私意變更。王儉在宋時撰元徽書目，仍用四部之法，然儉意不謂然，故又依劉歆七略，别撰七志。一曰經典志，紀六藝小學史記雜傳。二曰諸子志，記今古諸子。三曰文翰志，紀詩賦。四曰軍書志，紀兵書。五曰陰陽志，紀陰陽圖緯，六曰術藝志，紀方伎。七曰圖譜志，紀地域及圖書。其道佛附見，合爲九條。以上見隋志序。觀其分部大抵祖述劉氏，亦步亦趨。書本九篇，而必裁之爲七，殆如七啓七命之摹擬七發，務在規撫形似而已。

〔七録序〕　王儉七志改六藝爲經典，次諸子，次詩賦爲文翰，次兵書爲軍書，次數術爲陰陽，次方技爲術藝。以向歆雖云七略，實有六條，故别立圖譜一志，以全七限。其外又條七略及二漢藝文志中經簿所闕之書，並方外之經佛經道經，各爲一録。雖繼七志之後，而不在其數。

〔經籍會通卷二〕　王儉七志，前六志咸本劉氏六略，但易其名，而益其圖譜及佛道二家。名雖曰七，實九志也。

〔錢大昕潛研堂文集卷十三答問十〕　宋元徽初，秘書丞王儉撰七志，蓋仿漢之七略，而改輯略爲圖譜，案輯略與圖譜實不同，此句微欠分析。又附入老釋書，則儉自立新意也。王儉圖譜一志，最爲鄭樵所稱。實則各書之圖本可隨類附入，儉第欲足成七篇之數，故立此志耳，未必如樵所云云也。魏晉以後，史書日多，自當别爲一部，以七略之合於春秋也，則亦合之。釋道之經，七略所無，則録其書而不敢列其名。其弊皆在刻意摹古。四部之隸屬羣書，本不能無失，而儉之必欲返之於七略，亦未見其爲得也。其間小有變更者，劉以論語孝經附於六藝，而王志經典孝經居前；劉以陰陽入子，在九流之内，王名數術爲陰陽，則其諸子志必無此一家，此皆不明向歆序次之意，既不從四部，又變七略而不得其當，不免進退失據。近人章太炎以其合史於經，合於古文家之説，從而稱之，所謂不虞之譽也。惟其兼載二漢所闕之書，使後人得有所考，其例極善。

〔通志圖譜略索象篇〕　漢初典籍無紀，劉氏七略，只收書不收圖。蕭何之圖自此委地。後之人將慕劉、班之不暇，故圖消而書日盛。惟任宏校兵書，有圖四十三卷，載在七略，獨異於他。王儉作七志，六志收書，一志專收圖譜，謂之圖譜志。不意末學而有此作也。

〔經典釋文敍録〕　五經六籍次第互有不同，如禮記經解之説，以詩爲首，七略、藝文志所記，周易居前。阮孝緒七録亦同此次，而王儉七志孝經爲初。

〔章炳麟國故論衡中原經篇〕　經與史自爲部，始晉荀勗爲中經簿，以甲乙丙丁差次，非舊法。七略太史公書在春秋家。其後東觀、仁壽閣諸校書者，若班固、傅毅之倫，未有變革，訖漢世依以第録。雖今文諸大師，未有經史異部之録也。荀勗分四部，本已陵雜。丙部録史記，又以皇覽與之同次，無友紀，不足以法。後生如王儉，猶規其過。

案章氏此篇意在駁今文家春秋經不爲史之説，言各有當，本不爲目録而發。

〔又〕　七志本同七略，但增圖譜、道佛耳。其以六藝、小學、史記、雜傳同名爲經典志，而出圖緯使入陰陽，卓哉！二劉以後，一人而已。

案七略本無圖緯，中經亦不知歸入何部，隋志皆附經部。圖緯之學，出於陰陽，王儉合爲一志，固自可從。

〔通志校讎略編次必記亡書論〕 古人編書皆記其亡闕，所以仲尼定書，逸篇具載。案尚書逸篇亡於秦火，序書之時，並無逸篇，此説不確。王儉作七志已，又條劉氏七略及二漢藝文志、魏中經簿所闕之書爲一志。阮孝緒作七録已，亦條劉氏七略及班固漢志、袁山松後漢志、魏中經、晉四部所亡之書爲一録。案阮書並無此録，但條其存亡之數於序後耳。隋朝又記梁之亡書。及唐人收書，只記其有，不記其無，是致後人失其名系。

夫古之作書目者，皆先校書而後著録，故因書分類，就目檢書。以此部類多寡之間，極費斟酌。王儉七志作於宋時，宋之官書，仍分四部，而儉七志獨爲九類。此蓋自爲一家之言，並不按書編目，故史書雖多，仍可附經。圖譜雖少，自可成志。離書與目而二之，自儉始矣。

以上論王儉七志

六朝官撰目録，皆只四部而已。惟梁劉孝標撰文德殿書目，分術數之文，更爲一部，使奉朝請祖暅撰其名録，謂之五部目録。蓋取七略中數術方技之書，自子部内分出，使專門名家，司其校讎也。此最得漢人校書分部之意。阮孝緒因之作七録，一曰經典録，紀六藝，二曰記傳録，紀史傳，三曰子兵録，紀子書兵書，四曰文集録，紀詩賦，五曰技術録，紀數術，謂之内篇。即用經史子集之次，稍變其名。而以數術别爲一録，師文德殿目之成例也。若除其外篇佛道二録，而第就内篇數之，則名爲七録，實五録耳。王、阮二家雖同法七略，而王一意返古，阮之類例，則斟酌於古今之間，就書之多少分部，不徒偏重理論，自序言之甚明。後人泛以王阮並稱者，非也。

〔七録序〕　今所撰七録，斟酌王、劉。王以六藝之稱不足標牓經目，改爲經典，今則從之，故序經典録爲内篇第一。劉、王並以衆史合於春秋，劉氏之世史書甚寡，附見春秋，誠得其例。今衆家記傳倍於經典，猶從此志，實爲繁蕪。且七略詩賦不從六藝詩部，蓋由其書既多，所以别爲一略。今依擬斯例，分出衆史，序記傳録爲内篇第二。諸子之稱，劉王並同。又劉有兵書略，王改兵爲軍，兵書既少，不足别録，今附於子末，總以子兵爲稱，故序子兵録爲内篇第三。王以詩賦之名，不兼餘制，故改爲文翰。竊以頃世文詞，總謂之集，變翰爲集，於名猶顯，故序文集録爲内篇第四。王以數術之稱，有繁雜之嫌，故改爲陰陽；方技之言，事無典據，又改爲藝術。竊以陰陽偏有所繫，不如數術之該通。術藝則濫六藝與數術，不逮方技之要顯。故還依劉氏，各守本名。但房中神仙，既入仙道，醫經經方，不足别創。故合術伎之稱，以名一部，爲内篇第五。王氏圖譜一志，劉略所無，劉數術中雖有歷譜，而與今譜有異。竊以圖畫之篇，宜從所圖爲部，故隨其名題，各附本録。譜即記注之類，宜與史體相參，故載於記傳之末。自斯已上，皆内篇也。

〔潛研堂答問十〕　梁秘書監任昉、殷鈞亦撰四部目録，而術數之書别爲一部，故稱五部目録。阮孝緒更爲七録，其前五録，蓋沿五部之舊。然則齊、梁四部，亦史先於子可知矣。

案據七録序，五部目録乃劉孝標文德殿目録，非任昉殷鈞之書。錢氏蓋誤讀隋志。

七録外篇二：一曰佛法録，二曰仙道録。隋志謂六曰佛録，七曰道録，非是。考漢志道家在諸子，神仙在方技，本非一家。其時尚未有佛，道士之經，亦出東漢以後。荀勗作中經簿時，佛經尚只十六卷。見七録序。其書既少，蓋在近世子家，道經當亦同例。王儉作七志，以此二家並非七略所有，遂從附見，不在七志之内。至梁而佛經大盛，嘗於華林園中總集釋典文德五部目録，釋氏不與焉。見隋志。道家之經，較少於佛，猶在諸子。孝緒七録根據五部目録，故以佛法爲外篇，又用王儉之例，立仙道一録以配之，然子兵録内仍有道部。蓋外篇所録，皆道經及神仙家言也。

〔七録序〕　釋氏之教，實被中土，講説諷味，方軌孔籍。王氏雖載於篇，而不在志限，即理求事，未是所安，故序佛法録爲外篇第一。仙道之書，由來尚矣，劉氏神仙陳於方技之末，王氏道經書於七志之外，今合序仙道録爲第二。王則先道而後佛，今則先佛而後道。蓋所宗有不同，亦由其教有淺深也。

〔經籍會通卷二〕　阮孝緒七録，又本王氏而加紀傳，并諸子、兵書爲子兵，陰陽、術藝爲技術，又益以佛、道二家。史書至是漸盛，與經子並列。而佛、道二家之説，大行中國矣。

案史自荀勗時已不附春秋，然丙部猶附以皇覽，至李充以後，乙部蓋已純爲史書。觀李善文選、王儉集序注可知，非至梁始盛也。此由不知七録出於五部目録之故。

以上論阮孝緒七録

唐魏徵修隋書經籍志，分爲經史子集，而唐之宏文館、集賢院、秘書省藏書亦分四庫。歐陽修新唐志序遂曰：「至唐始分爲四類，曰經史子集。」後人不復見六朝四部目録，亦以爲自隋志始。今考隋志四部之後，附有道佛經二篇，但録其每類卷數，而不載書名。道經分經戒、餌服、房中、符録七録作符圖。四類，與七録全同。卷數亦多相合。篇後有小序一篇，至二三千言，敍其源流甚悉。故名爲四部，實六部也。取以較阮氏七録，但裁其術伎一録，還之諸子耳。

隋之藏書，以大業爲盛，有大業正御書目録，又於内道場集道佛經，別撰目録。唐平王世充，收其圖書，隋志言「考其目録見存，分爲四部。」然則志之所書皆用隋目編次。隋道佛經既別有目録，故隋志亦從附見。尋隋之所以別二氏於四部之外者，蓋用七録之例。新舊唐志合佛道於諸子道家之中，録其著述而斥其經典。後人編目，大抵不外取法隋唐二志而已。

以上論隋志四部

合而觀之，七略之變而爲四部，不過因史傳之加多而分之於春秋，因諸子、兵書、數術、方技之漸少而合之爲一部，出數術、方伎則爲五，益之以佛、道則爲七，還數術、方技則爲六，並佛、道則復爲四，分合之故，大抵在諸子一部。互相祖述，各有因革。雖似歧出枝分，實則同條共貫也。

惟王儉志在復古，書本九篇，强分七部，以六朝之著述，合西漢之門類，削趾適屨，勢所不行。故許善心之七林，不見著録，馬懷素之續志，竟未成書。然則後人猶欲用七略舊例部次羣書者，亦可已矣。

〔郡齋讀書志卷一〕劉歆始著七略，至荀勗分爲四部，蓋合兵書、術數、方技於諸子，自春秋類摘出史記，别而爲一，六藝、諸子、詩賦皆仍歆舊。其後歷代所編書目，如王儉、阮孝緒之徒咸從歆例。案王、阮名同實異。謝靈運、任昉之徒咸從勗例。唐之分經史子集，藏於四庫，是亦祖述勗而加詳焉。歐陽公謂其始於開元，案歐公但謂始於唐。其誤甚矣。

〔潛研堂答問十〕隋、唐以後敍書目者，大率循經史子集之次，而子家寥寥，常并釋道方技而一之。自道學興於宋儒，人人各有語録，而儒家之書亦滋多矣。

夫古今作者，時代不同，風尚亦異。古之學術，往往至後世而絶，後之著述，又多爲古代所無。四部之法，本不與七略同，史出春秋，可以自爲一部，則凡後人所創作，古人所未有，當别爲部類者，亦已多矣。限之以四部，而强被以經史子集之名，經之與史，史之與子，已多互相出入。又於一切古無今有，無部可歸之書，悉舉而納之子部。藝術入，而琴棊書畫爲子，譜録入，自農家分出。而草木鳥獸亦爲子矣。類書隋志附之雜家，唐志自爲一類。至四庫總目而叢書亦附雜家矣。附存目謂之雜編，明志入之類書。名實相舛，莫此爲甚。故經史子集之分部，尚不如甲乙丙丁混而名之之爲得也。

唐宋以後，著述日繁。核其體例，多非古之四部所能包。宋人已覺其不安，故崇文總目、書録解題雖按四部分類，而無經史子集之名。李淑、鄭寅遂别爲部類。淑邯鄲圖書志於經史子集四志外，益以藝術志、道書志、書志、畫志而爲八。寅鄭氏書目於經史子文四録外，益以藝録、方技録、類録而爲七。觀其所增之部，大抵用阮孝緒之意，自子部内分出耳。至鄭樵之通志略，經類外，有禮、樂、小學，諸子類外，有天文、五行、藝術、醫方、類書，合之史類、文類，而爲十二。仍以子部内分出者爲多。其出禮、樂於經者，以其中儀注、俗樂之書，不可雜於經也。至清孫星衍祠堂書目，史學之外，有地理、金石，諸子之外，有天文、醫律、類書、書畫，合之經學、小學、詞賦而爲十。以上各家均詳見分部異同表。此二家者，皆不復用四部之名，又多所離析分合，雖或有當有不當，然可見經史子集，非一成不易之法矣。其他家書目，亦多自爲義例者。然或雜亂無條理，或本之諸家而少變之，紛紛甚多，不暇悉論也。

以上總論沿革

自來言及書目，輒曰經史子集四部。實則自齊梁以後已嘗數變矣。今之學術，日新月異而歲不同，決非昔之類例所能賅括。夫四部可變而爲五，祖晅。爲六，隋志。爲七，阮孝緒、許善心、鄭寅。爲八，李淑。爲九，王儉。爲十，孫星衍。爲十二，鄭樵。今何嘗不可爲數十，以至於百乎？必謂四部之法不可變，甚且欲返之於七略，無源而强祖之以爲源，非流而强納之以爲流，甚非所以「辨章學術，考鏡源流」也。

藏書之目，所以供檢閱。故所編之目與所藏之書必相副，收藏陳設之間，當酌量卷册之多少厚薄。從來官撰書目，大抵紀載公家藏書，是以門類不能過於繁碎。甲乙之簿與學術之史，本難强合爲一。劉歆七略收書不多，又周秦學術，至漢雖有廢興，而古書尚存，篇卷約略相當，故即按書分隸，因以剖判百家，尚不甚難。然史附春秋，而詩賦別爲一略，已不能不牽就事實。後世之書日多，而學有絶續，體有因創，少止一二，多或千百，其數大相逕庭。爲書目者，既欲便檢查，又欲究源流，於是左支右絀，顧此失彼，而鄭樵焦竑之徒得從而議其後，亦勢之所必至也。至今而檢查之目與學術門徑之書愈難强合。如叢書一類，自當析之各隸本門，而藏書之際，勢不能分置數十處，若造簿籍而必用七略四部之法，未有不爲所困者矣。

自阮孝緒作七録，自言「致王公搢紳之名簿，凡在所遇，若見若聞，更爲新録」。夫以所見聞者入録，則有其名不必有其書，是已離書與目而爲二，與藏書家之目不同。然當用卷軸之時，猶或爲篇幅所限制，今既積葉而成册，雖以一行爲一葉可也，數百葉爲一册亦可也。一二書爲一部不爲少，千百書爲一部不爲多，此真可按書之性質分部，因以辨章學術，考鏡源流矣。既非如文淵閣之按橱編號，何必限其部數爲七爲四哉！

張之洞謂有藏書家之書目，有讀書家之書目。余謂藏書家之書目，如今圖書館所用者，但以便檢查爲主，無論以筆畫分，以學術分，或以書類人，或以人類書，皆可；兼而用之尤善。俟治圖書館學者討論之。若讀書家之書目，則當由專門家各治一部，兼著存、佚、闕、未見，合别録藝文志與儒林文苑傳爲一，曲盡其源流，以備學術之史。此意已於目録學之體制諸篇言之詳矣。夫既各治其書，則一切七略四部之成法，舉不足以限制之。即鄭樵「有專門之書則有專門之學，學守其書，書守其類」之謂也。欲論次羣書，兼備各門，則宜仿鄭樵孫星衍之例，破四部之藩籬，别爲門類，分之愈細乃愈佳，亦樵所謂「類例不患其多」也。

以上類例之商榷

〔附録〕　古今書目分部異同表

史記於紀傳之外，復有表之一體，梁書劉杳傳引桓譚新論云：「三代世表，旁行斜上，並效周譜。」由是言之，表之從來遠矣。凡著作中如遇頭緒煩複非文字所能形容者，惟表可以曲盡其事。使綱舉而目張，執簡以馭繁，使讀者持以上下相比，縱横相較，珠聯繩貫，一目了然。然爲之者甚勤而觀之者甚厭，以其無興趣之可尋也。四庫提要卷四十五曰：「史家之難，在於表志，而表文經緯相牽，或連或斷，可以考證而不可以誦讀，學者往往不觀」，斯言允矣。古今書目之部類互有不同，幾於千端萬緒，歧路之中又有歧焉，然其因革損益，皆有其漸，不比而觀之，不能得其所以然。如列之一表之中，參互鈎稽，則於分合出入之間，有以心知其意。蓋七略四部同條共貫，相爲因緣，雖變而未嘗變也。既已盡其源流，又以見其初非一成不易之法，神而明之，斯在善學者矣。初本欲作一部類表，然古目録書多已亡佚，有知其部分有不得其類别者。如經史子集，定於李充，此古今著録之大關鍵，豈可不知？若但就現存之諸史藝文志表而列之，則以爲四部始於隋志矣。如此亦何取乎有此表也？故博考羣書，製爲分部異同表。

一　七略四部，名異而實同。荀勗、李充取六略之書合之爲四。王儉、阮孝緒又取四部之書分之爲七。觀其分部之性質，實於根本無所改革。今以經史子集相沿較久，故仍以此爲綱，其不同者皆分別歸納其中，以便觀覽。

二　隋唐志及古今書録皆用李充之法，但亦微有不同，故仍分別著之，以期詳盡。

三　隋志言「文德殿目録，其術數之書更爲一部，使奉朝請祖暅撰其名，故梁有五部目録」，此亦當載入表者。但其餘四部之名不可知，故不列入，而著其説於此。

四　自宋以後，目録皆統於四部，然猶有李淑、鄭樵、鄭寅、孫星衍四人輒思改革，雖用其説者甚少，然亦著録分部之變例，可供學者之參考者也。二鄭以類書自爲一類，張之洞於四部之外别録叢書，皆有理致，故亟取之。其他取法此數家以意分合者，姑從略焉。

五　王儉之圖譜志，張之洞之叢書别録，皆非四部所能包，故皆别爲一闌。若夫類書隸之子部，雖有未安，然自隋志以來，相沿既久，此是表其源流，並非别謀改作，故從其朔著之云耳。

古書通例

目録

前　言

古書通例爲外舅余嘉錫先生遺著。余先生，湖南常德人，生於一八八四年，卒於一九五五年。解放前，一直在北京各大學授課，並任輔仁大學國文系主任；解放後，曾任中國科學院語言研究所專門委員。平生無書不讀，以史學、古籍考訂和目録學名家。著有目録學發微、四庫提要辨證、余嘉錫論學雜著、世説新語箋疏等書。所著四庫提要辨證二十四卷，八十萬字，博大精深，久已爲學者所稱道。本書則爲作者三十年代在北京各大學講授校讀古籍時所寫的講義，一名古籍校讀法。

中國的古書，自周秦至明清，流傳至今的總在五萬種以上，大抵時代距今愈遠的書，問題也愈多。如書籍的真僞問題，作者誰屬的問題，作者的時代問題，書的篇目編次和卷帙多寡存佚的問題，書中有無後人增益或删削的問題等等，種種不一。前人固有所考證，然亦往往有得有失。究其原因，固然由於考核有精粗，然而也與是否通達古代著作的體例有關。不明古人著作體例，就難免有似是而非之論。

余先生這本書專就漢魏以上的古書舉出一般通例，詳加詮釋，以爲學者讀古書之助。書分四卷：一、案著録，二、明體例，三、論編次，四、辨附益。書中對古書的真僞、古書的命名和編定、諸子書中造作故事的緣由、古書分別内外篇的性質，以及古書中的附録等都援引例證，分別解説，使讀者知漢魏以上古書的體例與後代著述有不同。如不明古人著述的主旨和書籍編定的原委，而以後代著作的體例論列先秦、漢初古籍的真僞，傳本的是非，則不能無誤。這本書雖然篇章不多，而探微索隱，足以解疑釋惑。讀者據此舉一以反三，所知自多。

作者博覽羣書，凡有考證，皆有憑據，莫不原原本本索其根由，未嘗率爾立論。他認爲學者考校古書，自當實事求是，多聞闕疑。要做到「揆之於本書而協，驗之於羣籍而通」，「若意雖以爲未安，而事却不可盡考，則姑云未詳，以待論定」。這種治學的審慎態度，對研究和整理古籍非常重要。前人每每好論古書的真僞，或以不僞爲僞，既厚誣古人，又貽誤後學，實爲不審慎之過。如漢陸賈新語，屢爲漢人所稱道；晉崔豹古今注，唐人屢引其書，而四庫總目提要却都視爲贋作，節外生枝，徒令學者迷罔不解。類似這種情況的很多，足爲先戒。

關於閱讀古書的問題，前人大都從文句和詞語的解釋着眼，而論及古書體例者不多。余先生這本書作爲講章，可惜没有全部寫完，卷四辨附益一篇僅有「古書不皆手著」一節，説明古書中屬於弟子門人附益的文字並非僞作。至於後世羼亂增益的情況，當別有説，而文章缺如。然在作者所撰論學雜著中有太史公書亡篇考一文，以爲史記原亡十篇，僅存目録，今之所傳，爲褚少孫、馮商等人所增益，考辨極詳，可資參考。

又本書每言及「家」、「家法」以及「依託」等詞，但没有解説。案作者在所作四庫提要辨證子部法家類管子一條下説：「向、歆、班固條别諸子，分爲九流十家。而其間一人之書又自爲一家，合若干家之書而爲某家者流。明乎其所謂家者，不必是一人之著述也（家者合父子師弟言之）。父傳之子，師傳之弟，則謂之家法。六藝諸子皆同，故學有家法。稱述師説者，即附之一家之中。如公、穀傳中有後師之説是也。其學雖出於前人，而更張義例，别有發明者，則自名爲一家之學。如儒林傳中某以某經授某，某又授某，由是有某某之學也。其間有成家者，有不能成家者。學不足以名家，則言必稱師，述而不作。雖筆之於書，仍爲先師之説而已，原不必於一家之中分别其孰爲手撰，孰爲記述也。况周、秦、西漢之書，其先多口耳相傳，至後世始著竹帛。如公羊、穀梁之春秋傳、伏生之尚書大傳。故有名爲某家之學，而其書並非某人自著者。惟其授受不明，學無家法，而妄相附會，稱述古人，則謂之依託。如藝文志文子九篇，注爲依託，以其與孔子並時，而稱周平王問，時代不合，必不出於文子也。」這一段話對何者爲「家」，何者爲「家法」，何者謂之爲「一家之學」，何者謂之爲「依託」，剖析甚明，可補本書注文之未備。

本書以往只有講課臨時印本，始終未曾正式出版，所以流傳極少。現在根據一九四〇年排印本整理，分别段落，重加校訂、標點，以供研究和整理古籍者參考。

周祖謨

一九八三年六月三十日

緒論

古今載籍，浩如煙海，處則充棟宇，出則汗牛馬，老死不能徧讀；初學對之，望洋而歎，有廢然而返耳！司馬談論六家要旨曰：「儒者以六藝爲法，六藝經傳以千萬數，累世不能通其學，當年不能究其禮；博而寡要，勞而少功。」見史記太史公自序。夫司馬談當西漢初年，且僅就儒者一家六藝言之，已苦其繁博如此。故學者必有守約施博執簡御繁之道，「優而柔之，使自求之；饜而飫之，使自趨之；庶乎渙然冰釋，怡然理順」，不至隱其學而疾其師，苦其難而不知其益也。

揚雄論讀書，推本於五經，譬之升東嶽而浮滄海，以爲好書必要諸仲尼。雄作法言以擬論語，以儒者自居，其言不得不如此。亦以當時所有，皆三代秦漢之書，不能以時代爲斷，故就其性質爲去取。蓋亦於繁博之中，力求簡約耳。

東漢至隋，書經五厄，牛弘言書有五厄，見隋書卷四十八本傳。古書日亡，其僅有存者，皆以少而見珍。故韓愈自言其爲學之始，非三代、兩漢之書不敢觀，答李翊書。是已不問出於何家，但屬古書，皆宜先讀矣。後人論學，率同斯旨。大抵時代愈早，愈爲可貴。明胡應麟至謂得明代書百萬卷，不能當三代之一；張之洞謂秦以上書，一字千金，皆是意也。明之李夢陽等，禁人勿讀唐以後書，雖不免主張過度；且夢陽等之讀書，不過資之以爲詩文，尚未足以盡古書之用；然欲研究中國學術，當多讀唐以前書，則固不易之説也。

〔胡應麟經籍會通卷四述見聞篇〕　宋世書千卷，不能當唐世百；唐世書千卷，不能當六朝十；六朝書千卷，不能當三代一：難易之辨也。然今世書萬卷，亦不能當宋千。

〔張之洞輶軒語語學〕　讀書宜多讀古書。除史傳外，唐以前書宜多讀，爲其少空言耳。大約秦以上書，一字千金；由漢至隋，往往見寶；與其過也，無亦存之。唐至北宋，去半留半。南宋迄明，擇善而從。

案治學所以必讀古書者，爲其閲時既久，亡佚日多，其卓然不可磨滅者，必其精神足以自傳，譬之簸出糠粃，獨存精粹也。後人之書，則行世未遠，論定無聞，珠礫雜陳，榛楛勿翦，固宜其十不足以當一耳。然亦未可一概而論。蓋古書之傳不傳，亦正有幸有不幸。有以牽連而并存，如釋、道藏及叢書之類。有以變亂而俱亡；如牛弘所言五厄。其得也或出於無心，如敦煌佚書、流沙墜簡之類。其失也或緣於有意；如范曄之志蠟車，李賀之集投溷之類。千端萬緒，蓋非一途。特既幸存於今，則皆足以考古。猥瑣之事，可以觀物情；輶軒語云：「大抵天地間人情物理，下至猥瑣纖末之事，經史所不能盡者，子部無不有之，其趣妙處校之經史，尤易引人入勝。」荒謬之談，可以見風俗；文字可以明通假，歌謡可以證音韻；至於拾遺、搜神之記，洞冥、神異之編，則劉勰所謂事豐奇偉，辭富膏腴，無益經典，而有助文章者也。文心雕龍正緯篇。此不獨古籍爲然，而古籍則爲一切事物之源，彌以寡而可貴。故曰「與其過也，無亦存之」。若夫學問之事，有不可以時代論者。清儒之學，不獨陵軼元、明，抑且方駕唐、宋。清儒經學小學自闢蹊徑，遠過唐、宋，其他一切考證，則無不開自宋人，特治之益精耳。至於史學，不逮宋人遠甚。乾嘉諸儒，鄙夷宋學，竊不謂然。欲讀古書，非觀清儒及近人之箋注序跋不可，否則不獨事倍功半，或且直無下手之處。張氏此條，專爲讀古書言之。其論讀書不必畏難一條又云：「讀書一事，古難今易。無論何門學問，國朝先正皆有極精之書。前人是者證明之，誤者辨析之，難考者考出之，自注：参校考證。（以下皆張氏自注，不復出。）不可見之書采集之。一分真僞而古書去其半，一分瑕瑜而列朝書去其十之八九矣。且諸公最好著爲後人省精力之書，一蒐補，或從羣書中蒐出，或補完，或綴輯。一校訂，譌脱同異。一考證，據本書，據注，據他書。一譜録，提要及紀元、地理、各種表譜。此皆積畢生之精力，踵曩代之成書而後成者，故同此一書，古人十年方通者，今人三年可矣。」與此條各明一義，互相發明，讀古書所宜知也。

雖然，研治中國古代學術當讀古書，最難讀者亦莫如古書，古書亦甚繁，讀之者不可不知所別擇。張之洞謂「一分真僞而古書去其半，一分瑕瑜而列朝書去其八九」，斯固然矣。而欲分真僞，則有三法，亦有三難：

一曰：考之史志及目録以定其著述之人，及其書曾否著録。然周秦之書，不必手著。漢志所載之姓名，不盡屬之著述之人。其他史志及目録所載書名撰人，新唐志及宋史藝文志。皆不免有譌誤。若其著録與否，則歷代求書，不能舉天下之載籍，盡藏之於秘府；況書有別稱，史惟載其定名；篇有單行，志僅記其總會。漢志多有此例。又往往前代已亡，後來復出。或發自老屋，而登中秘；或獻自外國，以效梯航。至於晁子止之讀書，晁公武郡齋讀書志。陳直齋之撰録，陳振孫直齋書録解題。只紀一家之有無，未及當代之存佚。其餘諸家書目，見聞益隘，蓋不足言。是則據史志目録以分真僞之法，不盡可憑也。其難一矣。

二曰：考之本書以驗其記載之合否。然古書本不出自一人，或竹帛著自後師，或記叙成於衆手，或編次於諸侯之客，見史記信陵君傳，詳見後。或定著於寫書之官。劉向。逸事遺聞，殘篇斷簡，並登諸油素，積成卷帙。故學案與語録同編，説解與經言並載。又箋注標識，混入正文，批答評論，咸從附録；以此語不類其生平，事并及於身後。至於杜撰事實，造作語言，設爲主客之辭，鳴其荒唐之説，既屬寓言，難可莊論。故摘其紕繆，固自多端，校其因緣，由來非一。是則即本書記載以分真僞之法，容有未盡也。其難二矣。

三曰：考之羣書之所引用，以證今本是否原書。然古書皆不免闕佚。蓋傳寫之際，鈔胥畏其繁難，則意爲删併；校刻之時，手民恣其顢頇，則妄爲刊落。又有兔園之册，本出節鈔，壞壁之餘，原非完帙。而類書之採用，箋注之援引，往往著者則署爲前人，書名則冠以「又曰」；於是甲乙相淆，簡篇互混。況飣餖之學，固異專門，掇拾之時，不皆善本；乃欲借賓以定主，何異郢書而燕說。又有古書既亡，後人重輯，明人所輯之書，多不注出處，並不著明出於搜輯，致後人或認爲古書，或斥爲僞作，其實皆非也。譏其疏漏，固所難辭，詆爲僞造，則非其罪。是則援羣書所引用，以分真僞之法，尚非其至也。其難三矣。

以此三難，是生四誤：不知家法之口耳相傳而概斥爲依託，漢志之所謂依託，乃指學無家法者言之，詳見後。誤一。不察傳寫之簡篇譌脱而並疑爲贋本，誤二。不明古書之體例，王引之經傳釋詞。而律以後人之科條，誤三。不知學術之流派，而繩以老生之常談，誤四。將欲辨此歧途，歸於真諦，其必稽之正例變例，以識其微；參之本證旁證，以求其合。多爲之方，而不窮於設難，曲致其思，而不安於謬解。不拾前人之牙慧，而遽以立論；不執一時之成見，而附以深文。揆之於本書而協，驗之於羣籍而通。以著作歸先師，以附益還後學。傳訛之本，必知其起因；僞造之書，必明其用意。有條有理，傳信傳疑；如戴東原所謂十分之見者，則庶乎其可以讀古書矣。

顔之推云：「觀天下書未徧，不得妄下雌黄。」家訓勉學篇。此語亦何容易！然天下書縱不可徧觀，而一時有一時之文體，一代有一代之通例。參互考較，可以得其情；排比鈎稽，可以知其意。今故將讀古書諸難題，條列爲篇，每篇又分子目，皆旁搜證據，詳加解釋。其中成説，多出前修，並加援引，明非臆説。引而伸之，觸類而長之，是在善讀者耳。

卷一　案著録第一

諸史經籍志皆有不著録之書

凡欲讀古書，當知古之學術分爲若干家，某家之書，今存者幾種，某書爲某人所撰凡若干篇、若干卷，而後可以按圖索驥，分類以求。又或得一古書，欲知其時代撰人及書之真僞，篇之完闕，皆非考之目録不爲功。自唐以前，目録書多亡，今存者漢、隋、唐之經籍、藝文志而已。宋以後私家目録，雖有存者，然所收僅一家之書，不足以概一代之全；仍非先考史志不可。蓋一代之興，必有訪書之詔，求書之使。通考卷一百七十四經籍考總叙，載之甚詳。天下之書既集，然後命官校讎，撰爲目録。修史者據爲要删，迻寫入志，故最爲完備，非藏書家之書目所可同年而語。張之洞書目答問，歷舉漢以下諸史志，張氏所舉，尚有經典釋文叙録，文獻通考中經籍考。謂爲「目録之最要者，雖非專書，尤爲綱領」，職是故也。

昔班固考世所傳東方朔之書，張衡闢圖緯之妄，皆以劉向不著録爲證。唐開元中，令儒官詳定子夏易傳。於是劉知幾引漢書藝文志、阮氏七録，司馬貞引荀勗中經簿、隋書經籍志、王儉七志，以議其姓名卷數乖剌錯謬。以上所言均詳目録學發微。則利用史志及目録以考古書之真僞，由來舊矣。

雖然，謂史志著録最爲完備者，特就大較言之耳。好學之士，嗜書若命，古今所同。其抱殘守闕，有非君相之威力所能脅取之者。秦政焚書坑儒，定挾書之律，偶語詩書者棄市。然天下學士，如伏生之徒，皆壁藏其書，漢興復出。夫嚴刑峻罰所不能禁，則必有高位厚禄所不能勸者。況歷代求書，不過每書一卷，賞絹一疋；隋開皇、宋嘉祐。獻至數百卷，始授以試銜，後唐同光。賜以科名，宋建隆。與以文資官而已。宋嘉祐。以上並見通考。清時修四庫全書，搜訪之法，至爲詳盡。然進書最多至五六七百種者，乃賜以圖書集成一部；百種以上者，僅賜佩文韻府一部耳。見四庫全書總目卷首。持較歷代，彌歎其薄。惡能鼓舞天下之人，使盡出其所藏，登諸中祕也哉？又況州縣之吏，不善奉行；胥役之徒，所至煩擾。山谷之叟，目不覩文告；遺逸之老，志不慕爵賞。有深閉固拒，藏之惟恐不密耳。至於編目之人，意爲去取，修史之時，妄行刊落；其端非一，難可殫陳。故就史志以考古書之真僞完闕，雖爲不易之法，然得之者固十之七八，失之者亦不免二三。若僅恃此法以衡量古今，是猶決獄者不能曲體物情，得法外之意，而徒執尺一以定爰書；則考竟之時，必有銜寃者。前人序跋，論列古書，往往似此，不可不察也。諸史爲經籍藝文作志者，凡有六家。考其所著録，於當時之書，皆有闕漏未及收入者。今條舉之於後。清史稿藝文志，不録古書。今取四庫提要論之，附之篇末焉。

一、漢書藝文志　案劉向奉詔校書合中外之本，管、晏書録均云，凡中外書若干篇。考民間書之有無，管子書録云：「九府書，民間無有。」殺青繕寫，著爲別録。子歆繼之，總羣書而奏其七略。宜乎舉天下之書盡歸著録，無復遺逸矣。班固删取其要，以爲藝文志。「七略書三十八種，六百三家，一萬三千二百一十九卷」，見廣弘明集卷三阮孝緒七録序。藝文志「大凡書三十八種，五百九十六家，萬三千二百六十九卷」，志後總數與今本不合。較七略「入三家五十篇，省兵十家」。班固自注。以所「入」與「省」相除，家數卷數皆相符，是則漢志全録七略，自省兵十家外，無所删除也。乃王應麟作考證，十卷，玉海附刻本。增入不著録之書二十七部，雖其間有志已著録，而今本傳其別名者；有自古書中裁篇單行者，有曾否著録，疑不能明者；有出於東漢以後，疑向、歆未見者；有僞託者；然除此之外，亦實有明見於漢書紀、傳，確爲劉、班時書，而本志不收者數種。至今人章炳麟、顧實所舉，又往往出於王氏之外。是七略及漢志，皆有不著録之書也。以班固本書之說推之，其故有三：一則民間所有，秘府未收也。楚元王傳曰：「元王亦次之詩傳，號曰元王詩，世或有之。」云「世或有之」，明非秘府所有，「或有」者，如今人言版本學者所謂少見云耳。以其傳本少見，秘府無其書，故不著於録。一則國家法制，專官典守，不入校讎也。禮樂志曰：「今叔孫通所撰禮儀，與律令同録，臧於理官，法家又復不傳，劉攽謂法家當讀上句，王先謙讀屬下句，王説是。漢典寢而不著，民臣莫有言者。」夫禮儀律令，既臧於理官，則不與他書「外則有太常、太史、博士之藏，内則有延閣、廣内、祕室之府」藝文志注引七略。者同。後漢書曹褒傳言「班固上叔孫通漢儀十二篇」，固既深惜漢典之寢而不著，及親得其書，乃不與劉向、揚雄、杜林書漢志新入三家。同入藝文者，蓋班固作志，用七略之成例，七略不録國家官書，故不得而入之也。王先謙禮樂志補注謂「漢儀十二篇固後迺得之，作志時未見。」非是。一則前漢末年人著作，未入中祕者，七略不收，漢書亦遂不補也。七略之作，由於奉詔校書，故當時人著作，成書較後者，皆不收入。班固直録七略，新入者僅三家，劉向、揚雄，以大儒負盛名，杜林蒼頡訓纂，因其爲小學書，家絃户誦，故破例收入，其餘皆不甚留意。王莽傳之樂經，律曆志之三統曆，並不見録，他可知矣。劉向、揚雄書，所收亦尚未盡，方言是矣。藝文志於漢時書，不盡著於録，證之本書，章章可考。其他古書，真出於西漢以前而不見於志者，皆可以三例推之。否則一書二名，或裁篇別出者耳。特非證佐明白，未可輕信。不得舉後世僞妄之書，概援此例以藉口也。

〔論衡案書篇〕六略之録萬三千篇對作篇同，惟「録」字作「書」。

案此指七略言之。六略者，除輯略不數。萬三千篇，舉其成數。與七録序合。

〔四庫全書總目卷八十五漢藝文志考證提要〕宋王應麟撰。其傳記有此書名而漢志不載者，亦以類附入。易類增連山、歸藏、子夏易傳；詩類增元王詩；禮類增大戴禮、小戴禮、王制、漢儀；樂類增樂經、樂元語；春秋類增冥氏春秋；道家增老子指歸、素王妙論；法家增漢律、漢令；縱横家增鬼谷子；天文增夏氏日月傳、甘氏歲星經、石氏星經、巫咸五星占、周髀、星傳；曆譜增九章算術、五紀論；五行增翼氏風角，經方增本草；凡二十六部各疏於其下，而以不著録字別之。其閒如子夏易傳、鬼谷子，皆依託顯然。而一概泛載不能割愛。案考證所補不著録之書，兵書内尚有黄石公記，提要失考。

案王氏所增二十七部其中如子夏易傳，即漢志易家之韓氏；名嬰。大戴禮，小戴禮，即禮家之記百三十一篇；鬼谷子即縱横家之蘇子；名秦。皆一書而二名。又如王制在禮記中，樂元語爲河閒獻王所傳，食貨志注引鄧展語。當在樂家王禹記二十四篇之内。九章算術，經張蒼刪補，見劉徽九章算術序。當在陰陽家張蒼十六篇内。星傳出于黄帝，見晉書天文志。當在天文家黄帝雜子氣三十三篇内。皆古書之裁篇别行者，此二例，别有專篇考之，詳見後。非不著於録也。至於連山，歸藏，或以爲在易家古雜八十篇中；沈欽韓疏證説。或以爲連山即數術略之夏龜，歸藏即南龜書，「南」疑「商」之訛；劉師培左盦集卷一連山歸藏考。以古雜之説爲近是。夏氏日月傳，説日月食，天文志。疑在天文家漢日食月暈雜變行事占驗十三卷内。甘氏石氏星經，巫咸五星占，亦疑在天文家泰一雜子星諸書之内。本草或謂即經方内之神農黄帝食禁。沈欽韓疏證及孫星衍本草經序説。周髀疑亦在曆譜十八家中，不知當屬何家。凡此皆曾否著録，疑不能明者也。冥氏春秋、公羊家。

老子指歸、此指隋志著録者，今本乃僞書。黄石公記、翼氏風角，皆東漢以後人所稱引，未必果出西漢，是否漢志失收，不可知。若樂經立於王莽，非古書，素王妙論則王國維以爲魏、晉人所依託，觀堂集林卷十一太史公行年考。皆不得謂漢志不著録。惟元王詩、漢律、漢令、五紀論，皆爲漢書所引，且確爲七略未收之書耳。

〔章炳麟檢論卷二徵七略〕 蕭何之九章，見刑法志。叔孫通之禮器制度，案見周禮淩人注及諸經疏中，詳玉海卷三十九。王官所守，布在九區，及秦氏圖籍，高祖以知地形阨塞户口多少彊弱者，案見蕭何傳。皆闕不著。律曆志所述和聲、審度、嘉量、權衡，職之大樂内官大倉大行者，今在曆譜十家與否，無文可知。案律曆志「二曰和聲」以上，尚有「一曰備數」，又云「其法在算術，宣於天下，小學是則，職在太史，羲和掌之。」章氏不引者，以算術已著録漢志，而太史之書，又爲七略所有也。及夫大尊桂酒，徵于元帝時大宰丞李元之記。見禮樂志晉灼注引。案志郊祀歌云「尊桂酒賓八鄉」注，灼曰：尊大尊也。元帝時大宰丞李元記云：以水漬桂，爲大尊酒。蓋其大者國之典章，刊剟一字，罪至殊死，固不待校，其細者籩豆之事，佐史之職，官別爲書，亦不暇校讎繕寫：是以不著於録也。

二、隋書經籍志　隋書十志本爲五代史而作，梁、陳、齊、周、隋。其篇第編入隋書，俗呼爲五代史志。見史通正史篇。六朝以前目録書皆亡，僅此書經籍志見其崖略，故讀古書者必取資焉。

志序云：「煬帝即位，祕閣之書，限寫五十副本，分爲三品，又於内道場集道、佛經，別撰目録。此所言目録即本志簿録類之隋大業正御書目録九卷，非道佛經之目也。大唐武德五年，克平僞鄭王世充。盡收其圖書及古跡焉。行經底柱，多被漂没，其目録亦爲所漸濡，時有殘缺。今考見存，分爲四部。其舊録所取，文義淺俗、無益教理者，並删去之。其舊録所遺，辭義可采，有所弘益者，咸附入之。遠覽馬史、班書，近觀王、阮志録，挹其風流體制，削其浮雜鄙俚，離其疏遠，合其近密，約文緒義，凡五十五篇。」以此考之，則當時撰述，實據大業目録爲底本，參以王儉七志、阮孝緒七録之體制，四庫提要以爲皆「根據於七録」者，卷二十一夏小正戴氏傳提要。非也。惟註中梁有某書，或有出於七録者耳。既於舊録有所删去，則六朝以前古書爲所刊落，不見於著録者，必甚多。故爲唐人所不滿。舊唐書馬懷素傳卷一百二。言懷素於開元初上疏曰：「南齊已前墳籍舊編，王儉七志以後著述，其數盈多。隋志所書亦未詳悉。或古書近出，前志闕而未編；或近人相傳，浮詞鄙而猶記。」序方自謂於文義淺俗者並删去之，又言削其浮雜鄙俚，而懷素正詆其記載浮鄙，不啻以矛刺盾，知自序之言，蓋不足信。夫其所記者既不必佳，則其所删去者，未必不佳矣。新、舊唐志所載隋以前書，多隋志所不著録或注爲殘缺亡佚者，則懷素所謂古書近出，闕而未編者也。舊唐志本之毋煚古今書録，新志本之四庫書目，二書皆修於開元時，正在懷素之後。故其所録，當爲可信。而後來目録家之論古書者，或反以隋志不著録，至唐復出爲可疑，其亦不考之甚矣！清章宗源嘗作隋志考證，用王應麟之例，每類補入不著録之書。今其全稿已佚，只存史部，就其書考之，凡補六百一十九部，志注爲梁有隋亡，或殘缺者，尚不在此數。推之經、子、集三部，至少當亦不下一千餘種，亦可駭矣！章氏所考，大抵精確，不似王氏之疏略。雖其間見於六朝人書中，至修隋志時已亡者固甚多。然即以正史言之，其爲劉知幾所評論，書鈔、類聚、初學記等書所徵引，而不見於志者，往往有之。魚豢魏略即其一也。至太平御覽所引，不皆採自本書，不可以斷存佚。此皆唐人所親見，竟不著於録，知馬懷素之言，不吾欺也。

三、舊唐書經籍志　志序云：「煚等案指毋煚。四部目，及釋道目，並有小序，及注撰人姓氏，卷軸繁多，今並略之。但紀篇部，以表我朝文物之大。其釋道録目附本書，今亦不取。據開元經篇爲之志，天寶已後，名公各著文章，儒者多有撰述。臣以後出之書，在開元四部之外，不欲雜其本部。是不能也，故不爲也。今據所聞，附撰人等傳。其諸公文集，亦見本傳。此並不録。」據其所言，蓋全從毋煚古今書録中録出，但删其小序，存其書名而已。天寶以後書且不録，遑望其於古書有所增益乎。他姑不論，即新志所收開元以前書，舊志亦往往不著録。知其並開元四庫書目，亦未嘗一考也。舊志惟録毋煚原序，較勝新志之空談。

四、新唐書藝文志　新志每類後所著右某類若干家，若干部，若干卷，皆開元以前書。又注云：自某書以下不著録，則天寶以後書也。考其所著録，凡舊志所有皆已收入。且開元以前書，亦有舊志所無者。如開卷連山十卷，司馬膺注，即舊志所不著録也。舊志載毋氏古今書録，大凡五萬一千八百五十二卷，而新志序云：「藏書之盛，莫盛於開元，其著録者五萬三千九百一十五卷，而唐之學者自爲之書，又二萬八千四百六十九卷。」卷數較古今書録加多，知其所據，非毋氏書，與舊志不同。考通志藝文略，於古今書録之外，別有開元四庫書目四十卷，亦見崇文總目卷二十三。蓋修於毋氏書之後。毋書修於開元九年。故書多於舊。新志蓋即據之以爲藍本，固可稍補舊志之闕憾，然仍多不著録之書。蓋歷代求書，皆不能盡天下之藏。故古書往往不入秘府，而復出於民間。要在隨時搜訪之耳。今新志斷自開元以前，此後只以唐人著作充數。則古書之出於天寶以後者，自不見收。唐人書成於開元以前者，其中所引古書或後復亡佚，姑置不論。今舉天寶以後者言之。如釋慧琳一切經音義，成於元和五年，所引用書不見於唐志者，不下數十種。而日本人藤原佐世所撰之日本現在書目，在古佚叢書中。載其國使臣入唐所得之書，爲志所不著録者尤多。近年敦煌石室所出唐寫本書，亦間有出於兩志之外者。讀羅振玉雪堂校刊羣書叙録自知。然則考古書者，第見史志不著録，便謂當時已佚，豈通論哉？

五、宋史藝文志　宋時官撰書目，見於玉海者極多。卷五十二。宋志著録四部。崇文總目、祕閣書目、中興館閣書目、中興館閣續書目。又宋時國史嘗屢修，每史皆有藝文志；見於通考經籍考所引者，有三朝志、兩朝志、仁宗、英宗。四朝志、中興志，高宗。元人修志時以國史藝文志爲本，見宋志序。合此數者，删除重複，編次成之，各書體例不一，史官無識，削足適屨。故或一書數見，或竟失收。歷代史志，惟此爲最不足據。且通考卷一百七十四。言「崇文總目或相重，亦有可取而誤棄不收者」，玉海卷九十二引兩朝藝文志同。則宋志之叢脞，無怪其然。至中興以後，並無書目及史志，修志者遂不能復補，故南宋著作多不著於録。清黄虞稷作千頃堂書目，張氏適園叢書本。始補輯之。倪燦作明史藝文志稿，在羣書拾補及八史經籍志内。題爲宋史志補亦並録南宋之書。然兩家所録仍不能完備。各家藏書目所收宋人書，尚有出於其外者。益可想見宋志之荒陋。其於有宋一代尚如此。然則欲據此志以考古書之存亡完闕，鮮不爲所誤者矣。

六、明史藝文志　黄、倪兩氏之書，皆明志之底稿，其後重修諸臣，削其南宋以下四朝之書，獨録有明一代著作，以爲此志。蓋用宋孝王關東風俗傳墳籍志，唯取當時撰者之例。見史通書志篇。歷代著録之例，自是一變；論者皆以爲恨。然有明一代藏書僅有楊士奇文淵閣書目。讀畫齋叢書本。其書以千字文編號，但録書名册數，而無撰人卷數，此何可入史志？至張萱之内閣書目，適園叢書本。所載多殘編斷簡，編次無法，官書既如此，私家藏書目，尤不足據。修史者無所取資，故不得已從此變例，蓋亦未可甚責也。惟明人書亦多不著録，此則無詞以自解，而以晚季著作語涉忌諱者爲尤甚。今遺書日出，多不見於志中。以非古書，故不具論。

〔附四庫全書總目〕　七略別録既亡，宋以後目録書，蓋未有如四庫總目之完善者。故張之洞謂爲讀羣書之門徑。見輶軒語。然體既博大，謬誤自多。舉之更僕不能盡；詳見拙著四庫提要辯證。今只就古書不著録言之。推原其故，蓋有數因：

一曰：藏書家寶惜，不願獻官。陸心源宋槧婺州九經跋儀顧堂續跋卷一。曰：「怡賢親王爲聖祖之子。其藏書之所，曰樂善堂，大樓九楹，積書皆滿。乾隆中，四庫館開，天下藏書家皆進呈，惟怡府之書未進。其中爲世所罕見者，如施注蘇詩宋施元之注，四庫著録者爲宋犖翻刻之宋殘本。全本有二，此外可知矣。怡府之書，藏之百餘年，至載垣以狂悖誅，而其書始散落人間。」以當時親貴，處輦轂之下，而於求書之詔，熟視無覩。推之海澨山陬，從可知矣。

二曰：獻書者以爲書已收入，不及進呈。如鄞縣范懋柱進書至六百餘種，曾被褒賞。然考其天一閣書目，文選樓本。中有罕見之書，爲四庫所不著録者尚夥。彼固非有所吝惜，然尚如此。則夫抱一二殘册，保護之若頭目者，安望其送官獻納耶？

三曰：官司之搜訪，館臣之纂修，每詳於遠而忽於近，有四證焉：（甲）清内閣大庫中，貯有明文淵閣所藏書，修四庫書時，竟不一檢視。其作文淵閣書目提要，總目卷八十五。徒羨其永樂大典所收之書，世無傳本者，往往見於此目，又惜其已閱百載，散失無餘，寧非笑端？宣統元年大庫屋壞，移出所貯，始爲人知。大學士張之洞，奏請以閣中所藏四朝書籍，設學部圖書館。繆荃孫、夏曾佑，均有學部圖書館善本書目。其書今併入北京圖書館。（乙）内庭所藏宋、元、明刊及影鈔精本，集爲天禄琳琅，有乾隆四十年官撰書目，亦録入四庫全書。此指前編言之，續編修於嘉慶十年，四庫不著録，兩編皆有王先謙刻本。其中與著録本異同甚多，亦不一考。(丙)道藏刻於明正統，釋藏且有雍正時敕編之本，板藏内府。除彼教經典外，四庫例不録道、佛經。古書極多。四庫館臣未之知，竟不入目。故總目釋家類，卷一百四十五。有宋釋贊寧之宋高僧傳，而無梁釋慧皎、唐釋道宣之書。道家類卷一百四十六。有宋林希逸之莊子口義而無老子、列子口義。其他尚不能偏舉也。乾嘉諸儒始讀釋、道藏，取其善本校刊之，然尚不能盡。(丁)修四庫書時，自永樂大典輯出佚書三百餘種，誠爲有功文獻。然有簽出備輯，而其後竟付闕如者。今所傳大典殘本封面後，間有館臣簽出佚書單，尚可考見。又有舊鈔殘本永樂大典書目，即四庫館輯書底本，中多不著録之書。又有書已輯成，而未經編録，遂不復收者，如路振九國志，蘇過斜川集之類皆是也。凡此數端，皆近在咫尺之間，只須一舉手一投足之勞，即可校録，乃皆忽而不察。昔人所以致慨於目能見千里，而不能見其睫也。

以上三事，不過舉其犖犖大者言之。又有銷燬查禁之書，有目録三種，咫進齋、式訓堂皆有刻本。不登著録，以其皆明、清人著作，故不暇論。凡茲所舉，雖就四庫總目言之，然歷代官修書目，皆不免此弊。舉一反三，可以悟古書不著録之故矣。阮元有四庫未收書目提要，即揅經室外集，但即當時古書收採，亦尚不能盡。後來所出，更無論矣。

本篇所言不著録之古書，多已散佚，惟雜見於前人著述中援引，清儒往往搜輯成書，恐學者讀之，疑其不見著録，故就諸史志證明其故，非爲一切僞書作辯護也。至於今日尚存之書，惟周、秦諸子。因有一書二名，及裁篇别出二例，故多不見於漢志。其他則雖暫佚於前，而復出於後，其爲時必不能甚久，皆有端緒可尋，隋、唐以來相傳之古書是也。時代既早，縱屬依託，亦自有其價值。除海舶傳來，石室發掘，斷無伏匿數千百年之理。若古三墳、子華子之突出於宋，子貢詩傳、申培詩説、於陵子、天禄閣外史之突出於明，僞妄顯然，不得並援此例。當於「辨真僞篇」中言之。

古書不題撰人

欲讀古書，當考作者之姓名，因以推知其身世，乃能通其指意。孟子曰：「誦其詩，讀其書，不知其人可乎？」焦循曰：「古人各生一時，則其言各有所當。惟論其世，乃不執泥其言，亦不鄙棄其言，斯爲能尚友古人。」孟子正義。陳啓源曰：「考孟子所論讀詩之法，然則學詩者必先知詩人生何時，事何君，且感何事而作詩，然後其詩可得而讀也。」毛詩稽古篇卷二十五。其言可謂明切矣。然古書多不題撰人；則欲知人論世，其事乃至不易也。

司馬遷曰：「西伯拘而演周易。」漢書司馬遷傳報任安書。漢書藝文志亦云：「文王重易六爻，作上下篇。」然易繫辭傳只云：「易之興也，其於中古乎？作易者，其有憂患乎？」又曰：「易之興也，其當殷之末世，周之盛德耶？當文王與紂之世耶？」其辭乃疑而未定。蓋古書本無撰人，既未題爲文王所作，作易傳者亦不敢質言之也。

尚書百篇之序，漢儒皆以爲孔子所作。然其序於作者姓名，有著有不著。至於「伊尹作咸有一德」，「咎單作明居」，「周公作無逸」，「周公作立政」，皆只一句，不言所以作之之意。此由古書不題撰人，故考得其作者，即以爲序。其所不知，則從闕如矣。

陳啓源曰：「詩三百篇，其作者之主名，有詩人自著之者：如節南山、巷伯、烝民、崧高，是也。有見於他籍者：如載馳、自注：左傳亦見叙。鴟鴞、書金縢亦見叙。常棣、國語。抑、國語亦見叙。桑柔、左傳亦見叙。時邁、思文，皆國語。是也。其詩人不言。他典不載，而序得其姓氏者：風之清人、公子素。渭陽、秦康公。七月，周公。小雅之何人斯、蘇公。賓之初筵，衛武公。大雅之公劉、泂酌、卷阿、皆召、康公。民勞、召、穆公。板、凡伯。蕩、召、穆公。雲漢、仍叔。韓奕、江漢、皆尹吉甫。常武、召、穆公。瞻卬、召旻，皆凡伯。及魯頌四篇皆史克。爾。其餘或言某大夫，某人，或言大夫，或言微臣，或言下國，或言太子傅，或併不言其人。蓋古世質樸，人惟情動於中，始發爲詩歌，以自明其義。非若後世能文之士，欲暴其才，有所作輒繫以名氏也。及傳播人口，采風者因而得之，但欲識作詩之意，不必問其何人作也。國史得詩，則述其意而爲之叙，案陳氏先云「大、小叙，子夏之徒爲之。」此云國史，前後不同。固無由盡得作者之主名矣。師儒傳授，相與講明其意，或於叙閒有附益；然終不敢妄求人以實之。闕所不知，當如是耳。」書名見前。陳氏之言，可謂通達。不惟可以解詩，即凡古書之不題撰人者，皆可以其説推之，學者可無事穿鑿也。

案小序所考得詩人之姓氏，尚有鄘風之柏舟篇，以爲共姜所作，陳氏失考。又案常棣、詩邁、思文，國語皆引作周公之詩，而詩序不言。左氏哀四年傳：「申包胥如秦乞師，秦哀公爲之賦無衣」，與「衛人所爲賦碩人」，隱三年。「鄭人爲之賦清人」，閔二年。「國人哀之，爲之賦黄鳥」文六年。義例正同。且味其詩中語氣，與包胥乞師情事亦相合。故王夫之詩經稗疏，謂爲秦哀公所作。其説至確。而序以爲刺用兵，列於康公渭陽詩之前。然則小序所言作詩之主名，未必果可據也。

周禮、儀禮，相傳皆周公之書；而周禮則自漢儒已有異論。林碩何休之説，均見賈公彦序周禮廢興。漢志但以禮記爲七十子後學者所記。鄭玄目録，始閒考得其作者。然諸儒之説，往往不同。如王制月令。計六經之中，惟孔子作春秋，獨有明文可考，後無異議耳。史記言「曾參作孝經」仲尼弟子列傳。而鄭玄以爲孔子作。孝經序疏引六藝論。劉向何晏論語序引。班固以論語爲孔子弟子所記，而鄭玄指爲仲弓、子夏、子游等所撰定。見論語序邢疏。蓋漢儒之説，雖多有所受之，而亦不免於意度。善讀書者，亦惟慎思明辨，好古敏求，信其所可信，疑其所可疑耳。

周秦古書，皆不題撰人。俗本有題者，蓋後人所妄增。段玉裁曰：「經典釋文、唐石經初刻，皆云喪服經傳第十一，無『子夏傳』三字。賈公彦疏單行本亦無。今各本皆作喪服第十一子夏傳，非古也，蓋淺人增此三字。賈疏曰：『傳曰者，不知是誰人所作，人皆云孔子弟子卜商字子夏所爲，按公羊高是子夏弟子。公羊傳有云者何、何以、曷爲、孰謂之等，今此傳亦云者何、何以、孰謂、曷爲。弟子卻本前師。此傳得爲子夏所作。』玩賈氏此語，知賈氏作疏時，古經未嘗有此三字，賈氏因人言而傅會之，要亦未嘗妄增於古經傳標題也。自唐石經改刻增竄，遂使古人意必之辭，成牢不可破之論矣。」經韻樓集古喪服經傳無子夏傳三字說。凡古書之題撰人者，皆所謂意必之辭也。

史記韓非傳云：「人或傳其書至秦，秦王見孤憤、五蠹之書曰，『嗟乎！寡人得見此人與之游，死不恨矣。』李斯曰：『此韓非之所著書也。』」司馬相如傳云：「蜀人楊得意，爲狗監侍上。上讀子虛賦而善之曰：『朕獨不得與此人同時哉！』得意曰：『臣邑人司馬相如自言爲此賦。』上驚，乃召問相如，相如曰：『有是。』」秦皇、漢武，親見其書，乃不知爲何人所作，非李斯與韓非同門，楊得意與相如同邑，孰知其事，竟無從得其姓名矣。此皆古人著書不自署名之證也。

漢志六藝略不獨於經不著姓名，即諸家傳記章句，亦有著有不著；其例頗不畫一。以易一家言之，如「易傳周氏二篇，字王孫。楊氏二篇，名何字叔元。韓氏二篇，名嬰。王氏二篇，名同。丁氏八篇。名寬。以上皆班固自註。」此於註中見其名字者也。「孟氏、京房十一篇，災異孟氏、京房六十六篇，五鹿充宗略説三篇，京氏、段嘉十二篇」，此於正文書名中姓名全具者也。而「蔡公二篇」，注云：「衛人事周王孫」，則知其里貫而失其名字。「服氏二篇」，顔師古註：「劉向別録云服氏，齊人號服光。」章句施、孟、梁丘氏各二篇」，施讎、孟喜、梁丘賀均見儒林傳。其名皆有可考，竟不復註。淮南道訓二篇，淮南王安聘明易者九人，號九師説。雖知其事蹟，而不能詳其名氏。至於「古五子十八篇，古雜八十篇，雜災異三十五篇，神輸五篇，圖一」，則並不知出於何人，即姓氏亦無之矣。蓋古人著書，不自署姓名，惟師師相傳，知其學出於某氏，遂書以題之，其或時代過久，或學未名家，則傳者失其姓名矣。即其稱爲某氏者，或出自其人手著，或門弟子始著竹帛，或後師有所附益，但能不失家法，即爲某氏之學。古人以學術爲公，初非以此争名；故於撰著之人，不加別白也。

書家有傳四十一篇，不注姓名，隋志云：「伏生作尚書傳四十一篇，以授同郡張生，張生授千乘歐陽生。」晉書五行志云：「伏生創紀大傳。」經典釋文叙録云：「尚書大傳三卷，伏生作。」故今本皆題曰「漢伏勝撰。」通考卷一百七十七引崇文總目已題漢濟南伏勝撰。考玉海卷三十七引中興書目：案鄭康成叙云：「蓋自伏生也。伏生爲秦博士，至孝文時，年且百歲。張生，歐陽生，從其學而授之。音聲猶有訛誤，先後猶有差舛，重以篆隸之殊，不能無失。生終後，數子各論所聞，以己意彌縫其闕，別作章句；案漢志有歐陽章句三十一卷，大、小夏侯章句各二十九卷，而無張生章句。考儒林傳夏侯勝之學由其先夏侯都尉從張生受尚書，則夏侯章句即張生之學。又特撰大義，因經屬指，名之曰傳。劉向校書得而上之，凡四十一篇。」尋此序之意，蓋張生、歐陽生之尚書，雖受自伏生而其所作章句，則以己意彌縫其閒，不純記伏生之口說，故別自專門名家。而此傳則雜成衆手，不出一人，故不可以題爲張氏或歐陽氏。傳之者，推本師授，知其出自伏生耳。乃自唐以後，遽從而實之曰伏生作。故知自隋志以後，凡古書之注某人撰者，多誤以傳其學之人，即爲著書之人。而今本所題之撰人，又後世淺人，據隋、唐志所妄增矣。四庫提要卷十二。引康成序謂「此傳乃張生、夏侯生所述，特源出於勝，非勝自撰。」其說誠是，特不知古書似此者正多，不獨大傳爲然也。

諸經傳注，最初只加姓氏於書名之上，並不別題撰人。至於齊詩、魯詩，則不以氏而以地，蓋惟取與他家相識別耳。公羊傳疏云：「左氏傳者，左丘明親自執筆爲之，以説經義，其後學者題曰左氏矣。且公羊者，子夏口授公羊高，高五世相授至漢景帝時公羊壽，與弟子胡母生乃著竹帛。胡母生題親師，故曰公羊，不説卜氏矣。穀梁者，亦是著竹帛者題其親師，故曰穀梁也。」陸德明毛詩音義解毛詩二字之義云：「詩是此書之名，毛者，傳詩人姓。既有齊、魯、韓三家，故題姓以別之。或云小毛公加毛詩二字。又曰河間獻王所加。」是則並書名上之姓氏，亦非本人所題矣。

自詩分爲四，春秋分爲五，乃題姓氏於傳之上以爲識別。其後一傳之中，又多別自名家，各爲章句故訓，於是復題其姓氏。蓋其初由後人追題者，久而變爲著者自署矣。其初只稱氏者，久而並署姓名矣。今雖不能考其所自始，要是漢、晉以後之事。不可以例周、秦及漢初古書也。鄭玄、趙岐、杜預注經皆只稱氏，惟何休、何晏、王弼稱名。然公羊解詁亦有作何氏者，則題「何休學」者，或後人所妄改也。

案公羊疏云：「案舊題云：春秋隱公經傳解詁第一，公羊何氏。今定本云何休學。今案博物志曰：『何休注公羊，云何休學，有不解者。或答曰，休謙辭，受學於師，乃宣此義不出於己，』是其義也。」見卷一。阮元校勘記云：「臧禮堂曰：『何氏題何休學非也。杜預解左傳，止題杜氏。趙岐孟子章句，但題趙氏。鄭注孝經，但題鄭氏，古人遜謙，不欲自表其名。此說非是，詳見後。但著氏族，俾可識別耳。』按唐石經桓公第二何休學，原刻作何氏，後磨改作何休。據疏引博物志，則晉時已稱何休學矣。」

詩疏釋鄭氏箋三字曰：「不言名而言氏者，漢承秦滅學之後，典籍出於人間，各專門命氏，以顯其家之學。故諸爲訓者，皆云氏不言名。」此言深得古人之意。夫古書既不署名，而後人乃執相傳之說，謂某書必某人所自作。就其時與事以求之，鮮有不見其牴牾者矣。

傳注稱氏，諸子稱子，皆明其爲一家之學也。諸子略中，自黃帝至太公、尹佚不稱子者，此等書大抵作於六國時。此其人皆古之君相，平生本無子之稱號也。周初惟鬻子稱子。自陸賈、賈誼以下不稱子者，學無傳人，未足名家也。此舉其大較言之，六國子書亦有不稱子者，蓋皆用當時所通稱以題其書，不可一概而論，詳法家篇。蓋專門之學衰，而後著述之界嚴；口耳之傳廢，而後竹帛之用廣。於是自著之書多而追叙附益之事乃漸少。然不可以例周、秦古書。夫春秋三傳皆不題左丘明、公羊高、穀梁赤，故既題荀卿新書，見劉向叙録。不别題荀况撰，既題晏子，不别題晏嬰撰。推之他書莫不皆然。古人既未自題姓名，則其書不必出於自著矣。

古書之題某氏某子，皆推本其學之所自出言之。漢志本之七略，上書某子，下注名某者，以其書有姓無名，明此所謂某氏某子者，即某人耳，非謂其書皆所自撰也。今所傳劉向叙録，如管子録云："「管子者，潁上人也，名夷吾，號仲父。」晏子録云："「晏子名嬰，謚平仲，萊者，今東萊地也。」孫卿書録云："「孫卿趙人，名况。」此特因其書名管子、晏子、孫卿子而加以解釋，以下即叙其平生事蹟，於其書是否本人所作，或門弟子所記，不置一詞，與别録言「論語皆孔子弟子記諸善言」何晏論語集解序引。者不同。惟晏子録云："「又有頗不合經術，似非晏子言，疑後世辯士所爲者。」此特言其記載失實，不似出於晏子之口，非辨其是否嬰所自著也。自隋志不明此義，於晏子春秋則曰齊大夫晏嬰撰，孫卿子則曰楚蘭陵令荀况撰，管子則曰齊相管夷吾撰，其他古書，莫不求其人以實之。古人既不自題姓名，劉向、劉歆、班固又未言爲何人所撰，不知作隋志者何以知之？然因此後人遂謂「管子自序其事泛濫而不切」，漢書藝文志考證卷六引葉適説。「晏子已亡，後人採嬰行事爲之，按今晏子實即漢志著録之本，說詳孫星衍晏子春秋序。以爲嬰撰則非也。」通考卷二百十二引崇文總目。可謂辯乎其所不必辯者矣。按漢志考證引傅子曰：「管子書過半是後之好事者所加」，則傅玄已不能解此。隋志之誤，亦有所自來也。

漢志數術略中所著録之書，無姓氏者十之八九。其小序曰：「史官之廢久矣，其書既不能具，雖有其書而無其人。」由此言之，則周、秦以前書之有其人者，必其學有授受，師師相傳，知其出於某某，始因以題之。若數術則史官放廢，專門之家法已亡，而其人遂不可知。然則古書之姓名，皆非其人所自題。六略中凡書名不著姓氏者，皆不可考者也。劉、班特於數術略言之，以當發凡起例耳。

漢無名氏中論序曰：「予以荀卿子、孟軻，懷亞聖之才，著一家之法，繼明聖人之業，皆以姓名自書，按荀子名况不名卿，孟子名亦只見於書中，此語不可據。猶至於今，厥字不傳。原思其故，皆由戰國之世，樂賢者寡，同時之人，不早記録，况徐子中論之書，不以姓名爲目乎？恐歷久遠，名或不傳，故不量其才，喟然感嘆，先目其德以發其姓名，述其雅好不刊之行，屬之篇首，以爲之序。」中論卷首。是漢末人著書，尚不自題姓名也。而謂周、秦人書，有自題某官某人撰者乎？

約而言之，則周、秦人之書，若其中無書疏問答，自稱某某，則幾全書不見其名，或並姓氏亦不著。門弟子相與編録之，以授之後學，若今之用爲講章；又各以所見，有所增益，而學案、語録、筆記、傳狀、注釋，以漸附入。其中數傳以後，不辨其出何人手筆，則推本先師，轉相傳述曰：此某先生之書云耳。既欲明其學有師法，又因書每篇自爲起訖，恐簡策散亂，不可無大題以爲識別，則於篇目之下題曰某子，而後人以爲皆撰人姓名矣。古書既多不出一手，又學有傳人，故無自序之例。漢以後惟六藝立博士，爲禄利之途。學者負笈從師，受其章句，大儒之門，著籍者輒數千人。而所自著之書，則無人肯受。於是有於篇末爲之叙，自顯姓名者，如太史公、揚雄自序是也。或奏進之書，則於文中自稱某官臣某，如道家郎中嬰齊、雜家之博士臣賢對之類是也。然仍無於篇題之下，自標某人撰之例。後人因其所自稱以題其書，故專家之書，有傳其氏不傳其名者。而自著之書，則有傳其名不傳其氏者矣。若既無自序，文中又不自稱名，久之或竟無可考。故中論序謂「恐歷久遠，名或不傳」，則有同時之人爲之作序之例。要之皆因著者不自題姓名之故也。至於每卷自署某人撰，雖不詳其所自始；要其盛行，當在魏、晉以後矣。

論衡書解篇曰：「著作者爲文儒，説經者爲世儒。二儒在世，未知何者爲優？或曰：文儒不若世儒。世儒説聖人之經，解賢者之傳，義理廣博，無不實見。故在官常位，位最尊者爲博士，門徒聚衆，招會千里。身雖死亡，學傳於後。文儒爲華淫之説，於世無補，故無常官。弟子門徒，不見一人。身死之後，莫有紹傳。此其所以不如世儒者也。」讀此可以知漢以後著作，亟亟於自顯姓名之故矣。而遂以此例古之作者，必求其人以實之，又從而辯其某書非某人所撰。此乃執曹公之律令以案肅慎氏之不貢楛矢，先零之盜蘇武牛羊也。不知古人著述之體例，而欲論古書之真僞，其弊往往似此。

古書書名之研究

古書之命名，多後人所追題，不皆出於作者之手，故惟官書及不知其學之所自出者，乃別爲之名，其他多以人名書。今列舉古人名書之例，叙之如左：

一曰：官書命名之義例。章學誠曰：「六經皆史也。古人不著書，古人未嘗離事而言理，六經皆先王之政典也。」文史通義易教上。其說樹義甚精。漢志謂「諸子出於王官，皆起於王道既微，諸侯力政，時君世主，好惡殊方，是以九家之説，蠭出並作」，是則春秋以前，並無私人著作，其傳於後世者，皆當時之官書也。其他諸子在三代以前者，多出依託，詳見後。其書不作於一時，不成於一手，非一家一人所得而私，不可題之以姓氏，故舉著書之意以爲之名。如「『連山』似山出内雲氣；原作出内氣變，據阮氏校勘記改。『歸藏』者，萬物莫不歸而藏於其中」，周禮春官太卜注。「生生之謂易，」繫辭傳。「『乘』者興於田賦乘馬之事，因以爲名，『檮杌』者，嚚兇之類，興於記惡之戒，因以爲名」，孟子趙岐注。「春秋者，魯史記之名也，『記事』者，以事繫日，以日繫月，以月繫時，以時繫年，年有四時，故錯舉以爲所記之名也」，杜預春秋序。此其命名皆有意義。至於詩、書、禮、周官之類，尤爲顯而易見。六經之外，爾雅之名最古。大戴記小辯篇云：「子曰：『爾雅以觀於古，足以辯言矣。』」魏張揖以爲即今之爾雅，又云「周公著爾雅一篇」，上廣雅表，經典釋文序録云：釋詁一篇，蓋周公所作。其言雖不知信否，要是古之官書，後人遞有附益耳。詳見後。漢志六藝略中之書。如司馬法，國語，世本，戰國策，太古以來年記，儒家中之周政，周法，大抵源出古史，故皆舉所記之事以命其書。若漢著記，漢大年紀之類，蓋亦漢史所記。即楚漢春秋，亦不在陸賈二十三篇之内。蓋記事之書，與立言之體，固自不同耳。

二曰：古書多摘首句二字以題篇，書只一篇者，即以篇名爲書名。程大昌曰：「蕩之詩，以『蕩蕩上帝』發端。召旻之詩，以『旻天疾威』發端。蓋采詩者摘其首章要語，以識篇第，本無深義。」考古編卷一詩論九。顧炎武曰：「三百篇之詩人，大率詩成取其中一字二字三四字以名篇，故十五國並無一題，雅頌中間一有之。頌爲宗廟之樂，出於士大夫之手，故另命名，非民間歌謡。五言之興，始自漢、魏，而十九首並無題，郊祀歌鐃歌曲各以篇首字爲題。」又曰：「古人之詩，有詩而後有題；今人之詩，有題而後有詩。有詩而後有題者，其詩本乎情；有題而後有詩者，其詩徇乎物。」日知録卷二十二。王國維曰：「詩之三百篇、十九首，詞之五代、北宋，皆無題。非無題也，詩中之意，不能以題盡之也。」人間詞話卷上。愚謂不獨詩詞也，古人之著書作文，亦因事物之需要，而發乎不得不然，未有先命題，而强其情與意曲折以赴之者。故詩、書之篇名，皆後人所題。諸子之文，成於手著者，往往一意相承，自具首尾，文成之後，或取篇中旨意，標爲題目。至於門弟子纂輯問答之書，則其紀載，雖或以類相從，而先後初無次第。邢昺論語疏學而第一，正義曰：「其篇中所載，各記舊聞，意及則言，不爲義例，亦或以類相從。」故編次之時，但約略字句，斷而爲篇，而摘首句二三字以爲之目。葉夢得曰：「古書名篇，多出後人，故無甚理，老氏別道、德爲上下篇，其本意也。若逐章之名，則爲非矣。惟莊、列似出其自名。」避暑録話卷一。此言是也。按莊子内篇諸篇目，雖皆有意義，而外篇駢拇馬蹄之類，仍是摘字名篇。孝經之名，見於史記，仲尼弟子列傳云：「曾參作孝經。」邢疏引鉤命决：「孔子曰，吾志在春秋，行在孝經。」緯書之言，恐不可據。其源甚古。漢志云：「夫孝，天之經，地之義，民之行也。舉大者言，故曰孝經。」則此書亦是摘篇中字句以題篇。邢疏云：「易有上經、下經，老子有道經、德經，孝爲百行之本，故曰孝經。經之創制，孔子所撰也。」阮福義疏，因謂「以經爲書之名目，實自孝經始」，其説皆不免於穿鑿，非是。因書只一篇，故即以篇名爲書名也。王國維曰：「詩、書及周、秦諸子，大抵以二字名篇，此古代書名之通例。字書亦然。蒼頡篇首句雖不可考，然流沙墜簡卷二第十八簡上，有漢人學書字中有『蒼頡作』三字，疑是蒼頡篇首句中語，故學者書之。其全句當云『蒼頡作書』。爰歷、博學、凡將諸篇，亦有首二字名篇，今急就篇尚存，可證也。」觀堂集林卷五史籀篇疏證序。按今急就篇首句云：「急就奇觚與衆異。」按漢志，蒼頡、凡將諸書，皆只一篇，故摘字名篇，别無書名也。史記孔子世家云：「子思作中庸。」沈約曰：「禮記中庸取子思子。」見隋書音樂志。漢志儒家有子思二十三篇，此篇蓋在其中。使其單行，則只名中庸，不名子思矣。蓋書只一篇，篇名即書名也。儒家有王孫子一篇，註云：「一曰巧心。」嚴可均以爲未詳。鐵橋漫稾卷五王孫子叙。愚謂漢志諸子，除不知作者外，皆只以人名書。其只一篇者，蓋別無篇題。獨王孫子又別題其篇曰巧心，故註爲「一曰」也。尹文子一篇，今本作二篇，曰大道上，大道下，此爲有書名又有篇名者，或爲漢以後人所題，或班固略之，皆不可知。

三曰：古書多無大題，後世乃以人名其書。古人著書，多單篇別行；及其編次成書，類出於門弟子或後學之手，因推本其學之所自出，以人名其書。史記韓非傳云：「作孤憤、五蠹、内外儲說、說林、說難，十餘萬言。」孟子傳云：「騶衍深觀陰陽消息，而作怪迂之變，終始大聖之篇，十餘萬言。」漢書董仲舒傳云：「仲舒所著，皆明經術之意，及上疏條教凡百二十三篇，而說春秋事得失，聞舉、玉杯、繁露、清明、竹林之屬，復數十篇十餘萬言。」史記管子傳、莊子傳、商君傳、屈原傳、漢書東方朔傳，引其所著書，亦只有篇名。此所叙諸子著書，皆只有篇名，無書名；又因全書不可勝舉，故只隨舉數篇，以見其大凡。蓋由古人著書，其初僅有小題，謂篇名。並無大題也。謂書名。餘若史記老子傳云：「於是老子乃著書上下篇，言道德之意五千言而去。」「或曰老萊子，亦楚人也，著書十五篇，言道家之用。」孟子荀卿傳云：「慎到著十二論，環淵著上下篇。」「荀卿於是推儒、墨、道德之行事興壞，序列著數萬言而卒。」漢書賈誼傳云：「凡所著述五十八篇。」公孫賀傳云：「賀祖父昆邪，著書十餘篇。」王貢兩龔鮑傳云：「蜀有嚴君平，依老子、嚴周之指，著書十餘萬言。」此所叙諸子著書，只云若干篇若干言，初不云所著爲何書，蓋其書本無大題，後人始以人名名之也。史記孟荀傳云：「趙有公孫龍，爲堅白同異之辯，魏有李悝，盡地力之教。」此特叙其著書之意，猶之荀卿推儒、墨、道德之行事興壞云耳，非其書名堅白同異及盡地利也。漢志公孫龍子十四篇，李子三十二篇。史記虞卿傳云：「不得意，乃著書，上採春秋，下觀近世，曰節、義、稱、號、揣、摩、政、謀，凡八篇，以刺譏國家得失，世傳之曰虞氏春秋。」然則虞氏春秋之名，乃世之傳其書者名之耳，非卿所自名也。晏子之名春秋，亦同此例。司馬穰苴傳云：「齊威王使大夫追論古者司馬兵法，而附穰苴於其中，因號曰司馬穰苴兵法。」陸賈傳云：「陸生乃粗述存亡之徵，凡著十二篇，每奏一篇，高帝未嘗不稱善，左右呼萬歲，號其書曰新語。」是則司馬穰苴兵法，乃齊威王之大夫號之；新語之名，亦高帝之所號也。此古人著書不自命名之證也。推之申子傳云「著書二篇號曰申子」，漢書蒯通傳云「通論戰國時説士權變，亦自序其説，凡八十一首，號曰雋永」，亦當是時人號之矣。史記孫武傳云「世俗所稱師旅，皆道孫子十三篇」，信陵君傳云「諸侯之客，進兵法，公子皆名之，索隱云，公子所得進兵法，而必稱其名，以言其恕也。故世俗稱魏公子兵法」，此亦是世俗之人所稱，與世傳虞氏春秋同。獨孟子傳云「退而與萬章之徒，序詩、書，述仲尼之意，作孟子七篇」，與他傳但言著書若干篇者不同。蓋史公率爾言之，非作書之時已名孟子也。司馬相如傳云：「相如已死，家無書，問其妻，對曰長卿固未嘗有書也。時時著書，人又取去，即空居。長卿未死時，爲一卷書，曰有使者來求書，奏之。無他書。」此亦古人著書不自編次之證也。蓋因事作文，不自收拾，後人取而編輯之，因以人題其書。故漢志諸子詩賦二略，題某人或某官某者，居十之九。古人之學，專門名家，所作雜文，皆在諸子，獨於詩賦，別爲一略。及至東京專家之學衰，而後別集興，隋志云別集之名，蓋漢東京之所創也。又追爲西漢以前人編集。隋志自楚蘭陵令荀況集以下，凡四百三十七部，皆題某官某人，與漢志諸子詩賦之例同；其別爲集名者祇數部耳。見後。隋志經子史三部撰人。皆用雙行註於書名之下，獨集部因以人名書，故不別註撰人。漢、魏以後，學者著書，無不自撰美名者，獨至文章，多由後人編定。故別集直書姓名者，至宋猶多。元、明以後，此風漸寡。然文集之不必手定，則今人尚多有之。古之諸子，即後世之文集也。出於門弟子所編，其中不皆手著，則題爲某子。出於後人所編，非其門弟子，則書其姓名。漢武以後，傳記不立博士，專家之學衰，故書名無稱子者，考之漢志可知也。漢人書稱子者僅有蒯通一家。東漢以後人著書，皆手自編定，其稱某子，乃其人自子之耳。而論衡案書篇乃曰：「董仲舒著書不稱子者，意殆自謂過諸子也。」此由不知古人著作體例，故有此傅會之説矣。

四曰：漢志於不知作者之書，乃別爲之名。古之諸子，皆以人名書。然漢志中，亦有別題書名者，則大率不知誰何之書也。如儒家有内業十五篇，註曰：「不知作書者。」讕言十篇，功議四篇，儒家言十八篇，陰陽家有雜陰陽三十八篇，法家有燕十事十篇，法家言二篇，並註曰：「不知作者。」道家有道家言二篇，陰陽家有衛侯官十二篇，並註曰：「近世不知作者。」雜家有雜家言一篇，註曰：「王伯註「師古曰：言王伯之道。」不知作者。」此皆數術略序所謂雖有其書，而亡其人也。內業、讕言之屬蓋皆後人之所題，或即用其首篇之名以名書。管子有內業篇。儒家言、雜陰陽、法家言、雜家言，則劉向校讎之時，因其既無書名，姓氏又無可考，姑以其所學者題之耳，皆非其本名也。此條當與「古書不著撰人篇」第十三條參看。

五曰：自撰書名之所自始。　古書自六經官書外，書名之最早而可據者，莫如論語。坊記出於子思，隋書音樂志沈約曰：坊記取子思子。已引論語曰：「三年無改於父之道，可謂孝矣。」則當時已謂之論語矣。蓋他書多散篇單行，後人編次，獨論語則門人論纂之時，已勒爲成書。既裒然巨帙，不可無大名以總匯之也。史記呂不韋傳云：「是時諸侯多辯士，如荀卿之徒，著書布天下，不韋乃使其客人人著所聞，集論以爲八覽，六論，十二紀，十二餘萬言，以爲備天地萬物古今之事，號曰呂氏春秋。」此言以爲備天地萬物古今之事，號曰呂氏春秋，則春秋之名，出於不韋之意，與他書爲時人所號者不同。自著書而自命之名，始見於此。不韋之舉，純出於好名。又其書成於衆人之手，非所自撰，與他人著書以傳後學者不同，故亟亟焉表章之。蓋古以學術爲公器者，至是始爲私人爭名之具矣。其始已有魏公子兵法，亦賓客所進。不韋之養士，即係效法四公子，故亦有此舉。其後淮南王安，招致賓客方術之士數千人，作爲内書二十一篇，外書甚衆，見漢書本傳。高誘淮南鴻烈解叙云：「天下方術之士，多往歸焉。於是遂與蘇飛、李尚、左吴、田由、雷被、毛被、伍被、晉昌等八人，及諸儒大山、小山之徒著此書。」其事與吕不韋正同，故亦自號曰鴻烈。淮南要略篇云：「此鴻烈之泰族也。」高誘叙云：「鴻，大也；烈，明也。」西京雜記卷三云：「淮南王安，著鴻烈二十一篇。」其要略篇即全書之自序，具列篇目與其所以作文之意，前後兩言故著二十篇，是其書已自行編定矣。司馬遷作史記自序云：「凡百三十篇，五十二萬六千五百字，爲太史公書序。」是遷書亦出手定，且自名爲太史公也。王國維太史公行年考謂史公原書本有小題，而無大題。然此語明見於自序，今案孝武本紀集解引韋昭説，謂「史記稱遷爲太史公，是外孫楊惲所稱」。索隱引桓譚新論，以爲「太史公造書，書成示東方朔，朔爲平定，因署其下。太史公者，皆東方朔所加之也。」此二説蓋謂於每卷篇目之下，別題太史公三字，所謂小題在上，大題在下，非謂自序中之書名也。至遷書在漢時只名太史公，不名史記，則錢大昕潛研堂文集卷十二答問九已發其端，王氏行年考引證尤爲詳盡。其説固確不可易。蓋自撰書名，萌芽於吕氏春秋，而成於武帝之世。適當罷黜百家之後，文儒著書，無人可傳，不能不自行編次。專門之學衰而後著述之界嚴，於此可以知體例變遷之故矣。其後宣帝時則有桓寬之鹽鐵論，西漢末則有劉向、揚雄所序書。東漢以後，自別集之外，幾無不有書名矣。

漢志著録之書名異同及別本單行

漢書藝文志著録之書，其名往往與今本不同，亦或不與六朝、唐人所見本同，並有不與七略別録同者。其故由於一書有數名，漢志只著其一也。古書書名，本非作者所自題。後人既爲之編次成書，知其爲某家之學，則題其氏若名以爲識別；無名氏者，乃約書中之意義以爲之名。所傳之本多寡不一，編次者亦不一，則其書名不能盡同。劉向校書之時，乃斟酌義例以題其書。至漢人著述，頗有自題書名者矣，而劉、班牽於全書著録之例，雖其本名，或不盡用；別録中蓋詳著之。七略別録既亡。班固之自註甚略，書名異同，不盡可考，又有古書之名，爲後人所改題，出於向、歆校書以後者。故雖其書真出古人，求之漢志而無有，則辯論紛然，疑議蜂起矣。今於其有可考者，旁引羣書，爲之疏通證明之；其無可考者，不敢强爲之説也。試條舉其例如左：

一曰七略之書名，爲班固所改題。如子夏易傳，即韓氏易傳是也。此謂七略著録之子夏易傳。若隋、唐志之書，張惠言疑爲晉以後人作。至北宋人所見，據通考引晁説之説，乃唐張弧僞撰。今所傳十一卷本，據經義考及四庫提要，乃宋以後人僞作，不可混爲一書。漢志易家有易傳、韓氏二篇，注云：「名嬰」，按唐會要司馬貞引七略有「子夏易傳，劉向云：韓氏嬰也，」是其書初名子夏易傳，不名韓氏易傳。班固因諸家易傳至丁氏以至周氏，皆題某氏古五子及淮南道訓以不知作者，故爲例外。欲使先後一律，遂采七略之語，題爲韓氏。但儒林傳不言韓嬰字子夏，後人誤以爲是孔子之弟子卜商，因疑子夏並不傳易。而韓嬰之易，又不詳其所從受，何以嬰作易傳，題子夏之字？遂不信劉向之説，別自以意推測，云或丁寬所作，或馯臂子弓所作。均見後。蓋謂子弓、丁寬之易，均傳自商瞿，宜得接聞子夏之緒論也。是已鄰於想當然矣。至隋志遂從而實之曰:「魏文侯師卜子夏傳。」于是劉知幾、司馬貞皆以爲疑。夫疑當時傳本之非真,可也;並疑七略之題韓嬰,而斤斤致辨於非卜子夏,則非也。宋人乃别求漢人之字子夏者以當之,孫坦以爲杜鄴,見書録解題卷一,玉海卷三十五,經義考卷五。趙汝楳以爲鄧彭祖,見經義考卷五,清崔應榴亦以子夏爲彭祖,見吾亦廬稿卷一。以二人皆字子夏也。其説均不免於無徵不信。至清儒張惠言,始信七略之子夏傳爲韓嬰所作,而又以爲韓氏之學,或出於子夏,則仍以子夏爲卜商矣,不如臧庸直謂韓嬰字子夏,掃昔人之所疑而空之,可謂痛快。然謂嬰爲幼孩,故字子夏,夏,大也,其解釋猶不免迂曲。惟宋翔鳳據儒林傳韓嬰之孫名商,謂子夏當是商之字。與卜子夏名字正同。此説文義既協,又與七略漢志及儒林傳均無不合,千古積疑,至斯可釋。韓嬰之傳而題以韓商之字者,蓋商又有所附益,古人家法相傳,固多如此。其後弟子題其親師,因曰子夏矣。七略説之不詳,班固又不云「易傳韓氏,一曰子夏」,遂使後人附之魏文侯師,而異説紛然并作,古書之不易讀如此。

〔唐會要卷七十七〕 開元七年詔:子夏易傳,近無習者,令儒官詳定。劉知幾議曰:「按漢志易有子三家,而無子夏作傳者。至梁阮氏七録,始有子夏易六卷,或云『韓嬰作』,或云『丁寬作』。然據漢書『韓易十二篇』,『丁易八篇』。求其符會,則事殊乖剌者矣。夫以東魯服膺,文學與子游同列,西河告老,名行將夫子連踪;而歲越千齡,時經百代,其所著述,沈翳不行，豈非後來假憑先哲。必欲行用，深以爲疑。」司馬貞議曰：「按劉向七略有子夏易傳，但此書不行已久，今所存多失真本。又荀勗中經簿云：『子夏傳四卷，或云丁寬所作』，是先達疑非子夏矣。又隋書經籍志云：『子夏傳殘闕，梁六卷。』今二卷，知其書錯謬多矣。又王儉七志引劉向七略云：『易傳子夏，韓氏嬰也。』今題不稱韓氏，而載薛虞記。又今秘閣有子夏傳，薛虞記，其質觕略，皆趣非遠，無益後學。」

〔張惠言易義別録卷十四〕釋文叙録：「子夏易傳三卷」，按叙録此下有「卜商字子夏，衛人，孔子弟子，魏文侯師」十五字。七略云：「漢興韓嬰傳。」中經簿録云：「丁寬所作」，張璠云：「或馯臂子弓所作薛虞記，虞不知何許人。」隋書經籍志：「周易傳按隋志無傳字。二卷。魏文侯師卜子夏傳，殘闕，梁六卷。」案漢書藝文志，易有韓氏二篇，丁氏八篇，而無馯臂子弓，則張璠之言不足信。丁寬受易田何，上及馯臂子弓，受之商瞿，非自子夏，則荀勗言丁寬亦非。劉向父子，博學近古。以爲韓嬰，當必有據。儒林傳稱韓生亦以易授人，推易意而爲之傳，不聞其所受，意者出於子夏，與商瞿之傳異耶。今所傳子夏傳十一卷，崇文總目云十卷，以釋文集解諸書所引校之，都不相合。晁以道云：「是唐張弧所作」，惠徵士棟以爲唐時子夏殘書尚存，無容僞爲，案子夏殘書自經開元議駁，更不行用，安知不亡於中唐以後耶？爲之必宋人也。然予謂即唐時一卷者，亦非真韓氏書。其文淺近卑弱，不類漢文。案唐人所見之子夏易傳，固未必真韓嬰書，然其遺文傳者甚少。張氏別録所輯，僅數十條，大抵零章斷句，惟解元亨利貞一條，至五十餘字耳。不知何以知其淺近卑弱。且多據朱震漢上易傳輯入。震所見者，是否爲隋唐志著録之本，抑爲張弧僞本，尚不可知也。殆永嘉以後，羣書既亡，好事者聚斂衆説而爲之也。

〔臧庸拜經日記卷三學海堂經解本。〕釋文叙録：「子夏易傳三卷。」七略云：「漢興韓嬰傳。」文苑英華載唐司馬貞議云：「王儉七志引劉向七略云：『易傳子夏，韓氏嬰也。』」案考校是非，大較以最初者爲主，雖千百世之下可定也。七略劉子駿作，班孟堅據之以作藝文志，七略既云是漢興子夏韓氏嬰傳，按釋文叙録與王儉七志所引文各不同，七志引云易傳子夏，韓氏嬰也。易傳是一類之名，子夏是一書之名，韓氏嬰也，是釋子夏易傳之語，劉班著録之例，經傳章句各歸其類。如漢志易傳周氏二篇以下，自服氏至淮南道訓，皆易傳也。七略所言易傳子夏，亦同此例，其漢興韓嬰傳又其下文之語。今臧氏割裂其文，合兩處及上下句爲一，使子夏韓氏嬰五字相連屬，以證其子夏爲韓嬰字之説，實非七略之意。便可知非孔子弟子卜子夏矣。漢書儒林傳云：「韓嬰燕人，嬰推詩人之意而作内外傳數萬言，亦以易授人，推易意而爲之傳」，此尤爲韓嬰作易傳之明證。嬰爲幼孩，故名嬰字子夏。夏，大也。漢志「易傳韓氏二篇名嬰」，與劉略合，但孟堅於志傳皆祇書其名，而不載其字，所以滋後人之疑。王儉、陸德明所引七略，可補班書所未備。

〔宋翔鳳過庭録卷一〕漢書儒林傳云：「韓生亦以易授人，推易意而爲之傳。燕、趙間好詩，故其易微，唯韓氏自傳之。其孫商爲博士，孝、宣時涿郡韓生其後也。以易徵待詔殿中曰：『所受易即先太傅所傳也。』」翔鳳案子夏當是韓商之字，與卜子夏名字正同，當是取傳韓氏易最後者題其書，按韓商之後，尚有涿郡韓生，則商不可爲傳韓易最後者。此自是商於韓嬰之傳，以己意有所彌縫於其間耳。故韓氏易傳爲子夏傳也。

二曰別録書有數名者，漢志只著其一，如淮南道訓是也。初學記卷二十一引劉向別録云：「所校讎中易傳淮南九師道訓，除複重定著十二篇。漢志作二篇。淮南王聘善爲易者九人，從之採獲，故中書題曰淮南九師書。」今本九師書上無「淮南」二字，據玉海卷三十五引初學記補。按道訓當是淮南著書時所題，猶淮南子自名曰鴻烈也。然漢中秘書只以著書之人目之，題曰淮南九師書。劉向又合此二名，題爲淮南九師道訓。班固漢志又省稱之曰淮南道訓，註又有九師説之名，自注云：淮南王安聘明易者九人，號九師説。是可見古書之無定名矣。

三曰劉、班於一人所著，同爲一家之學者，則爲之定著同一之書名，如淮南内、外是也。漢志雜家淮南内二十一篇，淮南外三十三篇，淮南王安傳亦只云：「招致賓客方術之士數千人，作爲内書二十一篇，外書甚衆，又有中篇八卷，言神仙黄白之術，亦二十餘萬言」，而不言其書名。然淮南要略篇歷舉所著内書二十篇之名，而總括之曰「此鴻烈之泰族也。」高誘叙曰：「其大較之於道，號曰鴻烈。」光禄大夫劉向，校定撰具，名之淮南，又有十九篇者，謂之淮南外篇。按外篇篇數，與漢志不合。西京雜記卷三，言安著鴻烈，號爲淮南子，不可據。夫劉安既自號其書爲鴻烈，何以劉向校定謂之淮南？蓋嘗考之羣書之例而得其説焉。安所著雖有内、外書之分，體例不同，同爲雜家之學。要略篇末歷舉太公、儒家、墨家、管子、縱横、刑名、商鞅之書，論其學之所由生，而終之曰：若劉氏之書，觀天地之象，通古今之論云云，是即雜家兼儒墨合名法之旨，特其大較歸之於道耳。鴻烈特其内篇之名，不可以該外書。劉向既爲之撰具，因改題爲淮南，以總會之。猶之鬼谷子編入蘇秦書，則不名鬼谷。新語編入陸賈書，則不名新語也。特鬼谷、新語，乃合之於其他著述之内，此則内、外篇仍分别著録，爲小異耳。

四曰今所傳古書之名，有爲漢以後人所改題，故與漢志參差不合，如老子道德經是也。史記老子傳只言「著書上下篇，言道德之意」。周、秦、西漢人引其書，均只稱爲老子。故漢志著録老子四家，老子鄰氏經傳，老子傅氏經説，老子徐氏經説，劉向説老子。皆不名道德經。揚雄蜀王本紀云：「老子爲關令尹喜，著道德經」，御覽卷一百九十二、太平寰宇記卷七十二引。道德經之名，始見於此。蜀王本紀叙事多荒誕，又其書漢志不載，隋志始著録，是否揚雄所作，蓋不可知。洪頤煊經典集林有輯本。列仙傳卷上老子傳云：「關令尹喜强使著書，作道德上、下經二卷。」列仙傳舊題劉向撰，應劭漢書音義已引用之，當是東漢人僞作。邊韶老子銘曰：「肥遁之吉，避世隱聲，見迫遺言，道德之經。」見隸釋卷三。是道德經之名，盛行於漢末。金樓子立言篇引河上公序，言：「周道既衰，老子疾時王之不爲政，故著道德經二篇。」今河上公註有葛仙翁序曰：「於是作道德二篇，五千文上下經焉。」河上公註，晉以後僞書，不足據。劉向校書時所未有，故不見於漢志。古書似此者甚多，如唐天寶中號老子爲玄通道德經，唐志云世不稱之。莊子爲南華真經，列子爲冲虚真經，文子爲通玄真經，尚有亢桑子爲洞靈真經，本無其書。此是奉詔所改，故書於唐志。其他出於私人意爲題署者，蓋不可盡考矣。

以上釋書名異同之例

別本單行者，古人著書，本無專集，往往隨作數篇，即以行世。傳其學者各以所得，爲題書名。及劉向校定編入全書，題以其人之姓名，而其原書不復分著，後世所傳，多是單行之本，其爲自劉向校本内析出，抑或民間自有古本流傳，不盡行用中秘定著之本，皆不可知。今略舉數書以明其例。

鬼谷子編入蘇子。漢志縱横家有蘇子三十一篇，注云「名秦」，而無鬼谷子，世皆以爲僞書。柳宗元辯鬼谷子曰：「漢時劉向、班固録書，無鬼谷子。鬼谷子後出，而險盭峭薄，恐其妄言亂世，難信。」見柳集卷四。疑鬼谷者以此爲最早。明胡應麟四部正譌卷中。因詆爲淺陋，謂「即儀、秦之師，宜不至猥下如是。」又云：「鬼谷子文體不類戰國，晉皇甫謐序傳之。案漢志縱横家有蘇秦三十一篇，張儀十篇，隋經籍志已亡。蓋東漢人本二書之言，會萃附益爲此，或即謐手所成，而託名鬼谷，若子虛、亡是云耳。」少室山房筆叢卷三十一。四庫提要卷一百十七。謂「其言頗爲近理，然亦終無確證。」今案史記蘇秦傳云：「蘇秦東師事於齊，時天下之學在齊魯。而習之於鬼谷先生。」索隱曰：「樂臺正義作樂壹。注鬼谷子云：『蘇秦欲神秘其道，故假名鬼谷。』」正義云：「七録有蘇秦書，鬼谷子有陰符七篇，有揣及摩二篇。戰國策云：『得太公陰符之謀，伏而誦之，簡練以爲揣摩，朞年揣摩成。』按鬼谷子乃蘇秦書明矣。」今殿本史記正義無此條，此據玉海卷三十五引。漢書杜周傳贊云：「業乘危而抵陒。」案謂杜業。注：「服虔曰：『抵音抵，陒音羲，謂罪敗而復抨擊之，蘇秦書有此法。』師古曰：『一説陒讀與戲同，鬼谷有抵戲篇也。』」詳師古之意，蓋證明服虔所引之蘇秦書，即鬼谷子也。馬總意林卷二云：「鬼谷子五卷，總按其序云：『周世有豪士隱者居鬼谷，自號鬼谷先生，無鄉里族姓名字。』註云：『此蘇秦作書記之也。鬼之言遠，有司馬相如假無是公云爾。』」按此當是樂臺注。新、舊唐志皆有鬼谷子二卷，註云「蘇秦」。司馬貞、張守節、顔師古、馬總皆唐人，舊唐志本之唐毋煚古今書録，是唐人自柳宗元外，皆以爲鬼谷子即蘇子也。張守節言七録有蘇秦書，今隋志有鬼谷子。而蘇秦書不著録。考隋志之例，凡阮孝緒七録有，而隋目録無者，輒註曰梁有某書，亡。今於縱横家，不註梁有蘇秦書，蓋因阮孝緒以鬼谷子爲蘇秦撰也。樂臺鬼谷子註，見於隋志，當是隋以前人。臺謂蘇秦名鬼谷，是南北朝人亦以爲鬼谷子即蘇子也。文選吴都賦劉逵註云：「鬼谷先生書有抵巇篇。」按左思三都賦成，劉逵、張載作注，皇甫謐作序；使鬼谷子爲謐所僞撰，逵與之同時，安肯遽引其書？是胡應麟謂成於謐手之説，不足據矣。劉向説苑善説篇引鬼谷子曰：「人之不善，而能矯之者，難矣。説之不行，言之不從者，其辨之不固也。既固而不行者，未中其心之所善也。辨之，明之，持之，固之，又中其人之所善，其言神而珍，白而分，能入于人之心。如此而説不行者，天下未嘗有也。」今鬼谷子無此文，按内揵篇陶弘景注云：「揵者，持之令固也。言上下之交，必内情相得，然後結固而不離。」正用辨之，明之，持之，固之之意，知此是内揵篇佚文。漢書藝文志考證及四庫提要，僅以「人之不善而能矯之者難矣」一句爲鬼谷子語，非是。是西漢時已有鬼谷子。胡應麟謂爲東漢人會粹附益之説，又不足據矣。劉向既引用其語，則不能謂爲未見其書，何以七略不著於録？蓋鬼谷子爲蘇秦手著，其戰國策中合縱説六國之詞，不在此書之中。向合而編之，爲蘇子三十一篇，或是秦、漢間爲縱横説者所編。故鬼谷子不别著録也。此爲拙著四庫提要辨證之説，後見顧實漢書藝文志講疏，亦持此論，惟不及余説之詳。

新語編入陸賈書。史記、漢書陸賈傳皆言高帝號其書曰新語。史記又曰：「余讀陸生新語書十二篇。」班固賓戲云：「近者陸生優游，新語以興。」而漢志儒家無新語，僅有陸賈二十三篇，四庫提要卷九十一。以爲兼他所論述計之，是也。王充論衡於新語，極口獨贊，推崇備至，見書解篇案書篇。而其書引陸賈者凡三處，見本性篇、書虚篇、薄葬篇。均不見於新語，蓋皆在十二篇之外也。劉向既並賈他所論述合著於録，新語乃奏進十二篇之名，不可以概全書，故以人名書，題爲陸賈。此本古書之通例，如中庸之編入子思子，尤其顯著者也。後人以新語見於本傳，故知其與儒家之陸賈爲一書，而他書似此者，則不能推類以及之，不可謂之善讀書也。今所傳新語皆出於明弘治間李庭梧刻本，實是陸賈原書。提要疑爲後人依託，所引證紕繆百出，余作辨證已駁正之，考訂極詳，文繁不録。

六韜編入太公書。　漢志道家有太公二百三十七篇，分爲謀八十一篇，言七十一篇，兵八十五篇，隋志兵家書名冠以太公者凡十種，又梁有太公雜兵書一種。其中蓋真僞錯出，未必皆漢志著録之書，然亦當有由二百三十七篇之中析出別行者。其書今存者惟有六韜六卷，自陳振孫以爲世俗依託，見書録解題卷十二。四書提要卷九十九。因謂：「漢志不著録，三國志先主傳註始稱閒暇歷觀諸子及六韜、商君書，隋志始載太公六韜，大抵詞意淺近，不類古書。」今按淮南子精神訓云：「故通許由之義，而金縢、豹韜廢矣。」高誘注曰：「金縢，豹韜，周公太公陰謀圖王之書也。」是其書西漢已有之。後漢書何進傳云：「大將軍司馬許涼、假司馬伍宕説進曰：『太公六韜，有天子將兵事。』」是六韜之名，後漢已有之，不始於三國。再進而徵之於莊子徐无鬼篇云：「横説之則以詩、書、禮、樂，從説之則以金版、六弢。」陸德明釋文云：「本又作六韜，謂太公六韜：文、武、虎、豹、龍、犬也。」此與今本次序不同，何進傳注載其篇第爲文、武、龍、虎、豹、犬，與今本合。則周末已有是書矣。莊子語提要亦引之，但謂陸德明即以爲太公六韜，未知何據。自顏師古以爲即儒家之周史六弢，宋劉恕因班固自註云：「惠、襄之間，或曰顯王時，或曰孔子問焉。」今書乃文王、武王問太公戰之事，愈疑其出於後人依託。見通鑑外紀卷一。不知儒家之六弢，六當作大，莊子則陽篇所謂「仲尼問於太史大弢也」，師古自誤説耳。此本沈濤銅熨斗齋隨筆之語。至於諸家譏其淺駁，詆其鄙俚，書中多言騎戰，春秋以前中國未有；漢志考證卷五引唐氏説。避正殿乃戰國以後之事；將軍之名，始見左傳，周初亦無此名；提要説。不知班固於道家太公下明有自註云：「呂望爲周師尚父，本有道者；或有近世又以爲太公術者之所增加也。」此亦七略之語。劉、班云近世增加，則其書有秦、漢間人所作，其記春秋、戰國以後之事，自不足怪。古人著書，不皆精粹，淺陋之説，固所時有。九流百家，所出既異，故操術不同。宋以後人讀書，好以理學家言是非古人，尤非通方之論。六韜之爲古書，流傳有緒，而説者乃以書名不見漢志爲疑，此不知古書編次著録之例也。祖謨案：山東臨沂銀雀山所出漢代竹簡有六韜。

以上所舉三書，皆就其書名出於西漢以前，今確知其編入某書者言之。若夫本草之名，見於平帝本紀。五年，徵天下通知方術、本草者。及游俠傳。樓護誦醫經本草方術數十萬言。周禮疾醫疏：「中經簿云：『子義本草經一卷』，并不説神農。」然則今之本草，乃子義所作，傳者託之神農，猶之陰陽家之黄帝泰素，本韓諸公子所作，見班固自注。而題爲黄帝耳。子義亦作子儀，扁鵲之弟子，見賈疏引劉向説及韓詩外傳卷六。其書當在扁鵲書之内。弟子書附先師，亦古書之通例。漢志醫經有扁鵲内外經，方有泰始黄帝扁鵲俞拊方，今不能定知編入何書。又九章算術，後漢馬續見馬援傳。鄭玄見本傳。並善之，而漢志不著録。考魏劉徽九章算經序云：「周公制禮而有九數，九章足矣。漢北平侯張蒼，大司農中丞耿壽昌，皆以善算命世。蒼等因舊文之遺殘，各稱删補，故校其目，與古或異，而所録者多近語也。」近語謂漢人之語。提要卷一百七疑書中長安上林之名，蒼不及見，不知此出于耿壽昌。上林苑作於武帝時，壽昌宣帝時人，故引用入書，此之謂所論多近語也。按蒼本傳言蒼善用算律曆，史記自序云：「漢興張蒼爲章程。」集解如淳曰：「章，曆數之章術也。」則「章程」之「章」，即謂九章算術。漢志陰陽家有張蒼十六篇，本傳亦云著書十八篇，言陰陽律曆事，疑九章算術當在其内。因無確據，不敢以爲定論。古書似此者，不勝枚舉，學者舉一反三焉，可也。至於孫子十三篇，在吴孫子兵法二十八篇之内，其事與書名無與，詳見論編次篇。

以上釋别本單行之例

卷二　明體例第二

秦漢諸子即後世之文集

章學誠曰：「周衰文弊，六藝道息，而諸子争鳴。蓋至戰國而文章之變盡，至戰國而著述之事專，至戰國而後世之文體備。故論文於戰國，而升降盛衰之故可知也。」又曰：「後世之文，其體皆備於戰國，何謂也？曰子史衰而文集之體盛，著作衰而辭章之學興。文集者，辭章不專家，而萃聚文墨以爲蛇龍之菹也。」文史通義詩教上。此其言是矣。周、秦、西漢之人，學問既由專門傳受，故其生平各有主張，其發於言而見於文者，皆其道術之所寄，「九家之說，各引一端，崇其所善」，三語見漢志藝文略。「不能相通，皆有所長，時有所短」。見莊子天下篇。則雖其平日因人事之肆應，作爲書疏論說，亦所以發明其學理，語百變而不離其宗，承其學者，聚而編之，又以其所見聞，及後師之所講習，相與發明其義者，附入其中，以成一家之學。故西漢以前無文集，而諸子即其文集。非其文不美也，以其爲微言大義之所託，言之有物，不徒藻繪其字句而已。故昭明文選序曰：「老莊之作，管孟之流，蓋以立意爲宗，不以能文爲本」也。然而因其不專於爲文，遂謂「專名爲文者，必沈思翰藻而後可」，見阮元揅經室三集卷二書昭明太子文選序後。若欲擯之不得與於文章之列，則非也。文心雕龍有諸子篇。諸子之文，何嘗不「事出於沈思，義歸於翰藻」耶？專以沈思翰藻爲文，乃後世學術之所以日衰也。章氏又曰：「周、秦諸子之學，專門傳家之業，未嘗欲以文名。苟足以顯其業而可以傳授於其徒，則其説亦遂止於是，而未嘗有參差龐雜之文也。兩漢文章漸富，爲著作之始衰。然賈生奏議，編入新書，相如詞賦，但記篇目，皆成一家之言，與諸子未甚相遠。初未嘗有彙次諸體，裒焉而爲文集者也。」文史通義文集篇。可謂知言。今取子書中諸文體，略依文選分類序次，臚舉於後，皆就其確爲古人手著，體製業已成立者言之。若夫今日某體雖源出於古書某篇，而當時實無此名，則不復詳。

賦

〔荀子賦篇〕漢志詩賦略，有孫卿賦十篇。儒家有孫卿子三十三篇。王應麟考證云，當作三十二篇。本是二書。然今荀子書内有賦篇，劉向原目第三十二，楊倞移入卷十八。凡禮、知、雲、蠶、箴五篇，遺春申君賦一篇。又有成相篇，亦賦之流，漢志雜賦内有成相雜辭十一篇。胡元儀按其文義，分爲五篇，見王先謙集解卷首胡氏荀卿別傳考異。較漢志反多一篇。是孫卿所作賦，劉向定著新書之時，皆已收入矣。詩賦略所著録，蓋別本單行者也。

〔賈子新書内有弔湘賦。〕書録解題卷九曰：「賈子十一卷，首載過秦論，末爲弔湘賦。」

即史、漢本傳内之弔屈原賦，文選之弔屈原文，今本無此篇。案漢志有賈誼賦七篇，新書獨載弔湘賦者，以此篇尤其平生意志之所在也。

〔**東方朔書中有賦**〕　漢志無東方朔賦，惟雜家有東方朔二十篇。本傳言「劉向所録朔書，有封泰山、責和氏璧，及皇太子生禖、屏風、殿上柏柱、平樂觀、賦獵。」考枚皋傳云：「武帝春秋二十九，迺得皇子，羣臣喜，故皋與東方朔作皇太子生賦，及立皇子禖祝。」然則朔傳所言，自皇太子生以下，皆所作賦也。賦不入詩賦略，而入雜家者，以其學爲雜家，而詩賦則非其所長耳。枚皋傳云：「皋爲賦善於朔，自言爲賦不如相如」，皋賦既不如相如，而朔又不如皋，故知非其所長。漢志雜家「臣説三篇，武帝時所作賦。」王氏補注引沈濤説，謂「志所引雜家皆非詞賦，此賦字誤衍」，其説非是，東方朔非雜家乎？

詩

〔**荀子有佹詩**〕　賦篇内佹詩一篇，前後皆四言，中雜長句，其體蓋在詩賦之間。

〔**東方朔書内有詩**〕　朔本傳言『朔書有七言、八言上下』，注晉灼曰：「八言、七言詩，各有上下篇。」

詔　策

〔**漢志儒家「高祖十三篇，高祖與大臣述古語，及詔策也。」**〕　案古文苑卷十有漢高祖手敕太子五條，宋淳熙無註本在卷五。蓋出此書。

又「孝文傳十一篇，文帝所稱及詔策。」

令

〔商子有墾令篇〕　案更法篇云：「孝公曰：『善。』於是遂出墾草令。」即指是篇也。凡管、商書中多當時之教令，特此篇明見篇名，最爲可據耳。

教

漢書董仲舒傳云：「仲舒所著，皆明經術之意，及上疏條教，凡百二十三篇。」

上書　疏

〔韓非子存韓篇云：「詔以韓客所上書，書言韓之未可舉，下臣斯甚以爲不然。」〕　案此乃附載李斯駁議韓客所上書，即指存韓篇也。非書内初見秦、言難，亦皆所上秦王書。言難篇首云：「臣非非難言也」，末云：「願大王熟察之也。」

〔漢志儒家「賈山八篇」〕　王氏補注引葉德輝曰「本傳惟載至言一篇，傳云，孝文時言治亂之道，借秦爲諭，名曰至言。其言諫文帝除鑄錢，訟淮南無大罪，言柴唐子爲不善，皆無其文，當在此八篇中。」

〔又「賈誼五十八篇」〕　王應麟考證云：「顏師古曰：『誼上疏可爲太息者六，今三而止，蓋史取其切要者。』考新書諸篇，其末綴以痛哭者一，流涕者二，太息者四，其餘篇目或泛論事機，而不屬於是三者，班固作傳，分散其書，參差不一。總其大略：自『陛下誰憚而久不爲此』已上，則取其書所謂宗首數寧、案數寧篇，班固録爲首段，即所謂臣竊惟事勢，可爲痛哭者一，可爲流涕者二，可爲長太息者六也。「痛哭」新書作「痛惜」。藩傷、藩强、五美、自注：「『一動而五業附』，新書云『五美』。」制不定、親疏、危亂，凡七篇而爲之。自『天下之勢方病大腫』以下，以爲痛哭之説，與其書合。按此節乃新書大都篇之後半，其前有「可痛惜」一段，漢書删去。至於流涕二説：其論足食勸農者，是其一也，按即新書無蓄詩。而固載之食貨志，不以爲流涕之説也。論制匈奴，其實一事，凡有二篇，其一書以爲流涕，新書威不信篇有可爲流涕語。其一則否，是與前所謂足食勸農而爲二也。固既去其一，則以爲不足，故又分解縣、匈奴二篇，以爲流涕之二。按漢書兩流涕乃翦裁新書四篇爲之。其前一節，乃解縣及威不信二篇。後一節則匈奴及勢卑二篇也。於匈奴篇删節尤甚。説庶人上僭，按即孽産子詩。禮貌大臣，按即階級篇。皆其書所謂太息之説也。固從而取之，當矣；而其書又有等齊篇論當時名分不正，銅布篇論收鑄銅錢，又皆其太息之説也，固乃略去等齊之篇不取，而以銅布之篇附于食貨志，顧取秦俗、經制二篇，其書不以爲太息者，則以爲之。」案治安策中尚有「豫教太子」一段，凡分二節，前一節自「夏爲天子」起，至「此時務也」止，乃保傅篇文。自「凡人之智能見已然」起，至「人主胡不引殷、周、秦事召觀之也」，新書無之。古書殘闕，事所恒有也。

案漢書誼本傳所載治安之策，及食貨志所載誼疏二篇，皆取之新書。而治安策一篇，乃班固取十數篇删節連綴爲之，故首言「其大略曰」，贊言「凡所著述五十八篇，掇其切於世事者，著于傳」也。王氏考之詳矣。傳尚有請封建子弟疏一篇，即新書之益壤篇；諫封淮南諸子疏一篇，即新書之淮難篇；其他事勢諸篇，爲漢書所不采者亦多是所上疏中語。傳言「誼數上疏陳政事，多所欲匡建」，明所上不止此數篇，特不知其平生凡幾上疏，而某一疏新書分爲某某篇耳。後人習於讀漢書之文，見其首尾連貫有條理，乃不謂漢書録新書，而反謂新書録漢書，書録解題卷九云：「皆録漢書語，非漢書所有者，輒淺駁不足觀。」可謂顛倒事實矣。四庫提要卷九十一。又謂「決無摘録一段立一篇名之理，亦決無連綴十數篇合爲奏疏一篇上朝廷之理。疑過秦論、治安策等，本皆爲五十八篇之一，後原本散佚，好事者因取本傳所有諸篇，離析其文，各爲標目，以足五十八之數。」其説亦非。新書名「篇」不名「卷」，「篇」者簡策之名。今漢書所録治安策，首尾凡六千四百八十八字，而六太息只存其三，是已明有刊落，顔師古所謂「取其切要者」也。况即所録取者，亦復多所删節，則其原疏，當有一萬數千字，是豈一篇之簡策所能容？既因其段落分爲篇章，自不能不爲之標目。古人書疏編入子書者，皆有篇名。賈山上書名曰至言，鼂錯上疏謂之守邊、備塞、勸農、力本，並見本傳，蓋即漢志賈山八篇，鼂錯三十一篇中之篇名。商君書内如算地、錯法、來民等篇，其文前後無首尾，中自稱「臣」，疑亦是奏疏之底稾耳。大戴禮保傅篇，即新書之保傅、傅職、胎教、容經四篇，而保傅篇實即治安策中之一節。何謂不可摘録一段立一篇名乎？陸賈新語爲高祖述存亡之徵，而分爲十二篇。桓寬鹽鐵論，叙賢良文學與御史大夫、丞相史、御史等互相詰難，語氣前後貫注，而分爲六十篇。推之子虛、上林、兩京、三都，亦皆以數篇相爲首尾開闔。何謂不可連綴十數篇合爲一篇乎？不通古書之體例，固不可與之論是非也。

〔漢志儒家「鈎盾冗從李步昌八篇，宣帝時數言事」〕　案此八篇，蓋皆其上書言事之文也。

〔又縱横家「秦零陵令信一篇，難秦相李斯」〕　案文選吴都賦注，引秦零陵令上始皇帝書云：「荆軻挾匕首，卒刺陛下，陛下以神武，扶揄長劍以相救。」是此一篇，乃其所上之書也。因與李斯相難，故上書言之，篇中引及荆軻之事。洪亮吉以爲零陵令有上始皇書，又有難李斯書，見曉讀書齋二録卷下。非是。

〔又「徐樂一篇，莊安一篇。」補注：沈欽韓曰：「皆見本傳。」〕　案漢書爲二人立傳，獨載其所上書一篇，了無一事可紀，亦不言有他著述，則此所著録，即其上書之稿，更無疑義也。又案漢志儒家之劉敬、董仲舒、兒寬、公孫弘、終軍、吾丘壽王、莊助，法家之鼂錯，縱横家之鄒陽、主父偃，漢書皆有傳；其傳志中所載對策上書諸文，蓋皆采之所著書中，以無確據，姑附著於此。

書

〔**魯仲連子**漢志儒家十四篇。**有遺燕將書**〕　案書見史記本傳。據藝文類聚卷六十。引魯連子曰：「燕將城守數月，魯仲連乃爲書，著之於矢，以射城中遺燕將。燕將得書泣三日，乃自殺。」與史記合。楊倞荀子議兵篇注，引魯連子曰：「棄感忽之耻，立累世之功」，正此書中語。故嚴可均以爲史記取之魯連子，全上古三代文卷八。是也。

燕丹子有與其傅鞠武書，鞠武報書。卷上。

〔**漢書東方朔傳，劉向所録朔書，有從公孫弘借車**〕　案初學記卷十八，御覽卷四百十，共引有一節，又藝文類聚卷八十九引一節，皆題作與公孫弘借車書。

又案古文苑卷十有董仲舒詣丞相公孫弘記室書，疑亦在百二十三篇之内。

設論

〔**東方朔傳：「朔因著論，設客難己，用位卑以自慰論。」**〕　案據傳末言，此文亦在朔書二十篇之内。其體本是雜文，源出於屈原之漁父，宋玉之對問，而屈、宋又仿莊子之寓言，故文心雕龍雜文篇曰：「自對問以後，東方朔效而廣之」也。其後揚雄解嘲，復規撫之，作者繼起，遂自成一體。文選題爲設論，今姑仍之。

序

〔**揚子法言有自序篇**〕　案莊子天下、淮南要略，皆序也，但無序之名。其以自序入著述，始於司馬遷史記，揚雄仿之。後此如魏文帝典論，葛洪抱朴子之類，皆有「自序」，不可勝數。又如班固漢書，謂之「叙傳」，王充論衡，謂之「自紀」，王符潛夫論，謂之「叙録」，皆自序也。

頌

〔**董仲舒春秋繁露山川頌第七十三**〕　案此頌選入古文苑卷十二。

漢志儒家劉向所序六十七篇内有列女傳頌。

論

〔**後漢書何進傳注：「太公六韜篇，第一霸典文論，第二文師武論。」**〕　案文心雕龍論説篇云：「昔仲尼微言，門人追記，故抑其經目，稱爲論語。蓋羣論立名，始於茲矣。自論語已前，經無論字。六韜二論，後人追題乎？」二論即謂此二篇，今本只作文韜武韜，故黄叔琳注不得其解。

荀子天論篇第十七，正論篇第十八，禮論篇第十九，樂論篇第二十。

莊子齊物論第二。

〔呂氏春秋有開春論，慎行論，貴直論，不苟論，似順論，士客論，凡三十六篇〕　案文心雕龍云：「莊周齊物，以論爲名，不韋春秋，六論昭列。」

東方朔書有非有先生論。見本傳。

〔漢志雜家「荆軻論五篇。軻爲燕刺秦王，不成而死，司馬相如等論之」〕　案王氏考證卷七云：「文章緣起：『司馬相如作荆軻讚。』文心雕龍：頌讚篇。『相如屬詞，始讚荆軻？』」據其所考，則此「論」一作「讚」，未詳孰是。　案賈誼新書過秦上第一，過秦下第二，本無「論」字，昭明選入文選，題以爲論。考典論已云：「余觀賈誼過秦論。」左思詠史詩亦云，「著論準過秦，作賦擬子虛」，則此篇之得「論」名，其來舊矣。

箴

〔漢志儒家「揚雄所序三十八篇。」注云：「箴二。」〕　王氏補注沈欽韓曰：「箴二下有脱字，後書胡廣傳：『初揚雄依虞箴作十二州、二十五官箴，其九箴亡闕。』則雄見存應有二十八箴也。」陶憲曾曰：「州箴、官箴，合爲箴二。」按陶説是也。今古文苑有雄箴二十八篇，但多雜入他人之作。

銘

〔漢志道家「黄帝銘六篇」。〕

〔又雜家「孔甲盤盂二十六篇」〕　文選卷五十六新刻漏銘注引七略曰：「盤盂書者，其傳言皇帝之史爲之。孔甲，黃帝之史也。書盤盂中爲誡法，或於鼎，名曰銘。」

對

〔春秋繁露對膠西王越大夫不得爲仁第三十二，郊祀對第七十一〕　案對膠西王首云：「命令相曰」，末云：「臣仲舒伏地再拜以聞。」郊祀對，古文苑選入卷十一，其篇首云：「廷尉臣湯昧死言：臣湯承制以郊事問故膠西相董仲舒。」末云：「臣犬馬齒衰，賜骸骨，伏陋巷，陛下乃奉使九卿問臣以朝廷之事，臣愚陋曾不足以承明詔，臣仲舒冒死以聞。」

又案漢志儒家有河間獻王對上、下，三雍宮三篇，雜家有博士臣賢對一篇，其體皆當如此，要亦奏疏之類耳。

以上所舉各體，特隨手掇拾，容有未盡，然即此已可見其大凡矣。劉師培曰：「西漢之時，總集、專集之名未立，隋、唐以上，詩集、文集之體未分。於何徵之？觀班志之叙藝文也，僅序詩賦爲五種，而未及雜文。誠以古人不立文名，偶有撰著，皆出入六經諸子之中，非六經諸子而外，别有古文一體也。如論説之體，近人列爲文體之一者也，然其體實出於儒家。自注引見後。書説之體，亦近人列爲文體之一者也，然其體實出於縱横家。自註云：「如蘇子，張子，蒯通，鄒陽，主父偃之文，皆文章中之書説類也，而漢志咸列之縱横家中。」推之奏議之體，漢志附列於六經；自註云：「如尚書類列議奏四十二篇，禮類列議奏三十八篇，春秋類列議奏三十九篇，奏事二十篇，論語類列議奏二十篇。」勑令之體，漢志附列於儒家。按即指高祖及孝文傳言之，已見前。又如傳記、箴、銘亦文章之一體，然據班志觀之，則傳體近於春秋，自註云：「故太史公馮商所著書，列入春秋類。」記體近於古禮，自註云：「如周官經，古佚禮，大小戴記，皆記體之先聲。」箴體附於儒家，銘體附於道家。按即指揚雄箴黄帝銘，均見前。是今人之所謂文者，皆探源於六經諸子者也。故古人不立文名，亦不立集名。若詩賦諸體，則爲古人有韻之文，源於古代之文言，故列於六藝九流之外；亦足證古人有韻之文，另爲一體，不與他體相雜矣。」劉氏之説見所著論文雜記；分載乙巳年國粹學報，北京樸社有單行本。

吾前之所舉，僅就諸子中名篇，與後世文體合者言之。劉氏則務究其源，與吾各明一義。合而觀之，思過半矣。雖然，劉氏之論文，本於其鄉人阮元，其説以爲必有聲韻對偶，出於沈思翰藻，而後謂之文，故往往流於門户之見，而不自覺，如其所舉諸體，皆駢文古文之所共有。謂古人於六經諸子之外，更無古文一體，是也。不知又何嘗别有駢文一體耶？若謂班志於詩賦有韻之文，别于六藝九流之外，不與他體相離，以見駢文乃在六經諸子外，自爲一體。不知以七略中史部附春秋之例推之，則詩賦本當附入六藝詩家，故班固曰賦者古詩之流也。其所以自爲一略者，以其篇卷過多，嫌於末大於本，故不得已而析出。此乃事實使然，與體制源流之説無與也。使詩賦而必不可與他體相雜也，則荀卿、東方朔之賦何爲而入諸子也？使有韻之文而必不可與他體相雜也，則箴銘頌贊，何爲而不入詩賦也？

古人之文，所以皆在六藝諸子之中，而不別爲文集者，無他焉，彼以道術爲體，而以文章爲用，文章特其道術之所寄而已。自吟詠情性，登高能賦之外，未有無所爲而爲文者，章學誠所謂「古人未嘗離事而言理也」。孫卿之賦，皆以發明其儒家之學，故編入所著書中。然賦分四家，孫卿其一，漢志分屈原賦、陸賈賦、孫卿賦、雜賦爲四家。不可不見於詩賦略，故又別著於録。至於東方之學，兼儒墨，合名法，而詩賦不足名家，本傳贊曰：「揚雄以爲朔言不純師，行不純德，其流風遺書蔑如也。」即謂其學出雜家。而文章非所長，故顔師古曰：「言辭義淺薄，不足稱也。」故惟録之雜家，而不以入詩賦。若「宋玉、唐勒、枚乘、司馬相如，下至揚子雲，競爲侈麗閎衍之詞，没其風諭之義」，漢志詩賦略小序語。則雖揚雄所作，不入儒家矣。此劉向辨章舊聞之義也。志又云：「大儒孫卿，及楚臣屈原，離讒愛國，皆作賦以風，咸有惻隱古詩之義。」此言二人均出於詩三百篇，但屈原究非儒家，故不與孫卿同例。

徐樂、嚴安，書止一篇，著録縱横。漢書諸傳章奏多矣，何以不盡見於志，以此例彼，深以爲疑。及讀文心雕龍章表篇云：「按七略藝文，謡詠必録。章表奏議，經國之樞機，然闕而不纂者，乃各有故事，而在職司也。」然後知其不列九流者，學不足以名家，而其文則副在官守，故不暇爲之校讎著録也。古人之於條別學術，可謂嚴矣。

劉氏又曰：「九家之中，凡能推闡義理，成一家者，皆爲論體。互相辯難者，皆爲辯體。儒家之中，如禮記表記、中庸各篇，皆論體也。孟子許行等章，皆辯體也。即道家、法家、雜家、墨家之中，亦隱含論辯兩體。宣口爲説，發明經語大義亦爲説。漢志於發明經義之文，即附於本經之下。又賈誼過秦論，亦列於新書，而漢志雜家，復有荊軻論五篇，皆論體之列於子者也。」此即前條「論説之體出於儒家」句下註。余謂周、秦諸子，皆有以自名其學，而思以其道易天下，故無不窺世主之好惡，度時君之所能行以爲之説，其達而在上，則其條教書疏，即其所著書。其窮而在下，則與其門弟子相與講求之，或著之簡策，或傳之口耳，從游者受而記焉。莊子天下篇之論宋銒、尹文曰：「上説下教，强聒而不舍也。」夫上説者，論政之語也，其體爲書疏之類。下教者，論學之語也，其體爲論説之類。凡古人自著之文，不外此二者。其他紀載言行，解説義理者，則後學之所附益也。賈誼過秦，本是泛論秦事，與其論時政諸疏，同爲編次，而後世標之以論。故知諸子之文，以論爲最多矣。

論衡對作篇曰：「或曰：『聖人作，賢者述，以賢而作，非也。論衡、政務，亦王充所著書名。可謂作者。』曰：『非作也，亦非述也，論也。論者，述之次也。五經之興，可謂作矣；太史公書、劉子政序、班叔皮傳，可謂述矣。桓君山新論、鄒伯奇檢論，可謂論矣。今觀論衡、政務，桓、鄒之二論也，非所論作也。』」又曰：「漢家極筆墨之林，書論之造，漢家爲多。」是漢人多命所作子書爲論也。自桓寬鹽鐵論已開其先。其漢、魏兩代人著書，見於隋志者，儒家有桓譚新論、王符潛夫論、王逸正部論、周生烈要論、魏文帝典論、徐幹中論、王肅正論、王粲去伐論集、見新、舊唐書藝文志。杜恕體論、袁準正論、孫毓古今通論；道家有任嘏道論；法家有崔寔正論、劉邵法論、劉廙政論、阮武正論、桓範世要論；名家有盧毓九州人士論，又通古人論；不著名氏。雜家有王充論衡、蔣濟萬機論、杜恕篤論、鍾會芻蕘論。自晉以下不計也。論文之源，出於諸子，則知諸子之文，即後世之論矣。

周、秦諸子，以從游之衆，傳授之久，故其書往往出於後人追叙，而自作之文，乃不能甚多。漢初風氣，尚未大變。詳辨附益篇。至中葉以後，著作之文儒，弟子門徒，不見一人，凡所述作，無不躬著竹帛。如東方朔書之類，乃全與文集相等。篇目具在，可復案也。及揚雄之徒，發憤著書，乃欲於文章之外，別爲諸子。子書之與文集，一分而不可復合。然愈欲自成一家，而其文乃愈與詞賦相近。當於下篇詳論之。

漢魏以後諸子

周、秦以及西漢初年諸子，或自著，或追記，或自著與追記相雜揉，其體例至爲不一。就自著者言之，大抵不外兩種：一書疏，一論説也。其平生隨時隨事所作之文詞，即是著述，未聞有自薄其文詞，以爲無關學術，而别謀所以自傳之道者也。自漢武帝以後，惟六藝經傳得立博士。其著作之文儒，則弟子門徒，不見一人，身死之後，莫有紹傳。論衡語見前。故其時諸家著述，有篇目可考者，如東方朔、徐樂、莊安等，乃全類後世之文集。然九流之學，尚未盡亡，朔等或出雜家，或出縱横，考其文詞，可以知之，故猶得自成一子。自是以後，諸子百家，日以益衰。而儒家之徒，亦流而爲章句記誦。其發而爲文詞，乃獨出於沈思翰藻。而不復能爲一家之言。一二魁儒碩學，乃薄文詞爲不足爲，而亟亟焉思以著述自見矣。

漢志有詩賦略而無文集。隋志云：「别集之名，蓋漢東京之所創也。」然余則疑西京之末，即已有之。何者？劉向著作，見於漢志者，有尚書家之五行傳記，道家之老子説，儒家之新序、説苑、世説、列女傳頌圖，詩賦略之劉向賦。三十三篇。揚雄著作見於漢志者，有小學家之蒼頡訓纂，儒家之太玄、法言、樂、箴，詩賦略之揚雄賦，十二篇。皆非雜文。若漢書所録諸封事，及揚雄傳所載雄自叙，匈奴傳所載雄上書，元后傳所引莽詔雄作誄，全文見藝文類聚卷十五，古文苑卷二十。不知當載於何書。王氏漢志補注，引陶紹曾説，據説文所引，謂解嘲古亦謂之賦，當在十二篇中，是也。雖文心雕龍謂章表、奏議「各有故事，而在職司」。然二人非碌碌者流，不應無人爲之收拾。况向之忠言嘉謨，篇章甚富乎。金樓子立言篇曰：「諸子興於戰國，文集盛於二漢。」故疑西京之末，已有别集。班固録揚、劉之文，即就本集采掇之耳。司馬相如傳云：「相如它所著，若遺平陵侯書、與五公子相難、屮木書篇不采，采其尤著公卿者云。」而漢志僅有司馬相如賦二十九篇，疑本傳所載諫獵書、封禪文及此諸篇，皆在其内。蓋相如固詩賦家也。

劉向本傳言：「向採取詩、書所載，次序爲列女傳，及採傳記行事，著新序說苑。」而向所作列女傳叙録，則只謂「臣向與黄門侍郎歆所校列女傳，種類相從爲七篇。」初學記卷二十五，御覽卷七百一引。說苑叙録云：「所校中書說苑雜事，及臣向書，民間書，除去與新序復重者，其餘者淺薄不中義理，別集以爲百家，更以造新事十萬言以上，號曰新苑。」見宋本說苑，亦見全漢文卷三十七。則此三書，皆非向所創造，特雖採自古書，而能自以義法部勒之，故得爲一家之言。向自作之文，以七略之義例推之，自當著録於儒家。班固因其非向所自定，故不入録。若揚雄則固不自以所作之文爲儒家也。

法言吾子篇云：「或問吾子少而好賦。曰：『然。童子雕蟲篆刻，壯夫不爲也！』或曰：『賦可以諷乎？』曰：『諷則已，不已，吾恐不免勸也。』」雄自叙其作太玄之意云：「雄以爲賦者，將以風也。必推類而言，極麗靡之辭，閎侈鉅衍，競於使人不能加也；既迺歸之於正，然覽者已過矣。往時武帝好神仙，相如上大人賦以風，帝反縹縹然有凌雲之志。繇是言之，賦勸而不止，明矣。又頗似俳優淳于髡、優孟之徒，非法度所存。賢人君子，詩賦之正也。於是輟不復爲，而大潭思渾天。」見漢書揚雄傳，即雄自叙也。不知雄自好麗靡之辭，故流入於俳優耳。使雄能如「詩人之賦麗以則」，而不没其風喻之義，則荀卿之賦，何嘗不可入儒家之書耶？況賦出於三百篇，古人所以專對四方，故曰：「登高能賦，可以爲大夫。」漢志引傳曰，按見毛詩定之方中傳。詩賦自別爲一家之學，何必壯夫不可爲？子雲欲爲西道孔子，意林卷三引新論「張子侯曰：揚子雲西道孔子也。」乃擬易，擬論語，刻畫以求其似。其文愈工而其去古之立言者愈遠。楊德祖曰：「今之賦頌，古詩之流，不更孔公，風雅無別耳。修家子雲，老不曉事，强著一書，悔其少作。」文選楊德祖答臨淄侯牋。誠哉其不曉事也！

自叙又言：「雄見諸子各以其知舛馳，大氐詆訾聖人，既爲怪迂、析辯、詭辭以撓世事，雖小辯終破大道。而或衆使溺所聞，而不自知非也。及太史公記六國，歷楚、漢，記麟止，不與聖人同，是非頗繆於經。故人時有問雄者，常用法應之，譔以爲十三卷，象論語，號曰法言。」雄之所以自命者絶高，然大抵欲與孔子争名耳。凡雄所作，皆有所規橅，亦步亦趨，得其形似。周易及論語，體制本不與諸子同，雄既擬此二書，故其平生所作之文，乃不見於著作之中；亦因雕蟲篆刻，不可以入子書也。究之以艱深之詞，淺陋之説，與雕蟲篆刻，固無以大異。本欲度越諸子，而其書乃不逮諸子遠甚。蓋歧文章與著述而二之，自雄始矣。昔人論太玄法言之語，詳見經義考卷二百六十八及二百七十八。

東漢以後，文章之士，耻其學術不逮古人，莫不篤志著述，欲以自成一家。流風所漸，魏、晉尤甚。曹子建之在建安，一時獨步。然其與楊德祖書云：「吾雖德薄，位爲蕃侯；猶庶幾戮力上國，流惠下民，建永世之業，留金石之功。豈徒以翰墨爲勳績，辭賦爲君子哉？若吾志未果，吾道不行，則將采庶官之實録，辯時俗之得失，定仁義之衷，成一家之言。雖未能藏之於名山，將以傳之於同好。非要之皓首，豈今日之論乎？」植年四十一而薨，竟不至於皓首，故其所志不就。然觀其言，知其不以能翰墨、工辭賦自滿也。魏文帝與吴質書云：「偉長著中論二十餘篇，成一家之言。辭義典雅，足傳於後；此子爲不朽矣。」又典論論文云：「融等已逝，唯幹著論，成一家言。」此上所引并見文選。於建安七子中獨盛推徐幹者，以其辭賦之外，能自成著作也。此足見當時之重諸子而薄文章矣。又與王朗書云：「生有七尺之形，死惟一棺之土，惟立德揚名，可以不朽。其次莫如著篇籍，故論撰所著典論、詩賦，蓋百餘篇。」魏志文帝紀注引。以儲君之尊，擅詩賦之美，而猶自撰書論。至明帝乃詔三公，以爲「先帝昔著典論，不朽之格言，其刊石立於廟門之外。」亦見魏志文紀注。然不聞並刊詩賦，其重視子書可知矣。

晉葛洪抱朴子自叙云：「先所作子書内外篇，幸已用功夫，聊復撰次，以示將來云爾。」又云：「洪年二十餘，乃計作細碎小文，妨棄功日，未若立一家之言，乃草創子書。會遭兵亂，流離播越，有所亡失。連在道路，不復投筆十餘年。至建武中乃定，時年三十六。凡著内篇二十卷，外篇五十卷，碑頌詩賦百卷，軍書、檄移、章表、箋記三十卷。又撰俗所不列者爲神僊傳十卷，又撰高尚不仕者爲隱逸傳十卷，又抄五經、七史、百家之言、兵事、方技、短雜奇要三百十一卷，别有目録。」又云：「念精治五經，著一部子書，今後世知其爲文儒而已。」洪本傳稱其「博聞深洽，江左絶倫，著述篇章，富於班、馬。」觀洪之自叙，可謂富矣。漢人上書一篇，即可自爲一家。洪所作詩賦雜文，過之百倍，豈猶不得爲文儒？而洪以爲未足，再三致意於子書，且以細碎小文妨棄功日，是可見魏、晉人之厭薄其文矣。

魏桓範世要論序作篇曰：「夫著作書論者，乃欲闡弘大道，述明聖教，推演事義，盡極情類，記事貶非，以爲法式，當時可行，後世可修。且古者富貴而名賤廢滅，不可勝記。惟篇論俶儻之人爲不朽耳。夫奮名於百代之前，而流譽於千載之後，以其覽之者有益，聞之者有覺故也。豈徒轉相放效，名作書論，浮辭談説，而無損益哉？而世俗之人，不解作體，而務汎溢之言，不存有益之義，非也。故作者不尚其辭麗，而貴其存道也。不好其巧慧，而惡其傷義也。故夫小辯破道，狂簡之徒，斐然成文，皆聖人之所疾矣。」觀範之持論，蓋謂著書者以明道爲尚，不以能文爲高。東漢以後，文詞漸趨華藻，雖所作諸子，亦皆辭麗巧慧，故範以爲小辯破道。然而當時文士，其學本無專門傳受，强欲著書以圖不朽。談道初無異致，而行文正其所長。故雖欲於文章之外別作子書，而卒不免文勝其質，轉不如西漢人之即以文章爲著作，尚去周、秦不遠也。

漢書儒林傳曰：「自武帝立五經博士，開弟子員，設科射策，勸以官禄，訖於元始，百有餘年，傳業者寖盛，支葉蕃滋。一經説至百餘萬言。大師衆至千餘人。蓋禄利之路然也。」由此言之，則學問之道，亦正賴功名爲之驅使，漢人經術之盛，因其能發策决科，而諸子不立博士，故其學日以益微。古之九流，且無專門授受，况時人自作之子書乎？故揚雄傳言：「劉歆謂雄曰：『空自苦！今學者有禄利，然尚不能明易，又如玄何？吾恐後人用覆醬瓿也。』」論衡齊世篇亦言：「子雲作太玄、法言，張伯松不肯一觀。」觀之且不肯，安肯傳其書。故當時受其學者，僅一侯芭而已。雄傳言鉅鹿侯芭，常從雄居，受其太玄、法言焉。論衡案書篇云：「子雲作太玄，侯鋪子隨而宣之。」論衡書解篇云：「文儒之業，卓絶不循，人寡其書，業雖不講，門雖無人，書文奇偉，世人亦傳。」然則漢人子書，初無門人受業，其書之幸而得傳者，端賴文章之奇偉。此所以漢、魏以後諸子，無不鞶帨其文詞也。

論衡言：「漢家極筆墨之林，書論之造，漢家尤多。」詳見前篇。桓範論子書，亦謂之著作書論，故漢以後著作名爲「子書」，其實「論」也。文心雕龍諸子篇云：「陸賈典語，賈誼新書，揚雄法言，劉向説苑，王符潛夫，崔寔政論，仲長昌言，杜夷幽求，咸叙經典，或明政術，雖標論名，歸乎諸子。何者？博明萬事爲子，適辨一理爲論。」劉勰之言欲使「論」與「子」分，然漢、魏子書，大抵適辨一理而已，未見其能博明萬事也。其間雖如王充政務書，以其上郡守之奏記，題爲備乏禁酒，見論衡對作篇，今論衡無此二篇，知在所作政務書中。傅玄選入著作，撰集魏書，亦以其史傳之稿，編入傅子，傅子四卷，嚴可均輯本，編入全晉文。頗有西漢以前人以文章爲著作之意。然他家率皆論語居多，書疏殊寡。至於門人筆記，則尤絶無而僅有矣。詳觀子部體制之變遷，亦可知古今學術之得失矣。

東漢以後，以儒立教，以農立國，故所著子書，惟儒家著作得其近似。農家如齊民要術之類，亦出儒者之手。道家以魏、晉人重老、莊，作者較繁，然亦惟傳注義疏之類多。若參同契、抱朴子内篇之流，名爲道家，實則神仙家言耳。法家若崔寔、劉廙之政論，桓範之世要論，皆本儒術，與管、商、申、韓之説異。至如唐律疏議集之類，舊皆入史部刑法，其入之法家者，後人以意爲之耳。名家惟有劉邵人物志，意在論辨人才，分別流品，與鄧析、公孫龍之學不同。墨家無新著。縱横家僅唐志有梁元帝補闕子，已無一字之存。雜家者「兼儒墨，合名法，知國體之有此，見王治之無不貫」，故必雜取各家之長，如吕覽、鴻烈而後可。後世雜家，若抱朴子外篇、劉子新論之兼道家，金樓子、顔氏家訓之兼釋家，長短經之兼縱横家，此特於儒家之外，有所兼涉耳，未嘗博綜以成一家之學也。其他號稱雜家者，大抵小説、類書之流耳。小説一家，漢志已不列九流，而後世之作，又不與稗官同，作者亦未嘗自擬古子，故名則是而實則非也。隋志以後，無陰陽家之目。後世之所謂陰陽五行者，於漢志當屬數術略。兵書，漢志自爲一略，醫家屬方技，皆不名諸子。然則古之諸子號稱九流者，東漢以後，惟有儒家耳。其他諸家，大率以別子旁宗入繼，非其嫡系。必求其學之所自出，幾於無類可歸，目録家自以其意，强爲分隸。而魏、晉以後儒家，名爲子書，實則詞章，章學誠所以有僞體子書之譏也。文史通義詩教下。

古書多造作故事

昔者孔子作春秋，有「所見異辭」、「所聞異辭」、「傳聞異辭」之例，見公羊桓二年傳。而孟子亦言「盡信書不如無書」，孟子盡心下。史書記事不能盡實，勢之所必至也。自宋以後，雕版盛行，著書甚易。士大夫把弱翰，齎油素，有所聞則記之。以當時之人，叙當時之事，宜乎所作皆成信史。然而宋人李大性有典故辨疑，二十卷，書不傳，自序見通考卷二百，專辨私史之誤。李心傳有舊聞證誤原書十五卷已佚，四庫館自永樂大典輯出，編成四卷，函海有刻本。提要云：「凡所見私史小説，上自朝廷制度沿革，下及歲月之參差，姓名之錯互，皆一一詳徵博引，以折衷其是非。」明人王世貞有史乘考誤十一卷在弇山堂别集内。潘檉章有國史考異，六卷，辨明實録及私史之誤，潘祖藩刻入功順堂叢書。此皆勒爲專書，裒然成帙者。其他一篇半簡，偶有考訂，散見羣書，不知凡幾。宋、明之世，著作之弊，尚復如此，况在周、秦以前，簡册繁重，口説流行，展轉傳譌。郢書燕説，固當什百於今。故孟子闢好事之説，王充著書虚之篇，惜其辨之猶不能盡耳。

夫左史記動，右史記言，既是據事直書，故其立言有體。其或載筆偶疏，大抵傳聞致誤。如「王沈魏録，濫述貶甄之詔；陸機晉史，虚張拒葛之鋒。秦人不死，驗符生之厚誣；蜀老猶存，知諸葛之多枉。」史通曲筆篇。是則毁譽任情，高下在手，用舍由乎臆説，威福行乎筆端，有愧「三長」，殊難更僕。然必影附事蹟，歷叙源流，既皆實有其人，固非絶無可考。曲折雖多，因緣終在。但詞氣之間，略存軒輊耳，未有假設甲乙，借定主賓，純構虚詞，羌無故事者也。若夫諸子短書，百家雜説，皆以立意爲宗，不以叙事爲主；意主於達，故譬喻以致其思；事爲之賓，故附會以圓其説；本出荒唐，難與莊論。惟儒者著書，較爲矜慎耳。而或者采彼寓言，認爲實録，如馬貞之補史遷，劉恕之修外紀，羅泌之侈談邃古，宛斯之追紀三代，是皆見欺於古人，不免貽譏於來者矣。

是故諸子之書，百家之説，因文見意，隨物賦形。或引古以證其言，或設喻以宣其奥。譬如童子成謡，詩人咏物，興之所至，稱心而談。若必爲之訓詁，務爲穿鑿，不惟事等刻舟，亦且味同嚼蠟矣。夫引古不必皆虚，而設喻自難盡實，彼原假此爲波瀾，何須加之以考據。推求其故，約有七端：

一曰：託之古人，以自尊其道也。韓非子顯學篇曰：「儒分爲八，墨離爲三，取舍相反不同，而皆自謂真孔、墨。孔、墨不可復生，將誰使定後世之學乎？孔子、墨子，俱道堯、舜，而取舍不同，皆自謂真堯、舜。堯、舜不復生，將誰使定儒墨之誠乎？殷、周七百餘歲，虞、夏二千餘歲，而不能定儒墨之真。今乃欲審堯、舜之道於三千歲之前，意者其不可必乎？無參驗而必之者，愚也；弗能必而據之者，誣也。故明據先王，必定堯、舜者，非愚則誣也，愚誣之學，雜反之行，明主弗受也。」案荀子非十二子篇曰：「略法先王而不知其統，猶然而材劇志大，聞見雜博，案往舊造説，謂之五行；甚僻違而無類，幽隱而無説，閉約而無解，案飾其辭而祗敬之曰：『此真先君子之言也。』子思唱之，孟軻和之，世俗之溝猶瞀儒，嚾嚾然不知其非也，遂受而傳之，以爲仲尼、子游爲茲厚於後世，王先謙集解引郭嵩燾曰：「荀子屢言仲尼、子弓，不及子游，本篇後云子游氏之賤儒，與子張、子夏同譏，則此子游必子弓之誤。」是則子思、孟軻之罪也。」荀子謂子思、孟子所言，皆非孔子之真，則必自以爲真孔子矣，孔子不復生，何由定其真與僞？韓非子之言，未必非爲其師而發。八儒有孟氏之儒，有孫氏之儒，顧廣圻謂孫氏即孫卿。荀子之詆思、孟，雖不必當其罪；然足見八儒所傳孔子之說，取舍相反不同，以其不同而相攻也。夫豈獨儒墨之道堯、舜、孔、墨者不同耶，即百家之言數術、方伎者，亦皆自以爲真黄、農；道家之言清靜神仙者，皆自以爲真老子：釋氏之教宗禪宗，亦皆以爲真佛；推之其他學術，凡有宗派者，莫不皆然。蓋其始有得其一偏者，有傳之久而失其初意者，有以私意妄爲推測者，又其甚則直假借以爲號召，杜撰以欺人者。莫不案飾其辭，而祗敬之曰：「古聖人之言行如此如此也。」鬨然聚訟，終竟無以相勝，則亦各尊所聞，各行所知而已。

二曰：造爲古事，以自飾其非也。昔周人相傳有伊尹割烹要湯之説，孟子辨之。翟灝曰：「按呂不韋書有本味一篇，言有侁氏得嬰兒於空桑之中，令烰人養之，是爲伊尹。湯請有侁爲婚，有侁以伊尹爲媵送女。尹説湯以至味，極論水火調劑之事，周舉天下魚肉之美，菜果之美，和之美，飯之美，水之美者，而云非爲天子不得具，割烹要湯之説，無如此篇之詳盡者。其文若果之美者，箕山之東有盧橘，應劭史記注引之。飯之美者，元山之禾，許慎説文引之，所稱書目俱不曰呂覽，而曰伊尹。考班固藝文志有伊尹二十七篇，列於小説家，蓋呂氏聚斂羣書爲書。所謂本味篇，乃剟自伊尹説中，故漢人之及見原書者，猶標著其原目如此。夫小説之怪誕猥鄙，何足掛脣，而其時枉己辱身之徒，援以自衛，津津樂道，至輾轉傳聞於孟子之門，又烏可不辨論哉？」余謂伊尹之時，去周已遠，此事出於戰國時游説之士之所傳述，可以斷言，翟氏謂枉己辱身者援以自衛，得其情矣。又有「孔子主癰疽與待人瘠環」之説，孟子援孔子之拒彌子瑕以辨之，而後世復有孔子因彌子瑕之説。翟氏曰：「案彌子欲借重孔子，孔子拒之，此文甚明。呂氏慎大覽乃云：『孔子道彌子瑕見釐夫人，因也。』淮南泰族訓亦云：『孔子欲行王道，七十説而無所偶，故因衛夫人、彌子瑕而欲通其道。』當時之謗孔子者，且不僅造爲癰疽瘠環言矣。」翟氏説均見四書考異卷三十一。余謂此非謗孔子也，乃借孔子以自飾其非也。以爲如孔子之爲人，尚因欲行其道，不惜自汙，則枉尺直尋，宜若可爲。吾雖吮癰舐痔，亦可以免於譏矣。孔叢子答問篇曰：「今世人有言高者，必以極天爲稱，言下者，必以深淵爲名，是資勢之談，而無其實者也，好事而未鑿也，必言經以自輔，援聖以自賢，欲以取信於羣愚而度其説也。」若諸子之書，其義皆然。是則孟子所謂好事者爲之者，古人已推明其故矣。

三曰：因憤世嫉俗，乃謬引古事以致其譏也。後漢書孔融傳曰：「初，曹操攻屠鄴城，袁氏婦子多見侵略，而操子丕納袁熙妻甄氏。融乃與操書，稱『武王伐紂以妲己賜周公。』操不悟，後問出何經典，對曰：『以今度之，想當然耳。』」諸子百家之中，類此者不乏其例。朱一新無邪堂答問卷四云：「子書虚造故事，如巢、許洗耳掛瓢之類，乃借以譏戰國攘奪之風，並非事實，故史公於許由深致疑詞，莊生所謂寓言十九也。」

四曰：心有愛憎，意有向背，則多溢美溢惡之言，叙事遂過其實也。記曰：「故好而知其惡，惡而知其美者，天下鮮矣！」論語曰：「紂之不善，不如是之甚也，是以君子惡居下流，天下之惡皆歸焉。」風俗通正失篇記劉向對成帝論漢文帝事云：「世之毁譽，莫能得實，審形者少，隨聲者多，或至以無爲有。故曰：『堯、舜不勝其善，桀、紂不勝其惡。』桀、紂非殺父與君也，而世有殺君父者，人皆無道如桀、紂，皆字下疑脱一「言」字。此不勝其惡，故若文帝之仁賢，不勝其善，世俗褒揚謂其德比成王，治幾太平也。」論衡藝增篇云：「世俗所患，患言事增其實。著文垂辭，辭出溢其真，稱美過其善，進惡没其罪。何則？俗人好奇，不奇，言不用也，故譽人不增其美，則聞者不快其意，毁人不益其惡，則聽者不愜於心。聞一增以爲十，見百益以爲千，使夫純樸之事，十剖百判，審然之語，千反萬畔。墨子哭於練絲，楊子哭於歧道，蓋傷失本，悲離其實也。蜚流之言，百傳之語，出小人之口，馳閭巷之間，其猶是也。諸子之文，筆墨之疏，人賢所著，妙思所集，宜如其實。猶或增之。儻經義之言，如其實乎。言審莫過聖人，經藝萬世不易，猶或出溢，增過其實。增過其實皆有事。爲不妄亂，誤以少爲多也。」論衡此篇，所舉經藝中以少爲多之語，如「協和萬國」

「鶴鳴九皋」之類，乃古人修辭通例。汪中述學中釋三九文，及劉師培古書疑義舉例補中虛數不可實指例，釋之甚詳。王充不達其旨，條舉辨駁，轉覺辭費，且與前半篇之意亦不合，玆不具論。夫劉向所謂隨聲毀譽，王充所謂俗人好奇，皆指不明掌故者侈口妄談，塗澤粉飾，添枝附葉，取快一時。載筆者不察，從而實之，所謂「俗語不實，流爲丹青」也。中論貴驗篇云：「謗言也，皆緣類而作，倚事而興，加其似者也。」倚類而加其似，則其是非猶不大相遠，雖不免溢美溢惡，然其人實有美惡可指，傳者乃稍甚其辭，故尚不失好惡之公。特其失實而遠于事情者，不可不辨耳。然而世人喜言人之惡，惡稱人之美。新論傷讒篇曰：「譽者，揚善之樞也；毀者，宣惡之機也。揚善生于性美，宣惡出于情妬。性善以成德爲恒，情妬以傷人爲務。故譽以論善，即辭以極善爲功，毀以譽過，則言以窮惡爲巧。何者？俗人好奇，不奇不用也。譽人不增其義，則聞者不快于心，毀人不溢其惡，則聽者不滿於耳。代之善人少，而惡人多，則譽者寂寞，而讒者喧嘩，是以洗垢求痕，吹毛覓瑕，揮空成有，轉白爲黑，提輕當重，引寸至尺。墨子所以悲素絲，楊朱所以泣歧路，以其變爲青黃，迴成左右也。」劉子此論，全本論衡而其意不同。蓋彼所指者出於無心，而此所斥者，成於有意也。夫至於轉白爲黑，則幾於無是非之心矣，然而古今人著書立説，似此者亦正多。如魏收作魏書，「夙有怨者，多没其善，每言『何物小子，敢共魏收作色』，舉之則使升天，按之則使入地。」見北齊書魏收傳。作史且然，况於諸子傳記，不以記事爲職者乎？若夫爲學不同，操術復異，則筆誅口伐，甚于敵國。

皆務道人之短，形己之長，如儒、墨之相攻，老、釋之相軋。其醜詆之辭，烏可盡信哉！

五曰：諸子著書，詞人作賦，義有奧衍，辭有往復，則設爲故事以證其義，假爲問答以盡其辭，不必實有其人，亦不必真有此問也。孝經序正義引劉炫述義曰：「炫謂孔子自作孝經，本非曾參請業而對也。夫子運偶凌遲，禮樂崩壞，名教將絶，特感聖心，因弟子有請問之道，師儒有教誨之義，故假曾子之言以爲對揚之體，乃非曾子實有問也。若疑而始問，達以申辭，則曾子應每章一問，仲尼應每問一答。按經，夫子先自言之，非參請也。諸章以次演之，非待問也。且辭義血脈，文連旨環，而開宗題其端緒，餘章廣而成之，非一問一答之勢也。理有所極，方始發問，乂非請業請答之事。首章言『先王有至德要道』，則下章云『此之謂要道也，非至德其孰能順民？』皆遥結首章，答曾子也。俞樾曰：「按答字上疑奪非字。」舉此爲例，凡有數科。必其主爲曾子言，首章答曾子已了，何由不待曾子問，更自述而明之。且首起曾參侍坐，與之論孝，開宗明義，上陳天子，下陳庶人，語盡無更端，於曾子未有請，故假參嘆孝之大，又説以孝爲理之功。理，治也，此唐人避諱所改。邢疏因之，未及改回。説之已終，欲言其聖道莫大於孝，又假參問，乃説聖人之德不加於孝。在前論敬順之道，未有規諫之事，故須更借曾子言，陳諫諍之義。此皆孔子須參問，非參須問孔子也。莊周之斥鷃笑鵬，罔兩問影，屈原之漁父鼓枻，太卜拂龜，馬卿之烏有、亡是，揚雄之翰林、子墨，寧非師祖製作，以爲楷模者乎？」俞樾古書疑義舉例引入卷三寓名例中云：

「劉氏此論，最爲通達，似非博覽周、秦古書，通於聖賢著述之體，未有不河漢斯言者。」余謂劉氏謂孝經爲孔子自作，殊無以見其必然。然其言實妙達文章之理，宜俞氏之傾服也。考莊子寓言篇云：「寓言十九，重言十七。」郭象注云：「寄之他人，則十言而九見信，世之所重，則十言而七見信。」史記莊子傳云：「著書十餘萬言，大抵率寓言也。作漁父、盜跖、胠篋，以詆訾孔子之徒，以明老子之術，畏累虛、亢桑子之屬，皆空語無事實。」索隱引别録云：「又作人姓名，使相與語，是寄辭於其人，故莊子有寓言篇。」劉氏之論孝經，蓋即從此悟入，後人著述中，亦有可與劉氏之言相爲發明者，今並詳徵以資互證。史通雜説篇曰：「自戰國以下，詞人屬文，皆僞立主客，假相酬答：至於屈原離騷辭，稱遇漁父於江渚，宋玉高唐賦，云夢神女於陽臺。夫言並文章，句結音韻，以兹叙事，足驗憑虛。而司馬遷、習鑿齒之徒，皆採爲逸事，編諸史籍，疑誤後學，不其甚耶？」又曰：「嵇康撰高士傳，取莊子、楚辭二漁父事，合成一篇。夫以園吏之寓言，騷人之假説，而定爲實録，斯已謬矣；况此二漁父者，較年則前後别時，論地則南北殊壤，而輒併之爲一，豈非惑哉？」又曰：「莊周著書，以寓言爲主，嵇康述高士傳，多引其虛辭。至若神有混沌，編諸首録，苟以此爲實，則其流甚多。至如黿鼈競長，蚿蛇相憐，鷽鳩笑而後言，鮒魚忿以作色，向使康撰幽明録、齊諧記，並可引爲真事矣。夫識理如此，何爲而薄周、孔哉？」顧炎武日知録卷十九云：「古人爲賦，多假設之辭，序述往事，以爲點綴，不必一一符同也，子虛、亡是公、烏有先生之文，已肇相如矣；後之作者，實祖此意。謝莊月賦：『陳王初喪應、劉，端憂多暇。』又曰：『抽毫進牘，以命仲宣。』按王粲以建安二十一年從征吳，二十二年春道病卒，徐、陳、應、劉一時俱逝，亦是歲也。至明帝太和六年，植封陳王，豈可擿摭史傳，以議此賦之不合哉？庾信枯樹賦，既言殷仲文出爲東陽太守，乃復有桓大司馬，亦同此例。原注：仲文爲桓玄侍中，桓大司馬，則玄之父温也。此乃因殷仲文有此樹婆娑之言，桓元子有木猶如此之歎，二事湊合成文。而長門賦所云陳皇后復得幸者，亦本無其事，俳諧之文，不當與之莊論也。又云：「陳后復幸之云，正如馬融長笛賦所謂『屈平適樂國，介推還受禄』也。」按馬賦云：「屈平適樂國，介推還受禄，澹臺載尸歸，皋魚節其哭，長萬輟逆謀，渠彌不復惡，蒯聵能退敵，不占成節鄂。」凡八句，皆反言之，本無其事。黄汝成集釋引楊氏曰：楊氏名寧，曾校日知録。「莊子：『孔子見孫叔敖』，又云：『莊子見魯哀公』，年代闊絶。古人作文，既多寓言，便不論也。」愚案後人如符朗著書，全學莊子，晉書本傳云：著符子數十篇行於世，亦老莊之流也。隋志道家有符子二十卷，書亡於宋，嚴可均全晉文一百五十二輯其遺文爲一卷。名託古人，事皆烏有。而羅泌、馬驌二家，采之類書，引入著述，或信爲實然，或辨其附託。不知其爲畏累虚、亢桑子之流，本自空語無事實。信之者固是受欺，辨之者亦殊多事也。必以此爲例，則明人劉基著郁離子，凡其叙事立言，皆託諸春秋戰國，亦可引以注史記、國策耶？

六曰：古人引書，唯於經史特爲謹嚴，至于諸子用事，正如詩人運典，苟有助于文章，固不問其真僞也。樂記曰：「昔者舜作五絃之琴，以歌南風。」鄭注云：「其辭未聞。」王肅聖證論引尸子及家語以難鄭，馬昭云：「家語王肅所增加，非鄭所見，又尸子雜説，不可取證正經，故言未聞也。」見孔疏。顔師古漢書高祖紀注云：「史家不詳著高祖母之姓氏，無得記之，至於皇甫謐等，妄引讖記，好奇騁博，强爲高祖父母名字，皆非正史所説，蓋無取焉。」又匡衡傳注云：「今有西京雜記者，其書淺俗，出於里巷，多有妄説，乃云『匡衡小名鼎』，蓋絶知者之聽。」夫尸子之記南風，言非詭誕，葛洪之撰西京，詞有據依，而康成以爲未聞，師古擯之絶聽，豈非以諸子雜記，難可勝信乎？昔太史公作五帝本紀，不信百家之言，作大宛傳，不信山海經、禹本紀，史家實録，當如是矣。若夫吕氏春秋、淮南子之類，援引故事，掇拾殘篇，莫不利鈍雜陳，疑信參半，蓋採之諸子，自成一家，聊用古書，助成己説，既取神而遺貌，亦得意以忘言，本非考據者流，故能遊方之外也。又如韓詩外傳、新序、説苑之類，述多於作，事廣於言，乍觀其體，頗類史書，細按其文，殊乖事實。牴牾莫保，訛謬滋多。良由韓嬰之傳，本爲釋經，更生之書，將以進御。故其采傳記也，所以陳古以戒今；漢書劉向傳云：「采傳記行事著新序、説苑凡五十篇奏之。」其采雜説也，所以斷章而取義。漢書藝文志云：「漢興，魯申公爲詩訓故，而齊轅固、燕韓生皆爲之傳，或取春秋采雜説，咸非其本義。」意有所在，言豈一端？若責以史氏之成規，繩以春秋之書法，則失古人著書之意矣。史通雜説篇曰：「劉向造洪範五行及新序、説苑、列女、神仙諸傳，神仙傳即列仙傳，避上文「列女」字改爲「神仙」。列仙傳非向所作，知幾考之不詳。皆廣陳虚事，多構僞辭，非其識不周而才不足，蓋以世人多可欺故也。夫傳聞失真，書事失實，蓋事有不獲已，人所不能免也。至於故爲異説以惑後來，則過之尤甚者矣。」夫劉向之書，事采舊聞，辭非己出，將欲悟主，何至欺人？知幾以尋章摘句之技，爲引繩切墨之談，雖曰言皆有據，終嫌智類拘墟也。朱一新曰：「諸子書發攄己意，往往借古事以申其説，年歲舛謬，事實顛倒，皆所不計，後世爲詞章者，亦多此體。至劉子政作新序、説苑，冀以感悟時君，取足達意而止，亦不復計事實之舛誤也。蓋文章體製不同，議論之文，源出於子，自成一家，不妨有此，若紀事之文出於史，考證之文出於經，則固不得如此也。」斯言也，可謂好學深思，心知其意者矣。

七曰：方士説鬼，文士好奇，無所用心，聊以快意，乃虚構異聞，造爲小説也。讖緯之書，劉、班不録，事雖妄誕，語固新奇，達士之所深譏，文人之所篤好。文心雕龍正緯篇曰：「通儒討覈，謂起哀、平。桓譚疾其虚僞，尹敏戲其深瑕，張衡發其僻謬，荀悦明其詭誕。四賢博練，論之精矣。若乃羲、農、軒、皡之源，山瀆鐘律之要，白魚赤烏之符，黄金紫玉之瑞，事豐奇偉，辭富膏腴，無益經典，而有助文章，是以後來辭人，採摭英華。」余謂怪迂之談，起於方士，昔穆公夢之帝所，秦讖始傳；史記趙世家記扁鵲之言，謂秦穆公七日而寤曰：「我之帝所甚樂。帝告我云云。」公孫支書而藏之，秦讖於是出矣。始皇問及鬼神，圖書遂奏。史記秦始皇本紀云：「使燕人盧生求羨門高誓。」又云：「燕人盧生使入海以鬼神事，因奏録圖書曰：『亡秦者胡也。』」案盧生蓋方士。五德終始，著於鄒子之徒；史記封禪書曰：「自齊威、宣之時，鄒子之徒，論著終始五德之運。鄒衍以陰陽主運，顯于諸侯，而燕、齊海上之方士傳其術不能通。然則怪迂阿諛苟合之徒自此興，不可勝數也。」九百虞初，本自武帝之世。漢志小説家有虞初周説九百四十三篇，注云：「河南人，武帝時以方士侍郎，號黄車使者。」師古曰：「即張衡西京賦『小説九百，本自虞初』者也。」讖緯之與小説，方技之與神仙，相爲因緣，亦已久矣。及至魏、晉之後，六經告退，莊、老方滋，風尚浮華，文詞靡麗，于是不經之書，雜然並作。觀洞冥託之郭憲，拾遺造自王嘉，並皆方術之流，憲在後漢書方術傳，嘉在晉書藝術傳。故多荒唐之論。史通雜述篇曰：「逸事者，皆前史所遺，後人所記，求諸異説，爲益實多。及妄者爲之，則苟載傳聞而無詮擇，由是真僞不別，是非相亂，如郭子横之洞冥，王子年之拾遺，全構虛辭，用驚愚俗，此其爲弊之甚者也。」蓋此二書，凡所紀述，並杜撰無稽，憑虛臆造。而朱彝尊經義考，疑李克授經伏生，遂稱郭憲，經義考卷二百八十四云：「按郭子横洞冥記，謂伏生受書於秦博士李克，然不見於他書，未敢深信。」紀昀等四庫目，謂張華奏書晉武，亦引拾遺，四庫提要卷一百四十二云：「博物志十卷，晉張華撰。考王嘉拾遺記稱華造博物志四百卷，奏於武帝，武帝詔可更芟截浮疑，分爲十卷云云，是其書作於武帝時。」案洞冥拾遺同一不經，提要譏經義考引洞冥伏生受書李克，爲「嗜博貪奇，有失別擇」，而甫隔數頁，遽引拾遺，所謂尤而效之也。採稗官之浮詞，入典籍之目録，斯其疑誤後學，過於子玄之所譏矣。爰逮齊、梁，人矜博洽，詐僞之作，其流實繁。或假託古書，或虛造新事，但可用作談資，不當認爲信史。至於唐人之雲仙散録、杜陽雜編，自謂聞諸賓朋，提要卷一百四十二云：「杜陽雜編三卷，唐蘇鶚撰。其中述奇技寶物類涉不經，雖必舉所聞之人以實之，殆亦俗語之爲丹青也。」採之傳記，雲仙散録亦作雲仙雜記，提要卷一百四十二云：「舊本題唐金城馮贄撰，實僞書也。所引書目，皆歷代史志所未載。」而其人既多不知名，其書亦未見著録。惟紀載繁華，文詞縟麗，則洞冥、拾遺之支流餘裔也。

凡此七端，略言其概，自餘細目，難可殫陳。然則古書之記載，舉不足信，凡有著述，皆不當引用乎？曰：何爲其然也。桓譚新論云：『莊周寓言，乃云堯問孔子，淮南子云共和争帝，地維絶，皆爲妄作，故世人多云短書不可用。然論天間莫明于聖人，莊周等雖虚誕，故當采其善。何云盡棄耶？』御覽卷六百二引。夫以莊周寓言，尚難盡棄，況諸子所記，多出古書，雖有託詞，不盡僞作。譬之後人詩詞所用典故，縱或引自雜書，亦多原出經史也。在博觀而慎取之耳。語曰：「明其爲賊，敵乃可滅。」欲辨紀載之僞，當抉其疏漏之端，窮源竟委，抵隙蹈瑕，持兹實據，破彼虚言，必獲真贓，乃能詰盗。若意雖以爲未安，而事却不可盡考，則姑云未詳，以待論定。如曰斷之自我，是謂尤而效之。蓋厚誣古人，與貽誤後學，其揆一也。李大性典故辨疑序曰：「非敢遠慕昔人，作指瑕糾繆之書，以詒攻訶之誚。獨取熙朝美事，及名卿才大夫之卓卓可稱，而其事爲野史語録所翳者，辨而明之，參其歲月，質其名氏爵里，而考證焉。其或傳聞異詞，難以示信，以意逆志，雖知是非，而未有曉然依據，則姑置弗辯。必得所證而後爲之説焉。」夫實事求是，多聞闕疑，昔者先儒，嘗從事於斯矣。

卷三　論編次第三

古書單篇别行之例

古之諸子，即後世之文集，前篇已論之詳矣。既是因事爲文，則其書不作於一時，其先後亦都無次第。隨時所作，即以行世。論政之文，則藏之於故府；論學之文，則爲學者所傳録。迨及暮年或其身後，乃聚而編次之。其編次也，或出於手定，或出於門弟子及其子孫，甚或遲至數十百年，乃由後人收拾叢殘爲之定著。後世之文集亦多如此，其例不勝枚舉。姑以人人所習知之唐、宋詩文集言之：韓集編於門人李漢，柳集編自友人劉禹錫。李太白草堂集爲李陽冰所編，而今本則出於宋敏求。歐陽修文惟居士集爲修所自編，而今本則出於周必大。蘇軾東坡集，自其生時已有刻本，而大全集則不知出自何人。東坡七集中之續集爲明人所編。秦、漢諸子，惟吕氏春秋、淮南子之類爲有統系條理，乃一時所成，且並自定篇目，吕氏春秋序意篇曰：「惟秦八年，歲在涒灘，秋，甲子朔，朔之日，良人請問十二紀。」淮南子要略篇，詳載二十篇篇名。其他則多是散篇雜著，其初原無一定之本也。

夫既本是單篇，故分合原無一定。有抄集數篇，即爲一種者，有以一二篇單行者。其以數篇爲一種者，已詳於「書名研究篇」中。其以一二篇單行者，則有三例：

一爲本是單篇，後人收入總集，其後又自總集内析出單行也。如尚書之典謨訓誥，爲後世詔令奏議之祖，其中兼有虞、夏、商、周書，本非一時之作。大、小戴記，漢志記百三十一篇，注云：「七十子後學者所記也。」亦是後人之所撰集。隋志云：「漢初河間獻王獻之。」其初本是零星抄合，故皆可單篇别行，學者隨其所用，即由全書内析出，自爲一書。全祖望曰：「漢書藝文志有中庸説二篇，隋書經籍志有宋戴顒中庸傳二卷，又梁武帝有中庸講疏一卷，又中庸義五卷，宋史仁宗曾以御書大學賜進士王堯臣等；近儒多據此數條，以爲舊有專本之證。然僕以爲不足辨者：古人著書，原多以一二篇單行。尚書或祇用禹貢，後漢書循吏王景等傳，永平十二年，賜景山海經河渠書禹貢圖，晉書裴秀傳作禹貢地域圖，十八篇。洪範；隋志：尚書洪範五行傳論十一卷，漢光禄大夫劉向注。案即漢志之劉向五行傳記，向本傳所載書名，與隋志合。儀禮或祇用喪服；隋志禮類，著録喪服書自馬融喪服經傳以下凡四十餘家。大戴禮或祇用夏時。隋志：夏小正一卷，戴德撰。案此夏小正之傳也；宋傅崧卿有校本，今存。即禮記之四十九篇，或以曲禮，經義考卷一百七十八，有王劭勘定曲禮，引孔穎達疏言，「隋秘監王劭勘晉、宋古本，皆無稷曰明粢一句。」案此是王劭讀書記中之一條，未必即是單篇别行。宋上官均有曲禮講義二卷，見宋志。或以檀弓，經義考録目陳騤檀弓評以下凡十三部，皆宋、明人。或以樂記，漢志：樂記二十三篇，禮記樂記疏言劉向校書得樂記二十三篇，今樂記所斷取十一篇。案漢志所録，蓋未編入禮記以前單行之本。固未嘗不以專本也。」見鮚埼亭集卷四十一，答朱憲齊辨西河毛氏大學證文書。案全氏所舉諸篇，惟樂記本是專書別行，與禮記刪節之本不同。曲禮、檀弓之單行，出自宋人，與大學同。此類舉之，不勝其舉。若禹貢、洪範、喪服、夏小正，則皆漢人作注時，自全書内析出者也。

二爲古書數篇，本自單行，後人收入全書，而其單行之本，尚並存不廢也。漢志論語内有孔子三朝七篇，劉向別録曰：「孔子三見哀公，作三朝七篇，今在大戴禮。」藝文類聚卷五十五引，今七篇具在。顔師古謂大戴禮有其一篇，非是。言今在大戴禮者，明古本原自單行也。又漢志孝經類有弟子職一篇，應劭曰：「管仲所作，在管子書。」七略兵書略兵權謀内，有伊尹、太公、管子、孫卿子、鶡冠子、蘇子、蒯通、陸賈、淮南王二百五十九種；兵技巧有墨子，班固始省去。見固自注。此數人者，皆於諸子略中自有專書，劉歆又著録於兵家者，因其初本是單篇別行，故因古本收入。此如後世收藏家目録，既收叢書，又分著單行之本。事本尋常，無足深怪。特是劉向父子校書之時，原是合中外所藏諸篇，編爲全書，其他數篇單行者，不別著於録；而此獨不嫌重複者，以此數人，本在九流之内，自爲一家之學，而又兼著兵書。使不別著於録，則兵家之書爲不完。猶之四庫提要已收文忠集，則不復收居士集，附存目。而其六一詞亦在全集内，仍不能不復收入詞曲之中也。孔子三朝與論語同爲孔子一家之言，本非專爲言禮而作。若因收入大戴禮遂没其本書，譬如因有陸放翁全集，汲古閣刻本。遂於史部内不收其南唐書；因有亭林著述，朱記榮刻本。遂於經部内不收其音學五書，可乎？章學誠不知此義，其校讎通義乃謂弟子職、三朝記爲劉歆裁篇別出，若先有管子、大戴禮而後有弟子職、三朝記者，不免顛倒事實矣。章氏能知夏小正在戴記之先，而不知三朝記亦在戴記之先，豈非不充其類也乎。

三爲本是全書，後人於其中抄出一部分，以便誦讀也。劉歆讓太常博士書曰：「至孝武皇帝，然後鄒、魯、梁、趙，頗有詩、禮、春秋先師，皆起於建元之間。當此之時，一人不能獨盡其經，或爲雅，或爲頌，相合而成。」按漢志云：「三百五篇遭秦而全者，以其諷誦不獨在竹帛故也。」然則漢初非無全詩也。然而或爲雅，或爲頌者，遺經初傳，學者不能通其義，則各就己之所長，性之所近，取其一部分誦習之也，古人讀書蓋多如此。因其時竹帛繁重，抄寫不易，往往因某事欲讀某篇，則只抄取此一篇觀之。如太史公百三十篇，漢書一百卷，本無單篇別行；而後漢書竇融傳言「帝賜融以外屬圖及太史公五宗外戚世家魏其侯列傳。詔報曰：『每追念外屬，孝景皇帝，出自竇氏，定王之子，朕之所祖。昔魏其一言，繼統以正，長君、少君尊奉師傅，修成淑德，旋及子孫，此皇太后神靈，上天祐漢也。』」竇融爲景帝母竇太后之弟廣國即少君。七世孫，而光武爲景帝子長沙定王之後。其賜此數篇書之意，具見於詔書。又循吏王景傳云：「永平十二年，議修汴渠，乃引見景，問以理水形便，帝善之。又以嘗修浚儀，功業有成，乃賜景山海經、河渠書、禹貢圖。」此以河渠書單賜者。以景善治水，故賜以水利書也。王國維觀堂集林卷十一，太史公行年考，謂漢世百三十篇，往往有寫以別行者，即以此二條爲證。又清河孝王慶傳云：「帝將誅竇氏，欲得外戚傳，懼左右不敢使；乃令慶私從千乘王求，夜獨內之。」凡此數事，皆於全書內獨抄其一二篇。後世刻板既行，尚不乏此例。如陳壽三國志，本是一書，而宋人有單刻其吴志者。黄丕烈藏書，見簡明目録標注，及郘亭知見傳本書目。又有宋刻蜀志，乃殘本，非單行。鄭樵通志二百卷，有紀，有譜，有略，有傳，而宋人有單刻其十二略者。明正德時及清乾隆十三年金壇于氏皆有重刻本。馬端臨獨得此本，未見原書，乃曰：「豈彼二百卷者，自爲一書，亦名曰通志，而於此序復言其意耶？或併其二十略共爲一書耶？」見通考卷二百一。今人皆知馬氏之誤。竊意古書殘缺不完，未必不由於此。後人執殘本以議全書，如馬氏之説者，正復不少。惜不能復得全書，無由發其覆耳。

敘劉向之校讎編次

史記自序曰：「秦撥去古文，焚滅詩書，故明堂石室、金匱玉版，圖籍散亂。」案古之簡策，每簡或兩行，或一行，字數自四十字至八字不等。其編而爲策，用韋或絲，詳王國維簡牘檢署考。絲編一斷，則簡策凌越失次，易於亡失。六國表曰：「秦既得意，燒天下詩書，諸侯史記尤甚，爲其有所刺譏也。詩書所以復見者，多藏人家；而史記獨藏周室，以故滅。」然則秦之焚書，並石室金匱之藏，亦不免燬棄，此所以圖籍散亂也。國家之藏書如此，則民間之冒禁私藏者，兵火之餘，殘缺佚脱，蓋可知矣。荀悦曰：「秦之滅學也，書藏於屋壁，絶義於朝野，逮至漢興，收摭散滯，固已無全學矣。文有磨滅，言有楚、夏，出有先後，或學者先意，有所借定，後進相放，彌以滋蔓，故一源十流，天水違行，而訟者紛如也。」申鑒時事篇。葛洪曰：「古書之多隱，未必昔人故欲難曉。經荒歷亂，埋藏積久，簡編朽絶，亡失者多；或雜續殘缺，或脱去章句，是以難知，似若至深耳。」抱朴子外鈞世篇。故漢書儒林傳曰：「秦時禁書，伏生壁藏之，其後大兵起流亡。漢定，伏生求其書，亡數十篇，獨得二十九篇，即以教於齊、魯之間。」當時之書類此者多矣。漢書藝文志曰：「漢興改秦之敗，大收篇籍，廣開獻書之路。迄孝武世，書缺簡脱，禮崩樂壞。」隋書經籍志曰：「秦政焚詩書，坑儒士，學者逃亂，竄伏山林，或失本經，口以傳説。惠帝除挾書之律，儒者始以其業行於民間，猶以去聖既遠，經籍散逸，簡札錯亂，傳説紕繆，遂使書分爲二，詩分爲三，論語有齊魯之殊，春秋有數家之傳。其餘互有蹐駁，不可勝言。」以此數書之言觀之，則知先漢之校書，乃必不可緩之事也。漢武帝建藏書之策，置寫書之官，嘗命軍政楊僕，捃摭遺逸，紀奏兵録。并見漢書。兵録者，校定兵書之目録。説詳目録學發微目録源流考。其他六藝諸子傳説，亦必都經讎校，史略之不言耳。蓋古人寫書，未有不校者也。

成帝時，以書頗亡失，使謁者陳農求遺書於天下，詔光禄大夫劉向校中秘書。向卒，哀帝使向子歆卒父業。見成帝紀及藝文志。向所作書録，多言所校讎某書若干篇。應劭風俗通曰：「案劉向別録：『讎校，一人讀書，校其上下，得謬誤爲校；一人持本，一人讀書，若怨家相對爲讎。』」書録又多言「以殺青，書可繕寫。」風俗通曰：「謹案劉向別録曰『殺青』者，直治竹作簡書之耳。新竹有汗，善朽蠹，凡作簡者，皆於火上炙乾之。陳、楚謂之汗，汗者，去其汁也。吳、越曰殺，殺亦治也。劉向爲孝成皇帝典校書籍二十餘年，皆先書竹，爲易刊定，可繕寫者以上素也。」以上二條，今本所無，散見初學記文選注御覽等書，嚴可均全後漢文卷三十六合輯之，今據引用。其叙向校讎之事甚詳。

漢志易小序曰：「劉向以中古文經，校施孟、梁丘經，或脱去『無咎悔亡』，唯費氏經與古文同。」又尚書小序曰：「劉向以中古文校歐陽、大小夏侯三家經文，酒誥脱簡一，召誥脱簡二。率簡二十五字者，脱亦二十五字；簡二十二字者，脱亦二十二字。文字異者七百有餘，脱者數十。」又孝經小序曰：「漢興，長孫氏博士江翁、少府后倉、諫大夫翼奉、安昌侯張禹傳之，各自名家，經文皆同。唯孔氏壁中古文爲異。『父母生之，續莫大焉，故親生之膝下。』諸家説不安處，古文字讀皆異。」此條雖不明引劉向，然漢志全本劉歆七略，此亦歆自叙其校書之意見也。此皆叙向、歆校今古文之異同也。然今文別自名家，傳習已久，向必不能以中古文校改，使之歸於劃一，蓋惟各存其本文，而別著校勘之語。周易箕子之明夷，釋文引劉向曰：「今易『箕子』作『荄滋』。」此其校語之僅存者。

向戰國策書録曰：「本書多誤脱爲半字，以趙爲肖，以齊爲立，如此字者多，皆定。」晏子書録曰：

「中書以夭爲芳，又爲備，先爲牛，章爲長，孫星衍晏子音義曰：「夭芳牛先形相近，又備章長聲相近，又讀異。」如此類者多，謹頗略揃，孫星衍曰：「揃即箋異文。説文，箋表識書也。」皆已定。」列子書録曰：「中或字誤以盡爲進，以賢爲形，如此甚衆，及在新書有棧，棧亦即揃、箋之異文。校讎從中書已定。」又北堂書鈔卷一百一引劉歆七略曰：「古文或誤以典爲與，以陶爲陰，如此類多。」書録兩言揃、棧，則其所校皆有箋識。然謂之已定，則於其誤字，已逕據別本刊定之矣。此阮孝緒所謂「劉向校書，輒爲一録，論其指歸，辨其訛謬也。」見七録序。

以上敍校讎

秦焚書之後，圖籍既散亂失次，漢興復出，自必加以編定。高祖之時，張良、韓信嘗序次兵法。見漢志。序次者，次第其篇章之先後，使之有序也。劉向校書，亦先從事於此。編次之法，其別有二：

凡經書皆以中古文校今文。其篇數多寡不同，則兩本並存，不刪除複重。漢志云：「古文尚書者，出孔子壁中，孔安國悉得其書，以考二十九篇，得多十六篇。安國獻之，遭巫蠱事未列於學官。劉向以中古文校歐陽、大小夏侯三家」，而尚書古文經四十六卷，與今文經二十九卷，志凡今文經皆只注明某家，不加今文字，此條注云：「大、小夏侯二家，歐陽經三十二卷。」並著於録。又云，「禮古經者，出於魯淹中，及孔氏學，十七篇，原作七十篇，從劉敞及錢大昭説改正。文相似，多三十九篇。」而禮古經五十六卷，與今文經十七篇，原亦作七十篇注云：「后氏、戴氏。」亦並著於録。孝經古今文皆爲一篇，然古文二十二章，顔注引劉向云：「庶人章分爲二，曾子敢問章分爲三，又多一章，凡二十二章。」而今文只十八章，注云：「長孫氏、江氏、后氏、翼氏四家。」則亦並著於録，不以古文篇數合之今文。若易亦有中古文，然只録易經十二篇，不分今古文者，以今文所脱，只「無咎悔亡」，其他篇數皆相合也。春秋分著古經十二卷，公羊穀梁經十一卷者，不惟分卷不同，以左氏有續經，公、穀無續經也。論語以古二十一篇，注云：「出孔子壁中，有兩子張。」與齊二十二篇、魯二十篇並録者，齊、魯雖同是今文，而齊多問王、知道二篇也。凡經書篇數，各本不同，不以之互相校補，著爲定本者，因中秘之所藏，與博士之所習，原非一本，勢不能以一人之力變易之也。此與諸子之情事不同，故義例亦異，非爲尊經之故也。

凡諸子傳記，皆以各本相校，删除重複，著爲定本。古人著書，既多單篇别行，不自編次，則其本多寡不同。加以暴秦焚書，圖籍散亂，老屋壞壁，久無全書，故有以數篇爲一本者，有以數十篇爲一本者，此有彼無，紛然不一。分之則殘闕，合之則複重。成帝既詔向校中祕書，又求遺書於天下。天下之書既集，向乃用各本讎對，互相除補，别爲編次：先書竹簡，刊定訛謬，然後繕寫上素，著爲目録，謂之定著。晏子書録曰：「所校中書晏子十一篇。臣向謹與長社尉臣參校讎，太史書五篇，臣向書一篇，參書十三篇。凡中外書三十篇，爲八百三十八章。除複重二十二篇，六百三十八章。定著八篇二百一十五章。外書無有三十六章，中書無有七十章，中外皆有以相定。」孫卿書録云：「所校讎中孫卿書凡三百二十二篇以相校。除複重二百九十篇，定著三十二篇，皆已定。」列子書録云：「所校中書列子五篇。臣向謹與長社尉臣參校讎，太常書三篇，太史書四篇，臣向書六篇，臣參書二篇，内外書凡二十篇，以校除複重十二篇，定著八篇，中書多，外書少，章亂布在諸篇。」鄧析子書録曰：「中鄧析四篇，臣叙書一篇，凡中外書五篇，以相校，除複重爲一篇。」初學記卷二十一引劉向别録云：「所校讎中易傳，淮南二字原本無，據玉海卷三十五引初學記補。九師道訓，除複重定著十二篇。」又云：「所校讎中易傳古五子書，除複重，定著十八篇，分六十四卦著之。」此可見劉向未校書之前，除古文經之外，其餘諸子傳記，非殘缺即重複。今日所傳之本，大抵爲劉向之所編次，諸子中如吕氏春秋，當是吕不韋原本，非劉向所重定。然古書似此者，蓋居極少數。使後人得見周、秦諸子學説之全者，向之力也。惟兵書曾經韓信、楊僕兩次編定。

古人著書，既不題撰人，又不自署書名。後之傳録其書者，知其出於某家之學，則題爲某氏某子，或某姓名。有本是一書，至漢而散亂失次分爲數本者。即後世之書，初刻重刻及宋、元、明本往往多寡不同。有其初本未編次，一家之學分爲數種者。如後人之詩文，甫得數卷，即爲一集。又有後學解釋其書，如漢儒之箋注；弟子記其言論，如宋儒之語録；子孫撰其逸事，如家傳；門徒志其學行，如序跋；説詳辨附益篇。或别自單行，或附在本書，或分著篇章，或隨文附益。

大抵古人之治學也，本以道術爲公器，其限斷不嚴，故先師之所作，與後師之所述，雜糅而不分。其著書也，姑以竹帛代口耳，其體例不精。故簡端之所題，與卷末之所記，攙越而失次。後之傳其書者，惟取其便於講習誦讀，不問其出自誰何之手也。及劉向校書，合中外之本，辨其某家之學，出於某子，某篇之簡，應入某書，遂删除重複，别行編次，定著爲若干篇。蓋因其學以類其書，因其書以傳其人，猶之後人爲先賢編所著書大全集之類耳。第後人之編集刻書，年譜傳狀之類，皆退歸附録；有所題識，則低一格，或雙行小註；有所附益，則用陰文字别之，曰增曰補；古人無是也。既皆不可辨别，惟有條其原文序次之而已。如前之所言，是知古人之書，不皆手著。果其學有師承，則述與作同功，筆與口並用。傳之既久，家法浸亡，依託之説，竄亂之文，相次攙入，劉向當諸子百家學術衰微之日，望文歸類，豈能盡辨。此如宋人爲唐人編詩文集，往往誤收他人之作，勢之所必至也。然而班固之贊向、歆也，曰：「七略剖判藝文，綜百家之緒。」若果真僞不分，朱紫無别，何以謂之剖判？不知劉向於此，亦嘗致力矣。晏子書録云：「其書六篇，皆忠諫其君，文章可觀，義理可法，皆合六經之義。又有複重，文辭頗異，不敢遺失，復列以爲一篇。又有頗不合經術，似非晏子之言，疑後世辯士所爲者，亦不敢失，復以爲一篇，凡八篇。」則其别擇，不可謂不嚴。然今所傳周、秦古書，不皆如此者，向之校書，未畢業而卒，蓋未能推廣其例，徧及羣書。又前漢中祕之書，燼於王莽之亂，今本多非向所校定故也。

向所編校，有但定其篇第者，如管子、孫卿子之類是也。有並改其章次者，如晏子是也。又有合同類之書數種，離合其篇章，編爲一書者。戰國策書録曰：「所校中戰國策書，中書餘卷錯亂，又有國別者八篇，少不足。臣向因國別者，略以時次之，分別不以序者以相補，除複重得三十三篇。中書本號或曰國策，或曰國事，或曰短長，或曰事語，或曰長書，或曰修書。臣向以爲戰國時游士輔所用之國，爲之策謀，宜爲戰國策。」夫除去複重，尚得三十三篇，而以國別者僅八篇，是其體例不同，以書之性質言之，則曰國策、國事、事語。以書之形式言之，則曰短長、長書、修書，是其書名不同。此不但不出一人，亦本非一書。然向以其皆戰國游士之策謀，便可都爲一編。向所編楚辭，亦國策之類。況諸子之書，源出於一人，同爲一家之學者乎。將以防簡策之散佚，而使後人有以窺見古人學術之全，合而編之，正辨章舊聞之大者。此所以孫子兵法八十三篇爲一書，不以十三篇別著於録。而謀八十一篇，言七十一篇，兵八十五篇，同爲太公二百三十七篇，而入之於道家也。至劉向所序六十七篇，新序、説苑、世説、列女傳頌圖，皆出一人親手所著者，更無論矣。揚雄所序三十八篇，乃班固所續入，故不引。乃章學誠謂「漢志之疎，由於以人類書，不能以書類人。」又謂「孫子八十三篇，用同而書體有異，則當別而次之，任宏部次不精，遂滋後人之惑。」見校讎通義卷三。案漢志云：「步兵校尉任宏校兵書。」果若所言，則著録晏子春秋，當以中書十一篇爲一書。太史書五篇，以及臣向書一篇，臣參書十三篇，又皆各爲一書，不必除複重，亦不必以中外之書相定，而劉向之次序羣書，皆爲多事矣。何者？史記所載，與今世所傳之孫子十三篇，乃其别本單行，猶之中書晏子十一篇也。且果若所言，則孫卿乃儒家，不當有賦篇；韓非乃法家，不當有解老、喻老；墨子乃墨家，不當有備城門以下諸篇，皆兵書。而後人之編叢書大全集者，皆在所必禁矣。不第此也，蔡邕集有明堂月令論、明堂問答，宋歐静刊本。陶淵明集有五孝傳及聖賢羣輔録，北齊陽休之所編十卷本。柳宗元外集有非國語。若謂不當以人類書，則别集中與此相類者，皆當刊去之矣。又不第此也，漢志詩賦别爲一略，不與他文同編。而詞曲起於五代，宋、元以後，自爲一體，爲古之别集所無。若謂不當以人類書，則又將取諸家之集，離而析之，分著於録，豈不治絲而棼乎？故章氏之説，雖或持之有故，言之成理，而于勢有所不行，即不能執之以議古人也。

古書中如易十二篇，詩三百五篇，春秋十二篇之類，此皆秦以前之原本，無所亡失。向蓋校其脱誤而已，不須更爲定著也。諸子傳記之中亦當有似此者。其有複重殘缺，經向别加編次者，皆題之曰新書，以别於中秘舊藏及民間之本。如荀子書録云：「荀卿新書三十二篇。」列子書録云：「新書有棧。」别録又有蹴鞠新書二十五篇。釋玄應大般涅槃經音義引。由此推之，則隋、唐志之鼂氏新書，今所傳之賈子新書，蓋皆劉向之所題，後人但以爲賈誼書名者，誤也。今管、晏諸子所載向之叙録，皆無「新書」字，蓋爲淺人之所删削，獨荀子尚存其舊。至他書並不載向叙，則孰爲新編，孰爲舊本，不可考矣。

史記申不害傳云：「著書二篇，號曰申子。」而漢志申子六篇。史記集解引别録曰：「今民間所有上下二篇，中書六篇，皆合二篇，已備過太史公所記也。」蓋向取古人一家之學，聚而編之，不必與史記相符，故自發其凡如此。然今所傳古書，往往與史記所言篇數合，與漢志不同。如孟子、孫子、陸賈新語皆是。蓋猶是民間相傳之舊，非向所校定之新書。則因漢中祕所藏，臣下見之至爲不易故也。漢書叙傳曰：「斿班斿也。與劉向校祕書，以選受詔進讀羣書，上器其能，賜以祕書之副。時書不布，至東平思王以叔父求太史公諸子書，大將軍白不許。」是則向所校之書，當時不許傳布，班斿得之，以爲異數。考霍光傳云：「山光之子。又坐寫祕書，顯光妻，山母。爲上書獻城西第，入馬千匹，以贖山罪，書報聞。師古曰：不許之。會事發覺，按謂謀反事。山自殺。」而百官公卿表云：「蒲侯蘇昌爲太常，坐籍霍山書，泄祕書免。」師古曰：「以祕書借霍山。」此可見漢法之嚴矣。成帝時祕書之不得傳布，以此也。揚雄答劉歆書云：「有詔令尚書給筆墨，得觀書於石室。」見方言卷首。然則中祕之藏，人臣非受詔不得觀矣。叙傳又言班嗣家有賜書，桓譚欲借之而嗣不許，亦可見其時士大夫得之之難。未幾而值王莽之亂，祕書並從焚燼。見隋書牛弘傳。故今人得見秦、漢古書者，劉向之功也。然猶有書名卷數與漢志不同，莫能知其真僞者，如素問、本草、六韜、鬼谷子之類。書不傳布之過也。學者之讀古書，當先考之漢書藝文志，而後旁通互證，參驗以求其是，毋徒取其一字一言，執意必之見，過信過疑，則庶乎可與稽古。然非明於劉向編校之故，則不能讀漢志，故不惜詳言之也。

以上叙編次

古書之分内外篇

古有一人所著書，而分爲内外者。陸德明莊子音義曰：「内者對外立名。」見經典釋文卷二十六。此但釋其字義而已，未嘗言所以分内外之故也。成玄英莊子疏序則曰：「内篇者，内以對外立名。内則談於理本，外則語其事迹。」此但可釋莊子而已，未能悉通之於他書也。今按漢志所著録，有以内外分爲二書者，有但總題爲若干篇，而其書中自分内外者。從而考之，蓋非一例，吾嘗即其名以求其實，按其質以察其文，然後於其編次之義，可得而言也。今爲舉例以明之。

凡以内外分爲二書者，必其同爲一家之學，而體例不同者也。古人之爲經作傳，有依經循文解釋者，今存者，如毛詩傳是也。有所見則説之，不必依經循文者，伏生之書傳是也。夫惟不必依循經文，故論語、孝經，亦可謂之傳，而附於六藝，本無内外之分。惟一家之學，一人之書，而兼備二體，則題其不同者爲外傳以爲識别。故漢志詩家有韓内傳四卷，韓外傳六卷，春秋家公羊、穀梁皆有外傳。公羊外傳五十篇，穀梁外傳二十篇。今韓内傳已亡，所傳十卷，併題曰「外傳」，然亦非完書。清趙懷玉校本附輯佚文一卷。諸書所引，亦多内外傳互混，就今之外傳考之，其體正似尚書大傳，至於公、穀外傳皆不傳，無以考其異同。沈欽韓漢書疏證謂董仲舒春秋繁露即公羊外傳，其説别無顯證，當存疑。惟左氏傳之外，又有國語。志注云：「左丘明著。」二書具存，可以互考。左氏依經作傳，而國語則每事自爲一章，略如後世之紀事本末。韋昭叙曰：「左丘明因聖言以攄意，託王義以流藻，此謂内傳。其明識高遠，雅思未盡，故復采録前世穆王以來，按此所以著周之始衰，爲東遷之漸。下訖魯悼智伯之誅，此因内傳亦終於此，故復著其事以結春秋之局。以爲國語。其文不主於經，故號曰外傳。」即其不主於經一語，可以推知韓詩及公、穀内、外傳之所以異矣。論衡案書篇曰：「國語者，左氏之外傳也，左氏傳經，辭語尚略，故復選録國語之辭以實之。」王充去劉向不遠，知當時已有外傳之名。然漢志不題外傳者，因已有國語之名，不必復用内外以爲識别也。王氏補注引錢大昕説，頗致疑於此，蓋未達此義。今姑不問左傳、國語爲左丘明所著與否，而漢人則固以爲一人之書。内、外傳云者，亦漢人稱之，此可以悟一家之學，分題内外之故矣。淮南王所著書名曰鴻烈。因其尚有他篇無書名，故但統名之曰淮南，高誘序曰：「劉向校定撰具，名之淮南。」而别爲内、外。顔師古曰：「内篇言道，外篇雜説。」然漢志並著録於雜家。蓋淮南雖喜言道，而實兼採儒、墨、名、法，與外篇雜説，仍是一家之學。特以其體例不同，不可以合於鴻烈，故題爲内、外以别之。方技略内黄帝、扁鵲、白氏皆有内、外經，今惟有黄帝内經，其他皆不存，無以知其體例。然内外皆是醫經，其爲一家之學，則固灼然可知也。至於道家有伊尹，而小説家又有伊尹説；道家、兵家均有力牧；雜家、兵家均有尉繚、伍子胥；縱横家、兵家均有龐煖；小説家、兵家均有師曠；此舉有姓名者言之，其他兩家内同名某子者尚多，以恐非一人，故不引。皆一人而有兩書。以其學非一家，既已分著於録，讀者自能別之，則固不題爲内外也。其後晉葛洪著抱朴子，自叙曰：「内篇言神僊方藥，鬼怪變化，養生延年，禳邪却禍之事，屬道家。外篇言人閒得失，世事臧否，屬儒家。」夫漢、魏以後著書，本可自命書名，不必效鬻周、秦，稱爲某子。即欲刻意摹古，而二書所言，非既一事，何妨別爲題目。而乃通爲内外篇。及隋志分著於録，遂使道家有内而無外，雜家有外而無内。七略、漢志蓋未嘗有此。此效淮南子而失之者也。

凡一書之内，自分内外者，多出於劉向，其外篇大抵較爲膚淺，或並疑爲依託者也。古書既多單篇單行，劉向始合中外之本定著爲若干篇，作者既不自署姓名，則雖同題爲某子，本非一人之筆，其閒孰爲手著，孰爲口傳，孰爲依託，有必不可得而辨者。蓋不獨諸篇互有得失，即一篇之内，亦往往是非相糅莒。向之編次，乃有三例：一爲但合諸本，除其重複而序次其先後，通爲一書，此其閒或本是一人之作，或因無可考證，不敢强爲分別。或非向所自校，今姑不論。一爲就原有之篇目，取其文體不類者，分之以爲外篇。一爲原書篇章真贋相雜，乃爲之別加編次，取各篇中之可疑者，類聚之以爲外篇。

其就原有之篇目分爲外篇者，如史記孟子傳云：「退而與萬章之徒，作孟子七篇。」而漢志乃有孟子十一篇。風俗通卷八云：「孟軻作書中外十一篇」，此必劉向根據史記，以其溢出之數，編爲外書也。趙岐孟子題辭曰：「於是退而論集所與高第弟子公孫丑、萬章之徒難疑答問，又自撰其法度之言，著書七篇，二百六十一章。又有外書四篇，性善辯、文説、孝經、爲政，其文不能弘深，不與内篇相似，似非孟子本真，後世依放而託之者也。」疑岐亦依劉向别録而爲之説，此可以見分内外篇之意矣。陸德明經典釋文叙録曰：「莊生宏才命世，辭趣華深。正言若反，故莫能暢其弘致，致後人增足，漸失其真。故郭子玄云：『一曲之才，妄竄奇説。若閼奕、意脩之首，首即篇也，如詩之以一篇爲一首。危言、游鳧、子胥之篇，凡諸巧雜，十分有三。』漢書藝文志莊子五十二篇，即司馬彪孟氏所注是也。言多詭誕，或似山海經，或類占夢書，故注者以意去取。其内篇衆家並同。自餘或有外而無雜，唯子玄所注，特會莊生之旨。」陸氏言司馬彪所注即漢志之莊子，而彪書分内篇七，外篇二十八，雜篇十四，此蓋劉向定著之本也。郭象所舉巧雜諸篇名，皆不在内篇之中，故德明謂後人增足，漸失其真，與趙岐言外書「似非孟子本真」者同。然史記莊子傳云：「作漁父、盜跖、胠篋，以詆訿孔子之徒，以明老子之術，畏累虚、亢桑子之屬，皆空語無事實。」今胠篋在外篇，漁父、盜跖、庚桑楚在雜篇，洪頤煊讀書叢録卷十四曰：「庚桑楚篇，『老聃之役，有庚桑楚者，偏得老聃之道，以北居畏壘之山。』頤煊案亢桑子即庚桑楚。畏累虚，即畏壘山，索隱以畏累虚爲莊子篇名非是。」而太史公皆以爲莊子所自作。然則史公所見之本，必無内外雜篇之别可知也。劉向定著之時，始分别編次，今取郭本所存之外、雜篇觀之，多不如内篇之弘深，惟天下篇則甚精。無論子玄之所删也。向之鑒别，可謂精矣。其取原書别加編次，類聚其可疑以爲外篇者。如晏子書録云：「其書六篇，皆忠諫其君，文章可觀，義理可法，皆合六經之義。又有複重，文辭頗異，不敢遺失，復列以爲一篇。又有頗不合經術，似非晏子言，疑後世辯士所爲者，故亦不敢失，復以爲一篇。凡八篇。」又篇目云：「外篇重而異者第七，外篇不合經術者第八。」見浙江局刻黄以周校本。其外篇第七，每章之下皆有注言「此章與某章旨同而辭少異，故著於此篇。」其外篇第八，第一章下注云：「此並下五章，皆毁詆孔子，殊不合經術，故著於此篇。」均見盧文弨羣書拾補校元刻本。此皆劉向之校語。全書二百十五章，皆有章名，輒至一二十字，如云「莊公矜勇力不顧行義晏子諫第一」，「景公飲酒酣願諸大夫無爲禮晏子諫第二」，他皆似此。與他書之但有篇名無章名者迥異，亦向編次時之所爲。蓋向既取中外書三十篇，除其複重者二十二篇，則所餘者正得八篇。而今八篇之中，其兩外篇皆就諸篇之中，取其旨同而辭異，若辭旨皆同，是爲複重。已逕除之矣。及不合經術者以爲之。是已解散其篇第，離析其章句，分者合之，合者分之，非復原書之本來面目矣。既已别加編次，則舊本篇名皆不可用，故重爲定著之如此。又於七八兩篇之下，自著其所以列入外篇之意。向所校定，未有詳於此書者。就此書向所自言者考之，則知他書之分内外篇，必皆因其辭旨重複，傳聞異辭，或疑其非本人之言，出於依託者也。觀孟子、莊子可見矣。

夫周、秦子書之有内外篇，猶後世詩文之有内外集也。古人著書不自收拾，往往甫得一二篇，即由學者傳録，故無定本。自淮南王安、司馬遷，始自定篇目。漢、魏以後人著作，多效法之，故出於後人編定者蓋少。惟詩文持以應世，時時增益，日出而不已，必至身後始能收拾編爲全集，與古之諸子情事頗肖。故其體例往往相同。凡人之作詩文，有不及存稿者，有自以爲不滿，隨時删去者。其編集之時，若出於其子弟門人及朋友之手，則去取謹嚴，此類皆所不收。傳之既久，後人偶得遺稿，惜其放失，則又搜輯成帙，或遂重爲編定，雜入原書卷第之中。其較爲矜慎者，乃不敢以亂原次，别編之爲外集。夫既出於其人之所棄餘，則自視其内集爲膚淺。而又因時代既遠，鑒别難精，往往雜入僞作。名愈盛者，其僞愈多。陳振孫曰：「昌黎集四十卷，外集十卷，唐韓愈撰，李漢序。漢，文公壻也。其言『辱知最厚，且親收拾遺文，無所失墜』者，懼後之僞妄，輒附益其中也。『外有註論語十卷傳學者，順宗實録五卷列於史官，不在集中。』今實録在外集。然則世所謂外集者，自實録外皆僞妄，或韓公及其壻所删去也。」又曰：「朱侍講熹，以方氏本校定外集，皆如舊本。獨用方本益大顛三書，末云吏部侍郎潮州刺史者，非也。退之自刑部侍郎貶潮，晚乃由兵部爲吏部，流俗但稱韓吏部耳。其書蓋國初所刻，故其謬如此。」見書録解題卷十六。與大顛書之僞，前人辯之甚多。鄭珍巢經室文集卷六有書後一篇，更以公往潮州日月道里考之，益爲精䕢，兹不備引。王應麟曰：「柳文多有非子厚之文者，宋景文公謂『集外文一卷，其中多後人妄取他人之文冒柳州之名者。』然非特外集也。」見困學紀聞卷十七。夫韓、柳之外集如此，推之他集可知矣，推之周、秦諸子之外篇益可知矣。

諸子中如孟子七篇，孫子十三篇，皆見於史記，篇數與今本同，然孟子特其内篇，孫子乃其書中之一種耳，此或出之作者所自定。至於他書，如管子、晏子之類，劉向所校中書及民間書，多者至九十餘篇，管子太史書九十六篇。少者數篇，以至一篇。此數篇、數十篇者，恐是六國及漢初人隨其所得爲之編録，譬之宋人爲唐人纂詩文集，其中豈能無誤收。及至劉向收拾散亡，合中外之本，爲之定著，苟非彼此複重，即一章半簡，皆所不遺。雖文字小有同異，亦並著之。觀晏子第七篇，及墨子之尚賢、尚同、兼愛，各分上中下三篇可見。此三篇文字相同者居半。夫向之去周、秦也，遠矣。此如宋、明人之編漢、魏、六朝人别集，但搜輯序次之而已。雖明知其非真，以其相傳既久，與其過而廢也，寧過而存之。故晏子録曰：「似非晏子言，疑後世辯士所爲者，亦不敢失。」斯固古今校書之通例也，在讀者自擇之耳。向之編次羣書也，有合各本通爲一書者，有意有所疑，别次以爲外篇者。使向當時盡用晏子之例，豈不甚善。然今所傳古書分内外篇者殊少，此其故有二：一由向雖領校秘書，然惟六藝、諸子、詩賦三略爲所自校。觀同時校書者除任宏、尹咸、李柱國之外，又有杜參、見晏子書録及漢志杜參賦下顔注引别録。班斿、見漢書叙傳。劉伋、見七録序。原作俊，從孫星衍續古文苑注改。劉歆見漢志及本傳並初學記卷二十五引別録，言校列女傳。數人。又有太常屬臣望，校山海經，見劉歆表。若後漢書蘇竟傳，言竟與劉歆校書，則在王莽時。度當時官屬，當尚不止此。則雖此三略之書，亦或不免假手，向但總校之而已。觀漢志歷叙向之校中古文經，及今晏子書校記之詳，莊子書編次之精，疑向特於經傳及儒家道家，尤所盡心焉，蓋向初本好道，而其學則長於儒也。校之者才識不一，斯其鑒別不能皆精。況向未卒業而死，劉歆繼之。父子好尚不同，未必盡守向例。且即令向皆手自校讎，而盡取古今之書，離合編次之，使盡如晏子，此其於事必有不暇給者矣。一由漢秘書之禁甚嚴，今之所傳，不皆是向、歆所校，前篇固已言之矣。

詩文之見於外集者，不皆僞作也。當時失不收拾，佚而復出，亦固有精湛者存，特以多是作者不存之稿，及删去之文，則少年之作，未定之論，往往雜出於其間，故大率較内集爲膚淺，然内集不皆手定，又豈可盡信哉。諸子亦猶是也。劉向之叙晏子，郭象之論莊子，第就外篇立言耳。即此二篇而考之，知古書之多有可疑，漢、晉人已發之矣。因其中之有可疑也，而遂盡指爲僞作，則唐、宋人之集，又何異於古書，將謂其中一無可信耶？若謂依託之作，周、秦多於唐、宋，則古人之書，不皆手著，其故正多，當於辨附益篇縷晰言之。

卷四　辨附益第四

古書不皆手著

自漢武以後，九流之學，多失其傳。文士著書，强名諸子，既無門徒講授，故其書皆手自削草，躬加撰集，蓋自是而著述始專。然其書雖著録子部，其實無異文章。詳前漢、魏諸子篇。至齊、梁文筆大盛，著子書者乃漸少。後人習讀漢以後書，又因隋志於古書皆題某人撰，妄求其人以實之，遂謂古人著書，亦如後世作文，必皆本人手著。於其中雜入後人之詞者，輒指爲僞作，真僞之分，當别求證據，不得僅執此爲斷。而秦、漢以上無完書矣。不知古人著述之體，正不如是也。

孫星衍曰：「古之愛士者，率有傳書。由身没之後，賓客記録遺事，報其知遇，如管、晏、吕氏春秋，皆不必其人自著。」燕丹子序，見本書卷首。又曰：「晏子書成在戰國之世，凡稱子書，多非自著，無足怪者。」問字堂集卷三晏子春秋序，亦見音義卷首。嚴可均鬻子序云：「古書不必手著，鬻子蓋康王、昭王後周史臣所録，或鬻子子孫記述先世嘉言，爲楚國之令典。」鐵橋漫稾卷五。又書管子後云：「近人編書目者謂此書多言管子後事，蓋後人附益者多，余不謂然。先秦諸子，皆門弟子或賓客或子孫撰定，不必手著。」漫稾卷八。章學誠曰：「春秋之時，管子嘗有書矣，然載一時之典章政教，則猶周公之有官禮也。記管子之言行，則習管氏法者所綴輯，而非管仲所著述。或謂管仲之書，不當稱管仲之謚。閻氏若璩又謂『後人所加，非管子之本文。』皆不知古人並無私自著書之事，皆是後人綴輯。」文史通義詩教上。孫詒讓曰：「墨子書今存五十三篇，蓋多門弟子所述，不必其自著也。」墨子閒詁後附墨子傳略。此數人者，皆通儒，孫、嚴尤多讀古書，明於著作之體，而其言如此，勝於姚際恒輩遠矣。

章氏又曰：「諸子思以其學易天下，固將以其所謂道者爭天下之莫可加，而語言文字，未嘗私其所出也。先民舊章，存録而不爲識別者，幼官、弟子之篇，按此謂弟子職。月令、土方之訓是也。自注：「管子地圖，淮南地形，皆土訓之遺。」輯其言行，不必盡其身所論述者，管仲之述其身後死事，韓非之載其李斯駁議是也。」通義言公上。今案章氏所謂諸子存録先民舊章者，猶之唐律之中有李悝法經，杜佑通典有開元禮也。此類甚多，非本篇所詳，姑置不論。其後人輯其言行者，推按其事，約有數端，茲分疏之如左：

一曰：編書之人記其平生行事附入本書，如後人文集附列傳、行狀、碑誌之類也。

凡讀古人之書，輒思知其人，論其世，此古今學者之所同也。司馬遷史記所作諸子列傳，大抵爲讀其書有所感而發。管晏傳云：「吾讀管氏牧民、山高、乘馬、輕重、九府，及晏子春秋，詳哉其言之也。既見其著書，欲觀其行事，故次其傳。」此不啻爲以後老、莊、申、韓、司馬、孫、吴、商君、孟、荀、虞卿、魯連、鄒陽、屈、賈諸傳之凡例。故傳中必叙其所著書，又言余讀其書某某篇，皆所謂「見其著書欲觀其行事」之意也。及劉向奉詔校書，每一書已，輒撰一録，皆叙其行事，如太史公列傳之體。但史記自爲一家之言，其百三十篇已有成書，故所作列傳不附諸子之内。而劉向職司校讎，其叙録雖附本書，明題護左都水使者光禄大夫臣向言，後人一望而知爲向之所作，不至與原書相混，若夫六國、秦、漢間人治諸子之學者，輯録其遺文，追叙其學説，知後人讀其書，必欲觀其行事，於是考之於國史，記其所傳聞，筆之於書，以爲論世知人之助。彼本述而不作，非欲自爲一家之言，爲求讀之之便利，故即附入本書，與劉向著録之意同。當時本無自署姓名之例，故不知爲何人所作，後之傳録編次其書者，亦但取其爲一家之學，有益於學者而已，固不暇一一爲之辨別，且亦無須辨別也。如管子大匡、中匡、小匡篇，叙管仲傅公子糾及相齊之事，是即管子之傳也。其戒篇曰：「管仲寢疾，桓公往問之曰：『仲父之疾甚矣。若不可諱也，不幸而不起此疾，彼政我將安移之？』管仲對曰：『隰朋可。』管仲又言曰：『易牙、豎刁、衛公子開方，君必去之。』桓公曰：『諾。』管子遂卒。卒十月，隰朋亦卒。公薨，易牙與衛公子，内與豎刁因共殺羣吏而立公子無虧，孝公犇宋。宋襄公率諸侯以伐齊，立孝公而還。」其小稱篇又曰：「管仲有病，桓公往問之。管仲攝衣冠起對曰：『臣願君之遠易牙、豎刁、堂巫、公子開方。』管仲死，已葬。處朞年，四子作難，圍公一室，不得出。公曰：『死者無知則已。若有知，吾何面目以見仲父於地下。』乃援素幭以裹首而絶。死十一日，蟲出於户，乃知桓公之死也。」其言明白如此，雖三尺童子，亦知其非管仲所自著也。而宋葉適乃曰：「管子非一人之筆，亦非一時之書，莫知其誰所爲。以其言毛嬙、西施、吴王好劍推之，當是春秋末年。」見習學記言卷四十五。夫既非一時之書，何以知其皆在春秋末年耶？姚際恒作古今僞書考，因之，遂列入真書而雜以僞之内，不知此自古書之通例，非僞也。俞樾曰：「國語齊語是齊國史記，小匡一篇多與齊語同；蓋管氏之徒剌取國史以爲家乘。」古書疑義卷三古書傳述亦有異同例。此真明於古人著作之體矣。凡古書叙其身後之事者多，不遑悉舉，皆當以此例之。莊子雜篇列禦寇云：「莊子將死，弟子欲厚葬之。」此與管子記管仲之死同。或曰「此寓言也」，然雜篇本多後人所記，安知不出於莊子身後乎？晉傅玄謂「管子書過半是後之好事者所加，乃説管仲死後事。」劉恕通鑑外紀卷一下引。唐孔穎達曰：「世有管子書，或是後人所録。」見左傳正義卷八，姚際恒及提要皆未引。此説尚近是。四庫提要乃曰：「大抵後人附會多於仲之本書。仲卒桓公之前，而篇中處處稱桓公，其不出仲手，已無疑義。」是真辯乎其所不必辯者矣。以後世之事明之，後漢書李固傳曰：「固所著表章、奏議、教令、對策、記銘十一篇，弟子趙承等悲歎不已，乃共論固言迹，以爲德行一篇。」嚴可均輯魏杜恕篤論序曰：「裴松之所引杜氏新書，即篤論之末篇。其書前數篇出恕手，後述叙家世歷官，引及魏書，並引及王隱晉書，知東晉時編附，故稱新書。」見全三國文卷四十二，及鐵橋漫稾卷六。此與周、秦諸子之叙身後事者何以異？使此二書尚存，又將勞後人之辯論，以爲真書而雜以僞，或出於好事者之所加矣。但此皆自爲一篇附之卷末，不雜入書中，體例較明。又自漢以後，爲人編集者，大抵有序一篇，或直録史傳，或記所見聞，皆以叙作者之行事爲主，即劉向叙録之意。其直録史傳者，如古文苑有董仲舒集叙一篇，岱南閣本卷八，章樵注本卷十七。即節鈔漢書本傳。北堂書鈔所引劉向集序，卷九十九。劉歆集序，卷九十九。皆漢書中語。此與管子小匡篇用齊語者何以異？其記所見聞者，如無名氏之徐幹中論序、卷首。繆襲上仲長統昌言表、魏志劉劭傳注引。陳壽上諸葛亮故事表之類，附蜀志亮本傳後。皆詳叙作者始末，此與子書内後人記述行事者又何以異？但明題爲序、表，不編入本書卷數，則體例更明矣。至初唐人作序，猶多用列傳之體。其後遂取墓誌、行狀之類附入之，明標作者，而序乃不復及行事。如劉禹錫作柳先生集序云：「凡子厚名氏，與其紀年，曁行己之大方，有退之之誌若祭文在，今附於第一通之末云。」書録解題卷十六云：「今世所行本不附誌文，非當時本也。」是墓誌、祭文猶可雜入卷中。至宋以後人編集，於此類多别爲附録，不使與原書相雜，體例益爲謹嚴矣。然自是唐、宋以後之事，不可以例周、秦諸子也。古書之附紀行事，與文集之附傳狀、碑誌，體雖異而意則同。後人不能深察著述變遷之迹，而好執當時之例以議古人，於是考辯論説，不勝其紛紛矣。

二曰：古書既多後人所編定，故於其最有關係之議論，並載同時人之辯駁，以著其學之廢興，説之行否，亦使讀者互相印證，因以考見其生平，即後世文集中附録往還書札贈答詩文之例也。史記韓非傳曰：「秦王見孤憤、五蠹之書，因急攻韓。韓王始不用非，及急，迺遣非使秦，秦王悦之。李斯、姚賈毁之曰：『非終爲韓不爲秦。』秦王下吏治非，李斯遣人遺非藥，使自殺。」今韓非子存韓篇，即非使秦時所上書，末附李斯駁議曰：「詔以韓客所上書，書言韓之未可舉，下臣斯，甚以爲不然。非之來也，未必不以其能存韓也，爲重於韓也。辯説屬辭，飾非詐謀，以釣利於秦，而以韓利闚陛下。夫秦、韓之交親，則非重矣，此自便之計也。臣視非之言，文其淫説，靡辯才甚，臣恐陛下淫非之辯，而聽其盜心，因不詳察事情。」此即斯之所以毁非，所謂爲韓不爲秦也。又曰：「臣斯請往見韓王，使來入見大王，見因内其身而勿遣，稍召其社稷之臣，以與韓人爲市，則韓可深割也。秦遂遣斯使韓也。李斯往詔韓王，未得見，因上書」云云。蓋斯必欲毁非，因請身自使韓以伐其謀，使非不得以存韓自重，非之卒見殺於斯者以此。後人編非之書者，悼非之不得其死，故備書其始末於首篇，韓非子以初見秦爲第一，存韓爲第二，然初見秦據戰國秦策乃張儀説，故當以存韓爲第一。猶全書之序也。且不獨韓非子爲然也。商子書以更法爲第一，其言曰：「孝公平畫，公孫鞅、甘龍、杜摯三大夫御於君。君曰：『吾欲變法，恐天下之議我也。』」其後即著鞅與甘龍、杜摯相辯難之語，終之曰：「孝公曰：『善。』於是遂出墾草令。」而第二篇即墾令。蓋亦編書者著其變法之事於首，以明其説之得行也。公孫龍子跡府第一曰：「公孫龍，六國時辯士也。疾名實之散亂，因資材之所長，爲守白之論，假物取譬以守白辯，謂白馬爲非馬也，欲推是辯以正名實而化天下焉。」此下即叙龍與孔穿會趙平原君家，與穿相辯難之語。觀其稱龍爲六國時辯士，必非龍所自叙，蓋亦後人著之於首編，以爲全書之綱領也。後人之書莫不有序，有一書而至三四序者，又有年譜、傳狀、碑誌、祭文、哀詞、誄詞、謚議之類，皆編爲附録，動盈數卷，則其書中不必復雜以他人之説矣。然猶往往録入同時往還贈答之作，如王維集附裴迪詩，杜甫集附嚴武等詩，蓋欲人比而觀之，以盡其意也。然此猶無與辯駁之事。若柳宗元集附劉禹錫天論三篇，柳集爲禹錫所編，此即劉所附入。韓愈集附張籍書二篇，見韓文五百家注。此注者所附入。則相與辯駁矣。雖不必盡關係其生平，然使人得因以考其説之當否，亦韓非子附李斯駁議之類也。

三曰：古書中所載之文詞對答，或由記者附著其始末，使讀者知事之究竟，猶之後人奏議中之録批答，而校書者之附案説也。嚴可均全上古三代秦漢三國六朝文凡例曰：「唐以前舊集，體例不與今同。如揚雄上書諫勿許單于朝，御覽八百十一引雄集曰：『單于上書願朝，哀帝以問公卿，公卿以虛費府帑，可且勿許。單于使辭去未發，雄上書諫』云云，所以識其緣起也。末又引雄集曰：『天子召還匈奴使者，復報單于書而許之，賜雄黃金十斤。』所以竟其事也。諸引舊集，此類甚多。」見卷首，亦見漫稾卷六。今案許慎説文後附許沖上説文表，末云：「召上書者汝南許沖詣左掖門會，令并齎所上書。十月十九日，中黄門饒喜以詔書賜召陵公乘許沖布四十疋，即日受詔朱雀掖門，敕勿謝。』當沖上書時，慎已病，此必許沖或後人所録入。然則揚雄集所載上書始末，亦未必雄所自記矣。漢書魏相傳曰：「高皇帝所述書天子所服第八曰：『大謁者臣章受詔長樂宫曰：令羣臣議天子所服，以安治天下。相國臣何，御史大夫臣昌，謹與將軍臣陵，太子太傅臣通等議，大謁者襄章奏，制曰可。』」漢志儒家有高祖傳十三篇，注曰：「高祖與大臣述古語及詔策也。」此所引天子所服，即其篇名。第八者，書之第八篇也。觀其叙事，必不出於高祖之手明矣。以此推之，周、秦諸子中凡記載問答兼叙事實者，尤不必本人之所手著也。漢、魏人集今傳者甚少，惟蔡邕集猶出舊本。其第六卷有表疏五篇，文前多載緣起，而以答詔問災異八事一篇爲尤詳，具載年月時刻及羣臣坐次，及中常侍所問之語。「受詔書各一通，尺一，本板草書，給財用筆墨爲對。」此不知爲邕自記，抑編集者之所叙。至唐以後，作者既不記始末，編集者又不悉當時情事，遂使讀者不知其事之從違，言之行否，可玩其辭采，而不足以備考證矣。

四曰：古書之中有記載古事、古言者，此或其人平日所誦説，弟子熟聞而筆記之，或是讀書時之劄記，後人録之以爲書也。荀子大略篇文多細碎，以數句説一事。宥坐、子道、法行、哀公、堯問五篇，雜叙古事，案而不斷，文體皆不與他篇同。楊倞於大略篇注曰：「此篇蓋弟子雜録荀卿之語，皆略舉其要，不可以一事名篇，故總謂之大略也。」於宥坐篇注曰：「此以下皆荀卿及弟子所引記傳雜事。」吾因此以悟賈子新書中連語諸篇，多記古事，亦必弟子之所記。其先醒篇稱「懷王問於賈君」，考古人自稱爲某子者，或有之矣，未有自名爲君者，此明爲弟子或其子孫之詞也。其中所引多出自先秦古書，最可寶貴。陳振孫乃謂「今書皆録漢書，非漢書所有者輒淺駁不足觀，宜非誼本書。」書録解題卷九。不知將何以處荀子？不敢議荀而獨以疑賈，徒見其輕於立論而已。古書似此者甚多，皆可以此推之。

五曰：諸子之中，有門人附記之語，即後世之題跋也。荀子堯問篇末曰：「爲説者曰：孫卿不及孔子，是不然。孫卿迫於亂世，鰌於嚴刑，上無賢主，下遇暴秦，禮義不行，教化不成。」又曰：「孫卿懷將聖之心，蒙佯狂之色，視天下以愚。詩曰：『既明且哲，以保其身』，此之謂也。是其所以名聲不白，徒與不衆，光輝不博也。今之學者，得孫卿之遺言餘教，足以爲天下法式表儀。所存者神，所過者化，觀其善行，孔子弗過。世不詳察，云非聖人，奈何！天下不治，孫卿不遇，時也。」又曰：「今爲説者，又不察其實，乃信其名，時世不同，譽何由生？不得爲政，功安能成？志修德厚，孰謂不賢乎？」首末三百餘言，推崇荀卿甚至，全如題跋之體。考劉向目録堯問篇第三十，楊倞注本第三十二。其後尚有君子篇、賦篇，是題跋雜入書中矣。要之古人編書，本無定例，不得以此議之也。

凡讀古人之書，當通知當時之文體。俞樾曰：「周、秦、兩漢至於今遠矣，執今人尋行數墨之文法，而以讀周、秦、兩漢之書，譬猶執山野之夫，而與言甘泉、建章之巨麗也。」古書疑義舉例序。斯言信矣，然俞氏之所斤斤者，文字句讀之間耳。余則謂當先明古人著作之體，然後可以讀古書。古人作文，既不自署姓名，又不以後人之詞雜入前人著述爲嫌，故乍觀之似無所分別。且其時文體不備，無所謂書序、題跋、行狀、語録。復因竹簡繁重，撰述不多，後師所作，即附先師以行，不似後世人人有集，敝帚自享，以爲千金，惟恐人之盜句也。故凡其生平公牘之文，弟子記録之稿，皆聚而編之。亦以其宗旨一貫，自成一家之學故也。夫古書之僞作者多矣，當別爲專篇以明之。若因其非一人之筆，而遂指全書爲僞作，則不知古人言公之旨。譬之習於豪强兼并之俗，而議三代之井田也。

此篇所言，皆就古書之中有弟子門人附録，文義白而可據者舉之以爲例。此外又有口耳相傳，至後世始著竹帛，及隨時羼亂增益者，其説甚繁，當別詳述。